KDB
산업은행

KDB산업은행

직업기초능력평가

개정2판 발행	2023년 3월 27일
개정3판 발행	2026년 4월 6일

편 저 자 | 취업적성연구소
발 행 처 | ㈜서원각
등록번호 | 1999-1A-107호
주   소 | 경기도 고양시 일산서구 덕산로 88-45(가좌동)
교재주문 | 031-923-2051
팩   스 | 031-923-3815
교재문의 | 카카오톡 플러스 친구[서원각]
홈페이지 | goseowon.com

PREFACE

KDB산업은행은 우리나라의 산업개발과 국민경제의 발전을 위해서 설립되었다. KDB산업은행은 전후 경제재건 주도, 국가 성장동력 확보, 시장안전판 역할 수행 등 시대적 요구에 부응하는 역할을 통해 산업과 국민경제 발전을 선도하였다. 대한민국과 함께 성장하는 글로벌 금융리더로 혁신성장금융, 투자금융, 글로벌금융, 사회적금융의 정책금융을 진행하고 있다.

KDB산업은행은 업무에 필요한 역량 및 책임감과 적응력 등을 구비한 인재를 선발하기 위하여 필기시험을 치르그 있다. KDB산업은행에서 5급 신입행원 채용하기 위해 시행하는 필기시험인 직업기초능력을 대비하기 위한 교재이다. 응시생이 쉽게 시험유형을 파악하고 효율적으로 대비할 수 있도록 구성하였다. 직업인으로서 갖추어야 할 기초능력을 확인하는 평가인 NCS직업기초능력평가과목인 의사소통, 수리, 문제해결, 정보능력을 수록하였다. 매 영역별로 출제분석을 하여 수록하였으며 자주 출제되는 유형을 분석하였다.

직무수행능력에서 일반시사논술을 대비하기 위한 논리적 사고력 평가를 위해 논술의 기초 및 논술논제를 수록하여 다방면으로 대비할 수 있도록 하였다. 또한 KDB 면접 기출질문을 인성과 PT/심층면접별로 분류하여 수록하여 응시생이 면접장에서 당황하지 않을 수 있도록 하였으며 타 금융권 기출질문도 함께 수록하여 다양한 질문으로 면접에 도움이 될 수 있도록 하였다.

신념을 가지고 도전하는 사람은 반드시 그 꿈을 이룰 수 있습니다. 처음에 품은 신념과 열정이 취업 성공의 그 날까지 빛바래지 않도록 서원각이 수험생 여러분을 응원합니다.

STRUCTURE

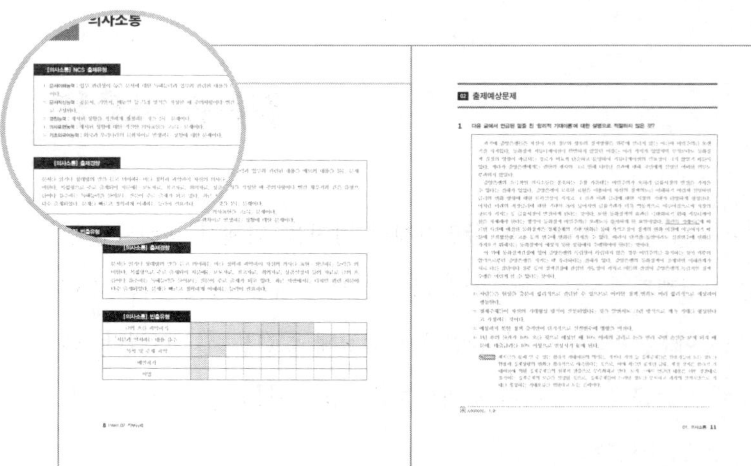

직업기초능력

산업은행에서 시행하는 NCS직업기초능력평가를 시험과 목별로 분석을 하여 수록하였다. 출제분석과 함께 자주 출제되는 유형을 수록하여 응시생이 시험감각을 익힐 수 있도록 하였다. 또한 다양한 유형의 출제예상문제를 통해 실전감각을 익히는 데에 도움이 되도록 하였다.

논리적 사고력

논술의 기초와 논술 작성법 등을 작성하여 논술 작성에 도움이 되도록 하였다. 또한 일반시사논술에 출제가 될 수 있는 논제를 수록하여 직접 작성할 수 있도록 하였다.

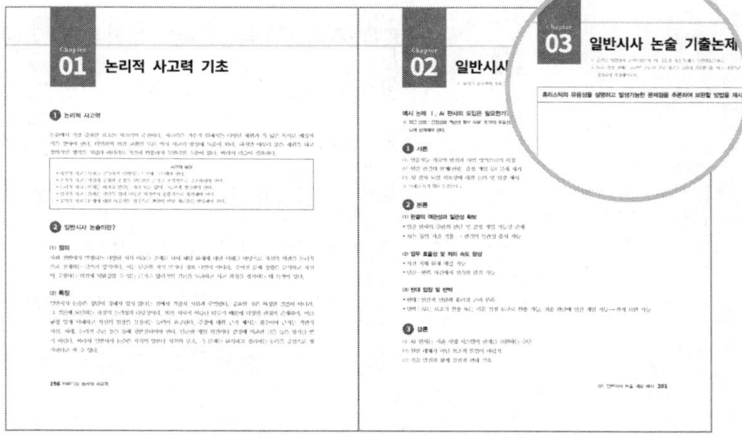

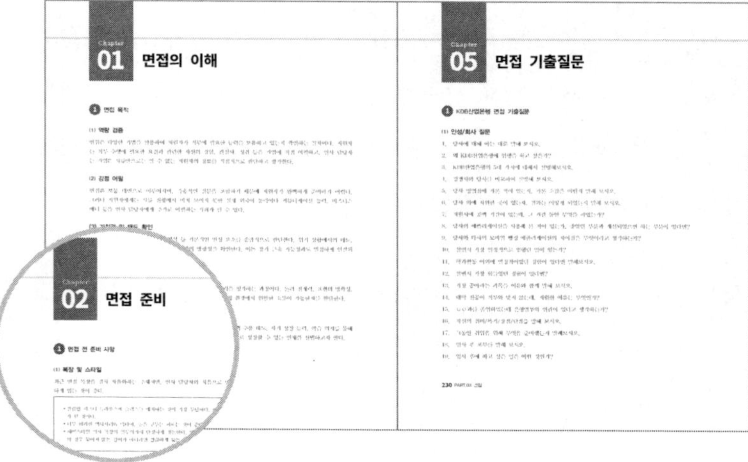

면접

면접의 준비와 함께 KDB산업은행의 기출질문을 인성, 직무, PT/심층별로 분류하여 수록하여 면접 준비에 도움이 되도록 하였다. 또한 타 금융권 기출질문을 수록하여 다양한 질문으로 준비할 수 있도록 하였다.

CONTENTS

PART

01

직업기초능력

01 의사소통

[의사소통] NCS 출제유형

① 문서이해능력 : 업무 관련성이 높은 문서에 대한 독해능력과 업무와 관련된 내용을 메모의 내용을 묻는 문제이다.
② 문서작성능력 : 공문서, 기안서, 매뉴얼 등 특정 양식을 작성할 때 주의사항이나 빈칸 채우기와 같은 유형으로 구성된다.
③ 경청능력 : 제시된 상황을 적절하게 경청하는 것을 묻는 문제이다.
④ 의사표현능력 : 제시된 상황에 대한 적절한 의사표현을 고르는 문제이다.
⑤ 기초외국어능력 : 외국과 우리나라의 문화차이로 발생하는 상황에 대한 문제이다.

[의사소통] 출제경향

문서를 읽거나 상대방의 말을 듣고 의미하는 바를 정확히 파악하여 자신의 의사를 표현·전달하는 능력을 의미한다. 복합형으로 주로 출제되며 지문에는 보도자료, 참고자료, 회의자료, 상품설명서 등의 자료로 글의 흐름이나 유추하는 독해능력을 물어보는 질문이 주로 출제가 되고 있다. 최근 시험에서는 디지털 관련 지문이 다수 출제되었다. 문제를 빠르고 정확하게 이해하는 능력이 필요하다.

[의사소통] 빈출유형

글의 흐름 파악하기										
지문과 일치하는 내용 유추										
목적 및 주제 파악										
배열하기										
어법										

예제 01 문서이해능력

다음은 신용카드 약관의 주요내용이다. 규정 약관을 제대로 이해하지 못한 사람은?

[부가서비스]

카드사는 법령에서 정한 경우를 제외하고 상품을 새로 출시한 후 1년 이내에 부가서비스를 줄이거나 없앨 수가 없다. 또한 부가서비스를 줄이거나 없앨 경우에는 그 서부내용을 변경일 6개월 이전에 회원에게 알려 주어야 한다.

[중도 해지 시 연회비 반환]

연회비 부과기간이 끝나기 이전에 카드를 중도해지하는 경우 남은 기간에 해당하는 연회비를 계산하여 10일(영업일 기준) 이내에 돌려줘야 한다. 다만, 카드 발급 및 부가서비스 제공에 이미 지출된 비용은 제외된다.

[카드 이용한도]

카드 이용한도는 카드 발급을 신청할 때에 회원이 신청한 금액과 카드사의 심사 기준을 종합적으로 반영하여 회원이 신청한 금액 범위 이내에서 책정되며 회원의 신용도가 변동되었을 때에는 카드사는 회원의 이용한도를 조정할 수 있다.

[부정사용 책임]

카드 위조 및 변조로 인하여 발생된 부정사용 금액에 대해서는 카드사가 책임을 진다. 다만, 회원이 비밀번호를 다른 사람에게 알려주거나 카드를 다른 사람에게 빌려주는 등의 중대한 과실로 인해 부정사용이 발생하는 경우에는 회원이 그 책임의 전부 또는 일부를 부담할 수 있다.

---

① 갑 : 카드사는 법령에서 정한 경우를 제외하고는 1년 이내에 부가서비스를 줄일 수 없어.

② 을 : 카드 위조 및 변조로 인하여 발생된 부정사용 금액은 일괄 카드사가 책임을 지게 돼.

③ 병 : 회원의 신용도가 변경되었을 때 카드사가 이용한도를 조정할 수 있어.

④ 정 : 연회비 부과기간이 끝나기 이전에 카드를 중도 해지하는 경우에는 남은 기간에 해당하는 연회비를 카드사는 돌려줘야 해.

출제의도

주어진 약관의 내용을 읽고 그에 대한 상세 내용의 정보를 이해하는 능력을 측정하는 문항이다.

해설

부정사용에 대해 고객의 과실이 있으면 회원이 그 책임의 전부 또는 일부를 부담할 수 있다.

답 ②

예제 02 문서작성능력

다음은 들은 내용을 구조적으로 정리하는 방법이다. 순서에 맞게 배열하면?

㉠ 관련 있는 내용끼리 묶는다.

㉡ 묶은 내용에 적절한 이름을 붙인다.

㉢ 전체 내용을 이해하기 쉽게 구조화한다.

㉣ 중복된 내용이나 덜 중요한 내용을 삭제한다.

---

① ㉠, ㉡, ㉢, ㉣

② ㉠, ㉡, ㉣, ㉢

③ ㉡, ㉠, ㉢, ㉣

④ ㉡, ㉠, ㉣, ㉢

출제의도

음성정보는 문자정보와는 달리 쉽게 잊혀지기 때문에 음성정보를 구조화 시키는 방법을 묻는 문항이다.

해설

내용을 구조적으로 정리하는 방법은 '㉠ 관련 있는 내용끼리 묶는다. → ㉡ 묶은 내용에 적절한 이름을 붙인다. → ㉣ 중복된 내용이나 덜 중요한 내용을 삭제한다. → ㉢ 전체 내용을 이해하기 쉽게 구조화한다.'가 적절하다.

답 ②

다음 중 공문서 작성에 대한 설명으로 가장 적절하지 못한 것은?

① 공문서나 유가증권 등에 금액을 표시할 때에는 한글로 기재하고 그 옆에 괄호를 넣어 숫자로 표기한다.

② 날짜는 숫자로 표기하되 년, 월, 일의 글자는 생략하고 그 자리에 온점(.)을 찍어 표시한다.

③ 첨부물이 있는 경우에는 붙임 표시문 끝에 1자 띄우고 "끝."이라고 표시한다.

④ 공문서의 본문이 끝났을 경우에는 1자를 띄우고 "끝."이라고 표시한다.

출제의도

업무를 할 때 필요한 공문서 작성법을 잘 알고 있는지를 측정하는 문항이다.

해설

공문서 금액 표시
아라비아 숫자로 쓰고, 숫자 다음에 괄호를 하여 한글로 기재한다.

답 ①

예제 04　경청능력

다음은 면접스터디 중 일어난 대화이다. B의 고민을 해소하기 위한 조언으로 가장 적절한 것은?

> A : B 씨, 어디 아파요? 표정이 안 좋아 보여요.
> B : 제가 원서 넣은 공단이 내일 면접이어서요. 그동안 스터디를 통해서 면접 연습을 많이 했는데도 벌써부터 긴장이 되네요.
> A : B 씨는 자기 의견도 명확히 피력할 줄 알고 조리 있게 설명을 잘 하시니 걱정 안 하셔도 될 것 같아요. 손에 꽉 쥐고 계신 건 뭔가요?
> B : 아, 제가 예상 답변을 정리해서 모아둔 거예요. 내용은 거의 외웠는데 이렇게 쥐고 있지 않으면 불안해서.
> A : 그 정도로 준비를 철저히 하셨으면 걱정할 이유 없을 것 같아요.
> B : 그래도 압박면접이거나 예상치 못한 질문이 들어오면 어떻게 하죠?
> A : ______________________________

① 시선을 적절히 처리하면서 부드러운 어투로 말하는 연습을 해보는 건 어때요?

② 공식적인 자리인 만큼 옷차림을 신경 쓰는 게 좋을 것 같아요.

③ 당황하지 말고 질문자의 의도를 잘 파악해서 침착하게 대답하면 되지 않을까요?

④ 예상 질문에 대한 답변을 좀 더 정확하게 외워보는 건 어떨까요?

출제의도

상대방이 하는 말을 듣고 질문 의도에 따라 올바르게 답하는 능력을 측정하는 문항이다.

해설

B는 압박질문이나 예상치 못한 질문에 대해 걱정을 하고 있으므로 침착하게 대응하라고 조언을 해주는 것이 좋다.

답 ③

예제 05　의사표현능력

당신은 팀장님께 업무 지시내용을 수행하고 결과물을 보고 드렸다. 하지만 팀장님께서는 "최 대리 업무를 이렇게 처리하면 어떡하나? 누락된 부분이 있지 않은가."라고 말하였다. 이에 대해 당신이 행할 수 있는 가장 부적절한 대처 자세는?

① "죄송합니다. 제가 잘 모르는 부분이라 이수혁 과장님께 부탁을 했는데 과장님께서 실수를 하신 것 같습니다."

② "주의를 기울이지 못해 죄송합니다. 어느 부분을 수정보완하면 될까요?"

③ "지시하신 내용을 제가 충분히 이해하지 못하였습니다. 내용을 다시 한 번 여쭤보아도 되겠습니까?"

④ "부족한 내용을 보완하는 자료를 취합하기 위해서 하루정도가 더 소요될 것 같습니다. 언제까지 재작성하여 드리면 될까요?"

출제의도

상사가 잘못을 지적하는 상황에서 어떻게 대처해야 하는지를 묻는 문항이다.

해설

상사가 부탁한 지시사항을 다른 사람에게 부탁하는 것은 옳지 못하며 설사 그렇다고 해도 그 일의 과오에 대해 책임을 전가하는 것은 지양해야 할 자세이다.

답 ①

1 다음 글에서 언급된 밑줄 친 '합리적 기대이론'에 대한 설명으로 적절하지 않은 것?

> 과거에 중앙은행들은 자신이 가진 정보와 향후의 정책방향을 외부에 알리지 않는 이른바 비밀주의를 오랜 기간 지켜왔다. 통화정책 커뮤니케이션이 활발하지 않았던 이유는 여러 가지가 있었지만 무엇보다도 통화정책 결정의 영향이 파급되는 경로가 비교적 단순하고 분명하여 커뮤니케이션의 필요성이 크지 않았기 때문이었다. 게다가 중앙은행에게는 권한의 행사와 그로 인해 나타난 결과에 대해 국민에게 설명할 어떠한 의무도 부과되지 않았다.
>
> 중앙은행의 소극적인 의사소통을 옹호하는 주장 가운데는 비밀주의가 오히려 금융시장의 발전을 가져올 수 있다는 견해가 있었다. 중앙은행이 모호한 표현을 이용하여 자신의 정책의도를 이해하기 어렵게 설명하면 금리의 변화 방향에 대한 불확실성이 커지고 그 결과 미래 금리에 대한 시장의 기대가 다양하게 형성된다. 이처럼 미래의 적정금리에 대한 기대의 폭이 넓어지면 금융거래가 더욱 역동적으로 이루어짐으로써 시장의 규모가 커지는 등 금융시장이 발전하게 된다는 것이다. 또한 통화정책의 효과를 극대화하기 위해 커뮤니케이션을 자제해야 한다는 생각이 통화정책 비밀주의를 오래도록 유지하게 한 요인이었다. <u>합리적 기대이론</u>에 따르면 사전에 예견된 통화정책은 경제주체의 기대 변화를 통해 가격조정이 정책의 변화 이전에 이루어지기 때문에 실질생산량, 고용 등의 변수에 변화를 가져올 수 없다. 따라서 단기간 동안이라도 실질변수에 변화를 가져오기 위해서는 통화정책이 예상치 못한 상황에서 수행되어야 한다는 것이다.
>
> 이 외에 통화정책결정에 있어 중앙은행의 독립성이 확립되지 않은 경우 비밀주의를 유지하는 것이 외부의 압력으로부터 중앙은행을 지키는 데 유리하다는 견해가 있다. 중앙은행의 통화정책이 공개되면 이해관계가 서로 다른 집단이나 정부 등이 정책결정에 간섭할 가능성이 커지고 이들의 간섭이 중앙은행의 독립적인 정책 수행을 어렵게 할 수 있다는 것이다.

① 사람들은 현상을 충분히 합리적으로 판단할 수 있으므로 어떠한 정책 변화도 미리 합리적으로 예상하여 행동한다.

② 경제주체들이 자신의 기대형성 방식이 잘못되었다는 것을 알면서도 그런 방식으로 계속 기대를 형성한다고 가정하는 것이다.

③ 예상하지 못한 정책 충격만이 단기적으로 실질변수에 영향을 미친다.

④ 1년 후의 물가가 10% 오를 것으로 예상될 때 10% 이하의 금리로 돈을 빌려 주면 손실을 보게 되기 때문에, 대출금리를 10% 이상으로 인상시켜 놓게 된다.

> **ADVICE** 제시글을 통해 알 수 있는 합리적 기대이론의 의미는, 가계나 기업 등 경제주체들은 활용가능한 모든 정보를 활용해 경제상황의 변화를 합리적으로 예측한다는 것으로, 이에 따르면 공개된 금융, 재정 정책은 합리적 기대이론에 의한 경제주체들의 선제적 반응으로 무력화되고 만다. 보기 ②에서 언급된 내용은 이와 정반대로 움직이는 경제주체의 모습을 설명한 것으로, 경제주체들이 드러난 정보를 무시하고 과거의 실적치만으로 기대를 형성하는 기대오류를 범한다고 보는 견해이다.

Answer. 1.②

2 다음은 입찰 관련 안내문의 일부이다. 다음 입찰 안내문을 보고 알 수 있는 내용으로 적절하지 않은 것은?

- 용역명 :「한국로(路) 제13지구 도시환경정비사업 건축설계 및 인허가」용역
- 용역목적
(1) 건축물 노후화에 따른 업무 환경개선과 시설기능 개선 및 향상을 도모하고 미래 환경에 대한 최적의 지원 환경 구축과 효율적인 보유 자산 활용을 위해 한국로(路) 제13지구 기존 건축물을 재건축하고자 함
(2) 한국로(路) 제13지구 도시환경정비사업 건축설계 및 인허가 용역은 건축, 정비계획, 지하철출입구, 관리처분 계획 등을 위한 설계에 대한 축적된 지식과 노하우를 보유한 최적의 설계회사를 선정하는데 목적이 있음
- 용역내용

구분			설계개요
발주자			K은행
토지 등 소유자			K은행, ㈜K홀딩스
위치			서울특별시 한국구 한국로 ×××
설계 규모		기간	건축물사용승인 완료 후 1개월까지(계약일로부터 약 67개월)
		추정공사비	약 430억 원(VAT포함) ☞ 건축공사비 408억, 지하철 연결 22억 원(변동가능)
		사업시행 면적	2,169.7㎡(656평) 당행(1,494.2㎡) + K홀딩스(191.1㎡) + 기부채납(공원)부지(207.4㎡) + 서쪽 보행자도로 조성(271.9㎡) + 도로 ×××번지 일부(5.1㎡ 편입)
		대지면적	1,685.3㎡(509.8평) • 당행(1,494.2㎡ : 452평) • ㈜K홀딩스(191.1㎡ : 57.8평)
		연 면 적	21,165㎡(6,402평) 내외
		건물규모	지하 5층, 지상 18층 내외
		주요시설	업무시설 및 부대시설
	설계내용	설계	건축 계획·기본·실시설계, 지하철출입구·공공보행통로 설계 등 정비사업 시행에 필요한 설계
		인허가	건축허가, 정비계획 변경, 도시계획시설(철도) 변경, 실시계획 인가, 사업시행인가, 관리처분계획인가 등 정비사업 시행에 필요한 인허가
		기타	사후설계 관리업무, 설계 및 인허가를 위한 발주자 또는 인허가청 요청업무 등

① 건축 및 사업 시행에 필요한 인가와 허가 사항은 모두 낙찰업체의 이행 과제이다.
② 지상·지하 총 23층 내외의 건축물 설계에 관한 입찰이며, 업무시설 이외의 시설도 포함된다.
③ 건축물 사용승인을 얻은 후에도 일정 기간 용역 계약은 유지된다.
④ 응찰업체는 추정가격 430억 원을 기준으로 가장 근접한 합리적인 가격을 제시하여야 한다.

 ④ 주어진 입찰 건은 건축물 시공에 대한 입찰이 아니며, 설계 및 인허가에 관한 용역 계약이므로 추정 공
사비는 설계를 위한 참고 사항으로 제시한 것으로 보아야 하며, 따라서 설계 용역 응찰업체가 430억 원
에 근접한 가격을 제시할 필요는 없다.
① 입찰의 설계 내용에 제반 인허가 사항이 포함되어 있으므로 낙찰될 업체의 의무 이행 과제라고 볼 수 있다.
② 건물규모가 지하 5층, 지상 18층 내외이며 주요시설로 업무시설 및 부대시설이 있음을 명시하고 있다.
③ 건축물사용승인 완료 후 1개월까지가 계약 기간이 된다.

3 K기업의 입사설명회에서 면접 강의를 한 L 씨는 다음과 같이 강의를 하였다. 이 강의를 준비하기 위한 사전계
획 중 L 씨의 강의 내용에 포함되지 않은 것은?

> 오늘은 K기업의 입사시험을 준비하는 여러분에게 면접에 대한 대비 방법에 대해 알려드리려고 합니다.
> 면접 준비는 어떻게 해야 할까요? 먼저 입사하고자 하는 기업의 특성과 원하는 인재상에 맞는 면접 예상
> 질문을 만들고 그에 대한 답변을 준비하는 것이 좋습니다. 예를 들어 사회적기업에 입사를 하려고 한다면
> 신문이나 잡지 등에서 사회적 이슈가 되고 있는 것을 찾아 예상 질문을 만들고 거울을 보면서 실제 면접관
> 앞이라고 생각하며 답변을 해 보면 면접에 대한 자신감을 키울 수 있습니다.
> 면접은 일반적으로 일대일 면접, 일대다 면접, 다대다 면접 이렇게 세 가지 유형으로 분류할 수 있습니
> 다. 면접 유형이 다르면 전략도 달라져야 합니다. 다대다 면접을 치르는 기업의 경우 질문하는 면접관이 여
> 러 명이므로 면접관 한 사람 한 사람의 질문에 집중해야 하고, 질문한 면접관의 눈을 응시하며 답변을 해야
> 합니다. 또한 다른 지원자들이 하는 답변도 잘 경청하는 것이 중요합니다.
> 면접 상황에서 가장 중요한 것은 질문의 의도가 사실의 정보를 요구하는 것인지, 본인의 의견을 묻는 것
> 인지를 분명하게 파악해야 합니다. 사실적 정보를 묻는 질문이라면 객관적 내용을 토대로 명확하게 답변을
> 해야 하고, 본인의 의견을 묻는 질문이라면 구체적 근거를 제시하여 자신의 견해를 논리적으로 대답해야 합
> 니다.
> 만약 면접관이 여러분에게 '음식물 쓰레기 종량제'에 대한 찬반 의견을 묻는다면 여러분은 어떻게 답변을
> 하시겠습니까? 먼저 찬반 입장을 생각한 후 자신의 입장을 분명히 밝히고 그에 따른 구체적 근거를 제시하
> 면 됩니다. 이때 근거는 보통 세 가지 이상 드는 것이 좋습니다. 가능하면 실제 사례나 경험을 바탕으로 설
> 명하는 것이 설득력을 높일 수 있습니다. 면접관이 추가 질문을 할 경우에는 앞서 했던 답변 중 부족한 부
> 분이 무엇이었는지를 점검하고 보완해서 대답을 하면 됩니다.

① 구체적인 사례를 들어 청중의 이해를 도울 것이다.
② 청중의 특성을 고려하여 강의 내용을 선정할 것이다.
③ 청중과의 상호 작용을 위해 질문의 형식을 활용할 것이다.
④ 강의 중 청중의 배경지식을 확인하여 내용의 수준을 조절할 것이다.

 L 씨는 청중이 취업준비생이라는 특성을 고려하여 면접 전형 대비 방법에 대한 강의 내용을 선정하였고, 질
문의 형식을 활용하고 있다. 또한 예상 질문을 통해 사례를 구체적으로 들어 청중의 이해를 돕고 있다. 그러
나 청중의 배경지식을 확인하여 내용의 수준을 조절한다고 보기는 어렵다.

Answer. 2.④ 3.④

직장인월복리적금

- **상품특징** : 급여이체 및 교차거래 실적에 따라 우대금리를 제공하는 직장인 재테크 월복리적금상품
- **가입대상** : 만 18세 이상 개인(단, 개인사업자 제외)
- **가입기간** : 1년 이상 3년 이내(월 단위)
- **가입금액** : 초입금 및 매회 입금 1만 원 이상 원 단위, 1인당 분기별 3백만 원 이내
  - 계약기간 3/4 경과 후 적립할 수 있는 금액은 이전 적립누계액의 1/2 이내
- **적립방법** : 자유적립식
- **금리안내** : 기본금리 + 최대0.8%p
  - 기본금리 : 신규가입일 당시의 적금 고시금리
- **우대금리** : 우대금리 0.8%p(가입 월부터 만기일 전월 말까지 조건 충족 시)
  - 가입기간 동안 1회 이상 당행에 건별 50만 원 이상 급여를 이체한 고객 中
    - 가입기간 중 3개월 이상 급여이체 0.3%p
    - 당행의 주택청약종합저축(청약저축 포함) 또는 적립식펀드 중 1개 이상 가입 0.2%p
    - 당행 신용 · 체크카드의 결제실적이 100만 원 이상 0.2%p
  - 인터넷 또는 스마트뱅킹으로 본 적금에 가입 시 0.1%p
- **이자지급방법** : 월복리식(단, 중도해지이율 및 만기후이율은 단리계산)
- **가입/해지안내** : 비과세종합저축으로 가입가능
- **유의사항**
  - 우대금리는 만기해지 계좌에 대해 계약기간 동안 적용합니다.
  - 본 상품은 인터넷을 통한 담보대출이 불가하오니 가까운 K은행 영업점을 방문해 주시기 바랍니다.
  - 급여이체 실적 인정기준은 아래와 같습니다.
    - 당행에서 입금된 급여이체(인정금액 : 월 누계금액 50만 원 이상)
    - 창구 입금 : 급여코드를 부여받은 급여 입금분
    - 인터넷뱅킹 입금 : 개인사업자/법인이 기업인터넷뱅킹을 통해 대량입금이체(또는 다계좌이체)에서 급여코드로 입금한 급여
    - 타행에서 입금된 급여이체(인정금액 : 입금 건당 50만 원 이상)
    - '급여, 월급, 봉급, 상여금, 보너스, 성과급, 급료, 임금, 수당, 연금' 문구를 포함한 급여이체 입금분
    - 전자금융공동망을 통한 입금분 중 급여코드를 부여받아 입금된 경우
    - 급여이체일을 전산등록한 후 해당일에 급여이체 실적이 있는 경우 '급여이체일 ± 1영업일'에 이체된 급여를 실적으로 인정(단, 공휴일 및 토요일 이체 시 실적 불인정)
    - 급여이체일 등록 시 재직증명서, 근로소득원천징수영수증, 급여명세표 중 하나를 지참하시어 K은행 영업점을 방문해주시기 바랍니다.
  - 자동이체일이 말일이면서 휴일인 경우 다음 달 첫 영업일에 자동이체 처리되오니, 자동이체 등록 시 참고하시기 바랍니다.

4 다음 중 직장인월복리적금의 특징을 바르게 설명한 것은?

① 직장인만 가입할 수 있다.

② 만기까지 한도 제한 없이 적립할 수 있다.

③ 만기일 전월말 기준으로 K은행의 적립식펀드 가입실적이 있다면 0.2%p 우대금리가 적용된다.

④ 전산등록한 급여이체일이 18일(금)일 때 19일(토)에 이체된 급여는 실적으로 인정되지 않는다.

> **ADVICE** ① 만 18세 이상 개인(개인 사업제 제외)이면 가입할 수 있다.
> ② 가입금액은 초입금 및 매회 입금 1만 원 이상 원 단위, 1인당 분기별 3백만 원 이내이며, 계약기간 3/4 경과 후 적립할 수 있는 금액은 이전 적립누계액의 1/2 이내이다.
> ③ 가입기간 동안 1회 이상 당행에 건별 50만 원 이상 급여를 이체한 고객에 해당해야 한다.

5 김 대리는 근처 K은행에 방문했다가 직장인월복리적금에 가입하였다. 다음 사항을 참고하여 김 대리에게 발급된 적금 통장에 표기된 내용으로 적절하지 않은 것은?

> • 김 대리의 급여일은 매달 10일로, 기존 K은행 계좌로 300만 원의 급여가 이체되고 있다.
> • 상품 가입일은 2026년 2월 1일로 가입기간은 3년으로 한다.
> • 초입금은 30만 원으로 하고 매달 15일에 30만 원씩 자동이체를 신청하였다.
> • 2026년 2월 1일 기준 적금 고시금리, 연 %, 세전)

가입기간	1년~2년 미만	2년~3년 미만	3년
금리	1.0	1.2	1.5

예금주	상품명	계좌번호	이율
김○○	직장인월복리적금	123-456-7890-0	① 1.6%

신규일 : 2026년 02월 01일

② 가입기간 : 36개월

③ 만기일 : 2029년 02월 01일

행	년 월 일	출금	입금	잔액	거래지점
1	20260201		④ 300,000	300,000	
2	202603015		300,0C0	600,000	

> **ADVICE** ① 우대금리는 가입 월부터 만기일 전월 말까지 조건 충족 시 적용되는 것으로 발급된 적금 통장에는 기본금리가 기록된다. 가입기간 36개월에 해당하는 기본금리는 1.5%이다.

Answer. 4.④ 5.①

6 다음은 K20 청춘카드에 대한 설명이다. 옳지 않은 것은?

20대의 다양한 꿈과 도전, 'K20 청춘'과 함께!

- 가입대상 : 개인
- 후불교통카드 : 신청 가능
- 카드브랜드 : W(JCB), MasterCard
- 연회비 : W(JCB) 8,000원 / MasterCard 10,000원

〈청춘 선택서비스〉

1. 청춘여행 / 청춘놀이 Type 중 한가지 선택
2. 카드발급 신청 시 한가지를 선택하여 발급한 이후에는 변경 불가
3. 카드 Type별 선택서비스

□ 청춘여행
• 인천공항 라운지 무료이용 서비스
– 통합 월 1회, 연 2회 제공
– 서비스 조건 : 전월 이용실적 50만 원 이상 시 제공
※ 본 서비스는 카드 사용등록하신 달에는 제공되지 않으며 그다음 달부터 서비스 조건 충족 시 제공

□ 청춘놀이
• 전국 놀이공원 할인
– 통합 월 1회, 연 6회 제공
– 서비스 조건 : 전월 이용실적 30만 원 이상 시 제공

유형	제공서비스
유형1(은행에서 정한 놀이공원 8곳)	본인 자유이용권 50% 현장할인
유형2(은행에서 정한 놀이공원 2곳)	본인 입장료 30% 현장할인
유형2(은행에서 정한 놀이공원 1곳)	본인 무료입장

※ 본 서비스는 카드 사용등록하신 달에는 제공되지 않으며 그다음 달부터 서비스 조건 충족 시 제공

〈주요 서비스〉

• 온라인 쇼핑몰 K몰에서 건당 이용금액 2만 원 이상 시 10% 청구할인
• 온라인 서점 10% 청구할인(건당 이용금액 2만 이상 시)
• 어학시험 10% 청구할인(건당 이용금액 2만 이상 시) 월 1회, 연 6회 제공
• 영화 온라인 예매(홈페이지, 모바일앱) 2,000원 청구할인(1만 원 이상 결제 시, 월 1회)
• 배달앱 10% 청구할인(건당 이용금액 1만 원 이상 시)

① K20 청춘카드는 브랜드에 따라 연회비가 다르다.

② 청춘 선택서비스는 카드발급 신청 시 선택한다.

③ 청춘카드 선택서비스 조건은 모두 동일하다.

④ K20 청춘카드로 온라인 쇼핑몰 K몰에서 3만 원짜리 쌀을 구매할 경우 3,000원을 할인받을 수 있다.

 ③ 청춘여행 Type의 서비스 조건은 '전월 이용실적 50만 원 이상 시 제공'이고, 청춘놀이 Type의 서비스 조건은 '전월 이용실적 30만 원 이상 시 제공'으로 서로 다르다.

① W(JCB) 브랜드의 연회비는 8,000원이고, MasterCard 브랜드의 연회비는 10,000원이다.

② 청춘 선택서비스는 카드발급 신청 시 선택하며 발급 후에는 변경이 불가하다.

④ 온라인 쇼핑몰 K몰에서 건당 이용금액 2만 원 이상 사용 시 10%의 청구할인이 가능하므로 3만 원짜리 쌀을 구매할 경우 3,000원 할인받을 수 있다.

Answer. 6.③

▌7~8 ▐ 다음은 K은행의 '신나는 직장인 대출' 상품의 안내문이다. 이를 보고 이어지는 물음에 답하시오.

〈신나는 직장인 대출〉

1. 상품특징 : 공무원, 사립학교 교직원, 당행 선정 우량기업 임직원 대상 신용대출상품
2. 대출대상
－공무원, 사립학교 교직원, 당행 선정 우량기업에 3개월 이상 정규직으로 재직 중인 급여소득자
－단, 인터넷 또는 모바일을 통한 비대면 대출은 재직기간 1년 이상이고, 소득금액증명원에서 최근 귀속년도 소득금액으로 소득확인이 가능한 고객(대출신청일 현재 동일사업장 국민건강보험 가입이력이 1년 이상이어야 하며, 자격유지 기준 변동사항인 휴직, 이직, 합병 등이 있는 경우에는 신청이 불가합니다.)
3. 대출기간 : 일시상환대출 1년 이내(1년 단위로 연장 가능), 할부상환대출 5년 이내
4. 대출한도 : 최대 2억 5천만 원 이내(단, 인터넷 또는 모바일을 통한 비대면 대출은 최대 1억 원 이내
5. 대출금리

기준금리	우대금리	최종금리
연리 2.00%	연리 0.40%(최대)	연리 1.60~2.00%

※ 당행 기준금리 1년 고정
6. 우대금리 : K몰 고객(골드레벨 이상) 0.20%p, 급여이체 0.10%p, 신용카드 이용(3개월)100만 원 이상 0.10%p 등
7. 연체이자율 : 연체기간에 관계없이 연체일수 × (채무자 대출금리 + 3%) ÷ 365
8. 고객부담수수료

5천만 원 이하	5천만 원 초과 ~ 1억 원 이하	1억 원 초과 ~ 2억 원 이하	2억 원 초과
없음	7만 원	15만 원	20만 원

9. 필요서류
　실명확인증표, 재직증명서 또는 전자공무원증, 고용보험 가입확인서(필요 시), 소득확인서류, 기타 필요 시 요청 서류

7 다음 중 신나는 직장인 대출 상품의 대출 금리에 대하여 올바르게 판단한 설명이 아닌 것은 어느 것인가?

① 1억 원 대출 시 최소 적용 가능한 연 이자액은 160만 원이다.

② 1개월 연체한 경우와 6개월 연체한 경우의 연체이자율은 동일하다.

③ 3개월 신용카드 월 평균 사용금액이 30만 원인 경우, 적어도 1.90%까지의 금리 적용이 가능하다.

④ K몰의 골드레벨 고객이 급여이체도 K은행을 통하여 하고 있을 경우, 적어도 1.70%까지의 금리 적용이 가능하다.

　　　ADVICE ③ 3개월 신용카드 월 평균 사용금액이 30만 원인 경우 총 사용금액이 100만 원 이하이므로 우대금리가 적용되지 않아 다른 혜택 사항이 없을 경우 적어도 1.90%의 금리가 적용되지 않게 된다.
　　　① 모든 우대금리 혜택 사항에 적용될 경우, 1.60%의 금리가 적용되므로 이자액은 160만 원이 된다.
　　　② 연체이자율은 연체기간에 관계없이 적용된다.
　　　④ 골드레벨 K몰 고객이 급여이체도 K은행을 통하여 하고 있을 경우, 0.20%p와 0.10%p가 우대되므로 1.70%까지 금리 적용이 가능하다.

8 다음은 K은행의 '신나는 직장인 대출' 상품을 알아보기 위한 고객과 은행 직원과의 질의응답 내용이다. 응답 내용이 상품 안내문의 내용과 부합되지 않는 것은 어느 것인가?

Q. 석달 전에 우리 아들이 공무원이 되었는데요, 인터넷으로 신청을 하면 비대면 대출이 될 테니 8천만 원 정도 대출은 가능하겠네요?

A. ① 네 고객님, 비대면 대출의 경우는 최대 1억 원 한도입니다. 8천만 원 대출은 가능하시겠어요.

Q. 저는 사립학교 행정실에 5년 째 근무하는 직원입니다. 2억 원 정도 대출을 받고 싶은데 급여이체 계좌를 K은행으로 옮기면 금리가 2% 이하로 적용될 수 있지요?

A. ② 네 가능합니다. 그런 경우 1.90%의 금리를 적용받으시겠네요.

Q. 안내문을 보니 저는 우대금리 혜택 사항에 모두 해당이 되는데요, 연체이자율은 3.60%가 되는 게 맞겠네요?

A. ③ 아닙니다. 우대금리가 최대 적용되신다면 최종 1.60%의 금리이신데요, 여기에 3%가 추가되어 연체이자율은 4.60%가 적용됩니다.

Q. 서류를 준비해서 은행을 방문하려 하는데요, 재직증명서만 있으면 4대보험 가입 확인과 소득 확인이 될 테니 재직증명서만 가져가면 되겠지요?

A. ④ 고용보험 가입확인서는 필요한 경우에만 요청드리고 있는데요, 소득확인서류는 별도로 준비해 오셔야 합니다.

ADVICE ① 인터넷, 모바일 등 비대면 대출의 경우 대출금액은 최대 1억 원 한도로 규정되어 있으나, '재직기간 1년 이상'이라는 대출대상 조건이 명시되어 있으므로 적절한 응답 내용이 아니다.
② 사립학교 교직원에 해당되며, 한도 금액 2억 5천만 원 이내이며, 급여이체 시 0.1%p의 우대금리 적용으로 최종 1.90%의 금리를 적용받게 된다.
③ 연체이자율은 '채무자 대출금리 + 3%'이므로 1.60% + 3% = 4.60%가 된다.
④ 소득확인서류는 별도로 요청되는 서류이다.

Answer. 7.③ 8.①

광물은 지각을 이루는 암석의 단위 물질로서 특징적인 결정 구조를 갖는다. 광물의 결정 구조는 그 광물을 구성하는 원자들이 일정하게 배열된 양상이다. 같은 광물일 경우 그 결정 구조가 동일하며, 이러한 결정 구조에 의해 나타나는 규칙적인 겉모양인 결정형(crystal form)도 동일하다. 그런데 실제로 광물들의 결정은 서로 다른 모양을 가지는 경우가 많다.

덴마크의 물리학자 니콜라우스 스테노는 등산길에서 채집한 수정의 단면들이 서로 조금씩 다른 모양을 가지고 있는 것에 궁금증이 생겼다. 그 이유를 밝히기 위해 그는 수집한 수정의 단면도를 그려서 비교해 보았다. 그 결과 수정 결정의 모양은 모두 조금씩 다르지만 맞닿은 결정면들이 이루고 있는 각은 〈그림1〉의 a와 같이 항상 일정하다는 '면각 일정의 법칙'을 발견하게 되었다.

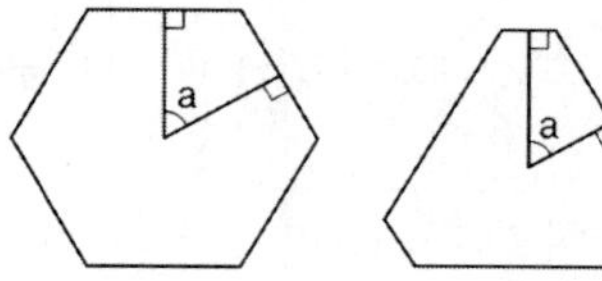

〈그림1〉 면각 일정의 법칙

스테노는 같은 광물의 결정일 경우 면각이 일정해지는 이유가 결정 내부의 규칙성 때문일 것이라 짐작했다. 당시만 해도 그 규칙성의 이유가 되는 결정 내부의 원자 배열 상태를 직접 관찰할 수 없었다. 그가 죽은 뒤 X선이 발견되고 나서야, 결정 모양이 그 결정을 이루고 있는 내부 원자들의 규칙적인 배열 상태를 반영한다는 것이 밝혀지게 되었다.

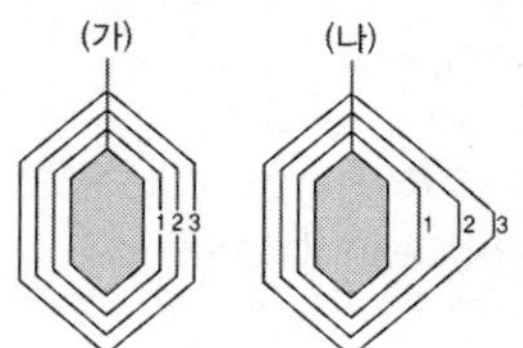

〈그림2〉 결정의 성장 과정(결정의 수직 단면)

그렇다면 같은 종류의 결정이 서로 다른 모양으로 형성되는 이유는 무엇일까? 그 이유는 결정에 주입되는 물질의 공급 정도에 따라 결정면의 성장 속도가 달라지기 때문이다. 가령 〈그림2〉에서 보는 바와 같이 같은 광물의 작은 결정 두 개를, 같은 성분을 가진 용액 속에 매달아 놓았다고 하자. 이때 ㈎ 결정이 담긴 용액은 물질이 사방에서 고르게 공급될 수 있도록 하고, ㈏ 결정이 담긴 용액은 물질이 오른쪽에서 더 많이 공급되도록 해 놓으면 ㈎ 결정은 1단계에서 2단계, 3단계를 거쳐서 이상적인 모양을 가진 결정(이상결정)으로 성장하는 반면, ㈏ 결정은 기형적인 모양을 가진 결정(기형결정)으로 성장하게 된다. ㈏ 결정의 오른쪽 결정면은 다른 결정면들보다 성장 속도가 더 빠르기 때문에 결정이 성장해 나갈수록 결정면이 점점 더 좁아지고 있음을 확인할 수 있다.

〈그림2〉를 통해 설명한 바와 같이 물질의 공급 환경이 다른 곳에서 성장한 결정들은 서로 다른 모양을 가지게 된다. 그러나 ㈎와 ㈏는 같은 광물의 결정이기 때문에 그 면각은 서로 같다. 이처럼 같은 광물의 결정은 그 면각이 같다는 사실을 통해 다양한 모양의 결정들의 종류를 판별할 수 있다. 면각 일정의 법칙은 광물의 결정을 판별하는 데 가장 기본적이고 중요한 기준으로, 현대 광물학의 초석이 되었다.

① 면각 일정의 법칙은 무엇인가?

② 면각 일정의 법칙이 나타나는 이유는 무엇인가?

③ 광물별 결정형의 종류에는 어떤 것들이 있는가?

④ 결정면의 성장 속도는 결정면의 크기와 어떤 관련이 있는가?

 ① 면각 일정의 법칙이 무엇인지 확인할 수 있다.
② 원자들의 규칙적인 배열 상태가 외부로 반영된 것이 결정면이므로, 이에 따라 결정의 면각이 일정하다는 것을 확인할 수 있다.
④ 결정면의 성장 속도에 따라 결정면의 크기가 달라진다는 것을 확인할 수 있다.

10 다음의 내용을 정리하여 제목을 정하려고 할 때 가장 적절한 것은?

도로에서 발생하는 소음을 줄이는 가장 일반적인 방법은 방음벽을 설치하는 것이다. 그런데 일반적으로 소리는 장애물의 가장자리를 지날 때 회절되기 때문에 기존의 방음벽만으로는 소음을 완벽하게 차단할 수 없다. 따라서 방음벽 상단의 끝 부분에서 회절되는 소음까지 흡수 또는 감소시키기 위해서는 방음벽 상단에 별도의 소음저감장치를 설치해야 한다.

현재 대표적인 소음저감장치로 흡음형과 간섭형이 있다. 흡음형은 방음벽 상단에 흡음재를 설치하여 소음을 감소시키는 방법이다. 보통 흡음재에 사용되는 섬유질 재료에는 스펀지의 내부와 같이 섬유소 사이에 미세한 공간들이 존재하는데 이는 소음과 섬유소의 접촉면을 늘리기 위한 것이다. 흡음재 내부로 유입된 소음은 미세한 공간을 지나가면서 주변의 섬유소와 접촉하게 되는데, 이때 소음이 지닌 진동에너지로 인해 섬유소가 진동하게 된다. 즉 소음의 진동에너지가 섬유소의 진동에너지로 전환되면서 소음이 흡음재로 흡수되는 것이다.

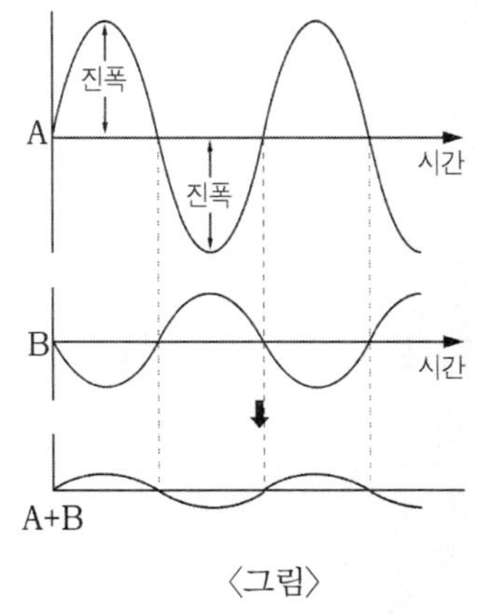

〈그림〉

한편 간섭형은 소리가 지닌 파동의 간섭 현상을 이용하여 회절음의 크기를 감소시키는 방법이다. 모든 소리는 각각 고유한 파동을 지니고 있는데 두 개의 소리가 중첩되는 것을 파동의 간섭 현상이라고 한다. 간섭 현상이 일어나 진폭이 커질 경우 소리의 세기도 커지고, 진폭이 작아질 경우 소리의 세기도 작아진다. 〈그림〉에서 A를 어떤 소리의 파동이라고 할 때 B는 A보다 진폭은 작고 위상이 반대인 소리의 파동이다. 만약 어느 지점에서 파동의 위상이 반대인 두 소리가 중첩되면 〈그림〉의 A+B와 같이 진폭이 작아지면서 소리의 세기가 작아지는데 이를 상쇄 간섭이라고 한다. 반면 파동의 위상이 서로 같은 두 소리가 중첩되어 소리의 세기가 커지는 것을 보강 간섭이라고 한다.

간섭형 소음저감장치를 설치하기 위해서는 방음벽 상단에서 발생하는 회절음의 파동을 미리 파악해야 한다. 이후 방음벽 상단에 간섭 통로를 설치하는데 이는 회절음의 일부분이 간섭 통로를 거친 후, 이를 거치지 않은 또 다른 회절음과 시간차를 두고 다시 만나게 하기 위해서이다. 그리고 간섭 통로의 길이는, 미리 파악한 회절음의 파동과 간섭 통로를 거친 회절음의 파동이 간섭 통로가 끝나는 특정 지점에서 정반대 되는 위상으로 중첩되게 조절한다. 따라서 이와 같은 소음저감장치는 회절음과 간섭 통로를 거친 소리의 상쇄 간섭 현상을 활용하여 소음의 크기를 감소시키는 방법이라고 할 수 있다. 실제로 방음벽에 설치하는 소음저감장치 중에는 회절음의 감소 효과를 높이기 위해 흡음형과 간섭형을 혼합한 소음저감장치도 있다.

① 소음저감의 원리　　　　　　　　　　② 방음벽의 내부 구조
③ 소음저감장치의 발전 과정　　　　　　④ 방음벽의 효과를 높이는 소음저감장치

ADVICE ④ 방음벽의 효과를 높이기 위해서는 소음저감장치가 추가로 필요함을 밝히고 있으며, 대표적인 소음저감장치로서 흡음형과 간섭형을 각각 설명하고 있다.

11 〈보기〉의 문장이 들어갈 적절한 곳은?

> ──────────── 〈보기〉 ────────────
>
> 예를 들어, 면접 상황에서 지원자가 단정한 복장과 자신감 있는 목소리로 인사한다면, 면접관은 그 지원자를 성실하고 준비된 사람으로 인식할 가능성이 크다. 반대로, 긴장된 태도로 말을 더듬거나 시선을 피한다면 실제 역량과 무관하게 부정적인 평가를 받을 수도 있다.

> ㉠ 우리는 누군가를 처음 만났을 때 상대방에 대한 인상을 빠르게 형성한다. 심리학 연구에 따르면, 낯선 사람을 만났을 때 상대방의 태도, 표정, 복장, 말투 등을 근거로 단 몇 초 안에 호감이나 신뢰감을 판단한다고 한다. 이처럼 짧은 순간에 형성된 첫인상은 이후 관계에도 큰 영향을 미친다.
>
> ㉡ 이처럼 첫인상이 중요한 이유는 사람의 인지가 '초두 효과'에 크게 영향을 받기 때문이다. 처음에 형성된 이미지는 이후 새로운 정보가 들어와도 쉽게 수정되지 않고, 기존의 판단을 강화하는 경향이 있다. 따라서 긍정적인 첫인상을 주는 것은 사회적 관계를 원활히 하고, 나아가 직업적 성취에도 도움이 될 수 있다.
>
> ㉢ 그러나 첫인상이 항상 상대방의 진정한 모습을 반영하는 것은 아니다. 순간적인 상황이나 외적 요인에 의해 왜곡되기도 하고, 시간이 지나며 상호작용이 깊어질수록 초반의 인상이 바뀌기도 한다.
>
> ㉣ 결국 중요한 것은 첫인상에만 의존하지 않고, 지속적인 관찰과 소통을 통해 상대방을 이해하려는 자세라 할 수 있다.

① ㉠

② ㉡

③ ㉢

④ ㉣

> ✑ADVICE ② ㉠은 첫인상이 형성되는 일반적 원리를 설명하는 부분, 즉 사실 제시로 사례를 넣기에는 이르다. ㉡의 뒤에는 이유를 제시하고 있으므로, ㉡ 자리에 면접 사례가 구체적 보충 설명으로 들어가기 적절하다. ㉢과 ㉣ 자리에는 첫인상의 한계와 보완을 설명하는 부분이라 사례와 어울리지 않다. 따라서 〈보기〉 문장은 ㉡에 들어가는 것이 가장 자연스럽다.회사에서 지원하는 물품을 수령하기 위하여 총무팀의 업무 협조를 의뢰하게 될 것으로 판단할 수 있다.

> 무선으로 전력을 주고받으면, 전원을 직접 연결하는 유선보다 효율은 떨어지지만 전자 제품을 자유롭게 이동하며 사용할 수 있는 장점이 있다. 이처럼 무선으로 전력을 주고받을 수 있도록 전자기를 활용하여 전기를 공급하거나 이용하는 기술이 무선 전력 전송 방식인데 대표적으로 '자기 유도 방식'과 '자기 공명 방식' 두 가지를 들 수 있다.
>
> 자기 유도 방식은 변압기의 원리와 유사하다. 변압기는 네모 모양의 철심 좌우에 코일을 감아, 1차 코일에 '+, −' 극성이 바뀌는 교류 전류를 보내면 마치 자석을 운동시켜서 자기장을 형성하는 것처럼 1차 코일에서도 자기장을 형성한다. 이 자기장에 의해 2차 코일에 전류가 만들어지는데 이 전류를 유도전류라 한다. 변압기는 자기장의 에너지를 잘 전달할 수 있는 철심이 있으나, 자기 유도 방식은 철심이 없이 무선 전력 전송을 하는 것이다.
>
> 이러한 자기 유도 방식은 전력 전송 효율이 90% 이상으로 매우 높다는 장점이 있다. 하지만 1차 코일에 해당하는 송신부와 2차 코일에 해당하는 수신부가 수 센티미터 이상 떨어지거나 송신부와 수신부의 중심이 일치하지 않게 되면 전력 전송 효율이 급격히 저하된다는 문제점이 있다. 휴대전화 같은 경우, 충전 패드에 휴대전화를 올려놓는 방식으로 거리 문제를 해결하고 충전 패드 전체에 코일을 배치하여 송수신부 간 전송 효율을 높임으로써 무선 충전이 가능하도록 하였다. 다만 휴대전화는 직류 전류를 사용하기 때문에 1차 코일로부터 2차 코일에 유도된 교류 전류를 직류 전류로 변환해 주는 정류기가 충전 단계 전에 필요하다.
>
> 두 번째 전송 방식은 자기 공명 방식이다. 다양한 소리굽쇠 중에 하나를 두드리면 동일한 고유 진동수를 가지는 소리 굽쇠가 같이 진동하는 물리적 현상이 공명이다. 자기장에 공명이 일어나도록 1차 코일과 공진기를 설계하여 공진 주파수를 만든다. 이후 2차 코일과 공진기를 설계하여 공진 주파수가 전달되도록 하는 것이 자기 공명 방식의 원리이다.
>
> 이러한 특성으로 인해 자기 공명 방식은 자기 유도 방식과 달리 수 미터 가량 근거리 전력 전송이 가능하다는 장점이 있다. 이 방식이 상용화된다면, 송신부와 공명되는 여러 전자 제품을 전원을 연결하지 않아도 사용할 수 있거나 충전할 수 있다. 그러나 실험 단계의 코일 크기로는 일반 가전제품에 적용할 수 없으므로 코일을 소형화해야 할 필요가 있다. 따라서 이를 해결하기 위한 연구가 필요하다.

① 자기 공명 방식의 장점은 무엇인가?

② 자가 유도 방식의 문제점은 무엇인가?

③ 변압기에서 철심은 어떤 역할을 하는가?

④ 자기 공명 방식의 효율을 높이는 방법은 무엇인가?

　ADVICE　④ 자기 공명 방식의 효율을 높이는 방법은 글에서 확인할 수 없다.

13 다음 글의 내용과 일치하지 않는 것은?

온도와 압력의 변화에 의해 지각 내 암석의 광물 조합 및 조직이 변하게 되는 것을 '변성 작용'이라고 한다. 일반적으로 약 100 ~ 500 ℃ 온도와 비교적 낮은 압력에서 일어나는 변성 작용을 '저변성 작용'이라 하고, 약 500 ℃ 이상의 높은 온도와 비교적 높은 압력에서 일어나는 변성 작용을 '고변성 작용'이라 한다.

변성 작용에 영향을 주는 여러 요인들 중에서 중요한 요인 중 하나가 온도이다. 밀가루, 소금, 설탕, 이스트, 물 등을 섞어 오븐에 넣으면 높은 온도에 의해 일련의 화학 반응이 일어나 새로운 화합물인 빵이 만들어진다. 이와 마찬가지로 암석이 가열되면 그 속에 있는 광물들 중 일부는 재결정화되고 또 다른 광물들은 서로 반응하여 새로운 광물들을 생성하게 되어, 그 최종 산물로서 변성암이 생성된다. 암석에 가해지는 열은 대개 지구 내부에서 공급된다. 섭입이나 대륙 충돌과 같은 지각 운동에 의해 암석이 지구 내부로 이동할 때 이러한 열의 공급이 많이 일어난다. 지구 내부의 온도는 지각의 내부 환경에 따라 상승 비율이 다르지만 일반적으로 지구 내부로 깊이 들어갈수록 높아진다. 이렇게 온도가 높아지는 것은 변성 작용을 더 활발하게 일으키는 요인이 된다. 예를 들어 점토 광물을 흔유한 퇴적암인 셰일이 지구 내부에 매몰되면 지구 내부의 높은 온도로 암석 내부의 광물들이 서로 합쳐지거나 새로운 광물들이 생성되어 변성암이 되는데, 저변성 작용을 받게 되면 점판암이 되고, 고변성 작용을 받게 되면 편암이나 편마암이 되는 것이다.

암석의 변성 작용을 일으키는 또 하나의 중요한 요인은 압력이다. 모든 방향에서 일정한 힘이 가해지는 압력을 '균일 응력'이라 하고, 어느 특정한 방향으로 더 큰 힘이 가해지는 압력을 '차등 응력'이라고 하는데, 변성암의 경우 주로 차등 응력 조건에서 생성되며 그 결과로 뚜렷한 방향성을 갖는 조직이 발달된다. 변성 작용이 진행됨에 따라 운모와 녹니석과 같은 광물들이 자라기 시작하며, 광물들은 층의 방향이 최대 응력 방향과 수직을 이루는 방향으로 배열된다. 이렇게 새롭게 생성된 판 형태의 운모류 광물들이 보여 주는 면 조직을 '엽리'라고 부른다. 엽리를 보여 주는 암석들은 얇은 판으로 떨어져 나가는 경향이 있다. 그리고 엽리가 관찰될 경우 이는 변성 작용을 받았다는 중요한 근거가 된다. 저변성암은 매우 미세한 입자들로 구성되어 있어 새로 형성된 광물 입자들은 현미경을 사용하여 관찰할 수 있는데, 이때의 엽리를 '점판벽개'라고 부른다. 반면에 고변성 작용을 받게 되면 입자들이 커지고 각 광물입자들을 육안으로 관찰할 수 있다. 이때의 엽리를 '편리'라고 부른다.

고체에 변화가 생겼을 때, 고체는 액체나 기체와 달리 고체를 변화시킨 영향을 보존하는 경향이 있다. 변성암은 고체 상태에서 변화가 일어나기 때문에 변성암에는 지각에서 일어났던 모든 일들이 보존되어 있다. 그들이 보존하고 있는 기록들을 해석하는 것이 지질학자들의 막중한 임무이다.

① 변성 작용이 일어나면 재결정화되는 광물들이 있다.
② 변성암은 고체 상태에서 광물 조합 및 조직이 변화한다.
③ 지표의 암석들은 섭입에 의해 지구 내부로 이동될 수 있다.
④ 차등 응력 조건하에서 광물들은 최대 응력 방향과 동일한 방향으로 배열된다.

> **ADVICE** ④ 광물들은 차등 응력이 가해지는 방향과 수직인 방향으로 배열된다고 했으므로, 광물들이 차등 응력이 가해지는 방향과 동일한 방향으로 배열된다는 것은 적절하지 않다.

14 다음은 사내 기숙사 이용에 관한 규정의 일부이다. 규정을 참고할 때 거주자들에게 안내되어야 할 사항으로 적절하지 않은 것은?

제4조 (입·퇴실 및 생활 수칙)

① 신규 입사자는 근무 개시일 기준 전날 오후 6시부터 기숙사 입실이 가능하며, 퇴사자는 해당 일(퇴사일 다음 날) 정오까지 퇴실을 완료해야 한다.

② 외부인의 출입은 원칙적으로 금지되며, 부득이한 경우에는 사전 승인서를 제출하여 기숙사 관리자의 서면 승인을 받아야 한다.

③ 오후 11시부터 익일 오전 5시까지는 정숙 시간으로, 이 시간 동안은 소등을 원칙으로 하며 소음 유발 행위(TV 시청, 음악 재생, 통화 등)는 제한된다.

④ 정기 청소일은 매주 수요일이며, 당일 오전 8시까지 개인 물품을 정리해야 한다. 퇴실자는 청소 후 퇴실 점검표에 따라 청소를 완료하고 관리자의 확인을 받아야 한다.

⑤ 기숙사 내 흡연 및 음주는 일절 금지되며, 위반 시 1회 경고 후 재차 적발될 경우 즉시 퇴실 조치된다.

제5조 (시설 이용 및 보안 수칙)

① 기숙사 호실은 2인 1실 기준으로 배정되며, 특별한 사유가 없는 한 호실 변경은 불가하다.

② 개인 사물함은 1인당 1개 제공되며, 분실 또는 파손 시 해당 입사자가 책임지고 변상해야 한다.

③ 출입카드는 본인만 사용 가능하며, 타인에게 대여하거나 무단 복제할 수 없다. 모든 출입기록은 보안 점검을 위해 6개월간 보관된다.

④ 전열기구(전기장판, 개인 히터 등)는 화재 예방 차원에서 원칙적으로 사용 금지이며, 불가피한 경우 관리자 승인 후 일부 모델에 한해 사용 가능하다.

⑤ 화재, 누전, 설비 고장 등 이상 상황 발생 시 즉시 관리자에게 신고해야 하며, 미신고 시 해당 입사자에게 일부 책임이 부과될 수 있다.

제6조 (공용 공간 이용 및 기타)

① 세탁실, 공용 주방, 휴게실 등 공용 공간은 오전 6시부터 오후 10시까지만 이용할 수 있다.

② 공용 냉장고는 1인당 1칸만 사용 가능하며, 이름과 보관 일자를 기재하지 않은 식품은 예고 없이 폐기될 수 있다.

③ 입사자는 입사 시 보증금 10만 원을 납부해야 하며, 퇴실 점검 후 이상이 없을 경우 전액 환불된다. 단, 청소 불이행, 설비 파손 등이 있을 경우 수리 비용이 차감되어 정산된다.

④ 퇴실 의사는 퇴실 7일 전까지 서면 또는 이메일로 통보해야 하며, 이를 지키지 않을 경우 보증금 환급이 지연될 수 있다.

⑤ 기숙사 내 갈등, 소음 민원, 기타 불편 사항은 사적인 언쟁 없이 관리자에게 서면 또는 전화로 신고해야 하며, 고의적 위반은 인사팀에 보고될 수 있다.

① "신규 입사자분들께서는 근무 시작 전날 저녁 6시부터 입실하실 수 있으며, 퇴사 시 퇴사 다음 날 정오까지 퇴실 절차를 마무리해 주시기 바랍니다."

② "기숙사 출입카드는 본인만 사용하실 수 있으며, 타인과 공유하거나 복제할 수 없으니 사용에 주의해 주시기 바랍니다."

③ "전열기구 사용은 원칙적으로 지양되며, 필요시 관리자 승인하에 일부 인증된 제품에 한해 제한적으로 사용 가능합니다."

④ "세탁실, 공용주방, 휴게 공간 등 공용 시설은 매일 오전 5시부터 자정까지 이용 가능하며, 다음 사용자를 위해 정리 정돈을 부탁드립니다."

> **ADVICE** ④ 공용 공간 이용은 오전 6시부터 오후 10시까지로 규정되어 있으므로, 오전 5시부터 자정까지는 잘못된 안내 사항이다.

15 다음에서 주장하고 있는 내용으로 적절한 것은?

> 한국 사회는 자본주의와 소비문화가 본격화되면서 다양한 대중문화가 빠르게 성장하였다. 이러한 변화 속에서 구성원들은 자신의 정체성을 표현하는 방식으로 대중문화를 수용하고 활용하기 시작했다. 과거에는 문화 소비가 특정 계층의 전유물처럼 여겨졌지만, 현재는 누구나 손쉽게 디지털 매체를 통해 다양한 콘텐츠를 접하고 소비하는 시대가 되었다.
>
> 이러한 흐름에서 특히 두드러지는 것은 K-POP의 성장이다. K-POP은 음악뿐만 아니라 춤, 영상, 패션 등 다양한 요소를 결합해 디지털 기술과 대중매체를 통해 전 세계로 확산되었으며, 단순한 유행을 넘어 하나의 '문화 콘텐츠'로 자리 잡았다. 유튜브, SNS 등 글로벌 플랫폼을 통해 국경을 넘어선 소통이 가능해지면서 K-POP은 국내뿐만 아니라 해외 팬들 사이에서도 큰 인기를 얻고 있다.
>
> 오늘날 K-POP은 세계 주요 무대에서 공연을 펼치고, 해외 언론의 주목을 받는 등 국제 사회에서 환영받는 대표적인 한국 문화로 평가받고 있다. 이는 한국 대중문화 전반의 위상을 높이는 데 기여하고 있으며, 문화산업의 수출 경쟁력을 강화하는 긍정적 효과도 나타내고 있다.
>
> 이처럼 대중문화의 영향력이 커진 시대에는 과거처럼 '엘리트 문화' 중심으로 문화를 이해하거나 가르치는 방식만으로는 현실을 반영하기 어렵다. 교육과 문화 정책도 대중문화의 특성과 흐름을 이해하고 반영할 수 있도록 유연하게 바뀌어야 한다는 목소리가 높아지고 있다.

① 과거에는 대중문화가 사회 전반의 주류 문화로 기능했지만, 현재는 엘리트 문화가 다시 중심이 되고 있다.

② K-POP은 국내 특정 연령층에게만 소비되던 콘텐츠였으나, 현재는 디지털 매체와 결합하며 국내 전반적인 인기를 유지하고 있다.

③ 디지털 기술의 발달은 대중문화의 확산을 오히려 방해하고 있으며, 전통적인 문화 교육 방식을 강화해야 한다는 의견이 커지고 있다.

④ K-POP은 음악 외 다양한 문화 요소를 결합해 디지털 플랫폼을 통해 세계적으로 확산되었으며, 한국 문화 콘텐츠의 위상을 높이는 데 기여하고 있다.

> **ADVICE** ① 지문에서는 오히려 과거 엘리트 문화 중심이었으나 현재는 대중문화의 영향력이 커졌다고 언급하고 있다.
> ② 지문에서는 K-POP의 세계적 확산과 글로벌 위상을 강조하고 있다.
> ③ 디지털 기술 덕분에 대중문화가 빠르게 확산되고 있다고 설명하며, 전통적인 방식만으로는 부족하다고 했지 강화해야 한다고 하진 않았다.

Answer. 14.④ 15.④

16 다음 글을 읽고 ㉠㉡에 대해 바르게 이해한 내용으로 적절하지 않은 것은?

소비자는 구매할 제품을 선택하기 위해 자신의 평가 기준에 따라 그 제품의 여러 브랜드 대안들을 비교·평가하게 된다. 이를 대안 평가라 하는데, 그 방식에는 크게 보완적 방식과 비보완적 방식이 있다. 〈표〉는 소비자가 호텔을 선택하기 위해 몇 개의 브랜드 대안을 비교·평가하는 상황을 가정해 본 것으로, 호텔을 선택하는 평가 기준의 항목과 그것의 순위, 중요도, 평가 점수를 보여주고 있다.

평가 기준			평가 점수			
항목	순위	중요도	A	B	C	D
위치	1	50%	4	6	6	5
가격	2	30%	5	4	6	7
서비스	3	20%	5	3	1	3

(점수가 클수록 만족도가 높음)

〈표〉 브랜드에 대한 기준별 평가 점수

㉠ 보완적 방식은 브랜드의 어떤 약점이 다른 강점에 의해 보완될 수 있다는 전제 하에 여러 브랜드의 다양한 측면들을 고려하는 방식으로, 브랜드 대안이 적을 때나 고가의 제품을 구매할 때 많이 쓰인다. 각 브랜드의 기준별 평가 점수에 각 기준의 중요도를 곱하여 합산한 뒤 가장 점수가 큰 대안을 선택한다. 예를 들어 〈표〉에서 A는 $(4 \times 0.5) + (5 \times 0.3) + (5 \times 0.2)=4.5$이고 같은 방식으로 B는 4.8, C는 5, D는 5.2이므로 D가 최종 선택될 것이다. 반면, ㉡ 비보완적 방식은 어떤 브랜드의 약점이 다른 장점에 의해 상쇄될 수 없다는 전제 하에 대안을 결정하는 방식으로, 브랜드 대안이 많을 때나 저가의 제품을 구매할 때 많이 쓰인다. 비보완적 방식은 다시 사전편집, 순차적 제거, 결합, 분리 방식으로 구분된다.

첫째, 사전편집 방식은 1순위 기준에서 가장 우수한 대안을 선택하는 것이다. 만일 1순위 기준에서 두 개 이상의 브랜드가 동점이라면 2순위 기준에서 다시 우수한 브랜드를 선택하면 된다. 〈표〉에서 본다면, 1순위 기준인 '위치'에서 B와 C가 동점이므로 2순위 기준인 '가격'에서 C를 선택하는 식이다. 둘째, 순차적 제거 방식은 1순위 기준에서부터 순차적으로, 어느 수준 이상이면 구매하겠다는 허용 수준을 설정하고 이와 비교하여 마지막까지 남은 브랜드 대안을 선택하는 방식이다. 예를 들어 〈표〉에서 1순위 기준인 '위치'의 허용 수준이 5라면 이 수준에 미달되는 A가 일단 제외되고, 2순위인 '가격'의 허용 수준이 6이라면 B가 다시 제외되고, 3순위인 '서비스'의 허용 수준이 2라면 다시 C가 제외됨으로써 결국 D가 선택될 것이다. 셋째, 결합 방식은 각 기준별로 허용 수준을 결정한 다음 기준별 브랜드 평가 점수가 어느 한 기준에서라도 허용 수준에 미달하면 이를 제외하는 방식이다. 〈표〉에서 평가 기준별 허용 수준을 각 4라고 가정한다면 허용 수준에 미달되는 속성이 하나도 없는 A가 선택될 것이다. 넷째, 분리 방식은 평가 기준별 허용 수준을 잡은 뒤 어느 한 기준에서라도 이를 만족시키는 브랜드를 선택하는 방식이다. 〈표〉에서 평가 기준별 허용 수준을 7로 잡는다면 가격 면에서 7 이상인 D만 선택될 것이다. 이와 같이 소비자는 상황에 따라 적절한 대안 평가 방식을 사용함으로써 구매할 제품을 합리적으로 선택할 수 있다. 또한 마케터는 소비자들의 대안 평가 방식을 파악함으로써 자사 제품의 효과적인 마케팅 전략을 세울 수 있다.

① ㉠은 브랜드 대안이 적을 때에 주로 사용된다.

② ㉠은 고가의 제품을 구매하는 상황에 주로 사용된다.

③ ㉡은 평가 기준 항목을 모두 사용하지 않고도 브랜드를 선택할 수 있는 경우가 있다.

④ ㉡은 하나의 평가 기준으로 브랜드 간의 평가 점수를 비교하는 방식이다.

> **ADVICE** ④ 3문단을 보면, 비보완적 방식 가운데 결합 방식과 분리 방식은 서로 다른 평가 기준에서도 브랜드 평가 점수를 비교하고 있음을 알 수 있다.

17 다음 글의 빈칸 ㉠에 이어질 내용으로 가장 적절한 것은 어느 것인가?

> 능동문이란 문장에서 주어로 나타난 대상이 어떤 행동을 일으키는 의미론적 관계를 표현하는 문장이다. 피동문은 문장에서 주어로 나타난 대상이 어떤 행동을 일으키는 것이 아니라 문장의 다른 성분(주로 부사어) 으로 나타난 대상에 의하여 어떤 행동이나 작용을 받는 의미론적 관계를 표현하는 문장이다. 국어의 여러 예 문들에서 남용되거나 오용된 피동문의 사례들이 많이 발견되는 것은 사실이다. (㉠   )

① 그러므로 피동문과 능동문을 구분하여 사용하는 것은 옳지 않은 방법이다.

② 그러므로 능동문보다는 피동문을 사용하는 것이 이러한 오용을 줄일 수 있는 방법이다.

③ 그러나 국어에는 피동문이 무조건 자연스럽지 않다거나 잘못된 것이라는 생각은 편견이다.

④ 그러나 능동문의 경우 문장에서 주어로 나타난 대상이 어떤 행동을 일으키는 의미론적 관계를 표현하기 때문에 쉽게 사용될 수 있다.

> **ADVICE** ③ 주어진 글에서는 능동문과 피동문의 차이점을 설명하고 있으나, 피동문이 적절하지 않은 문장이라거나 피 동문을 사용하지 말아야 한다는 근거를 제시하고 있지는 않다. 단지, 피동문이 오남용되는 사례들이 많이 발견되기도 한다고 언급한 것이며, 오히려 '~은 사실이다.'에 이어지는 말로는 오남용의 구체적인 사례를 제시하는 내용 또는 그와는 상반되는 내용이 이어져 피동문도 올바르게 사용하면 좋은 국어의 활용이 될 수 있다는 의미를 전달하는 것이 더욱 적절하다고 볼 수 있다.

Answer. 16.④ 17.③

18 다음은 외국인 대상 한국여행 지원 프로그램에 대한 안내문이다. 이에 대한 설명으로 적절하지 않은 것은?

외국인 대상 한국여행 지원 프로그램 'K – 서포트' 안내

1. 필요서류
• 여권 사본 또는 비자 사본
• 항공권(편도 또는 왕복 탑승권)
• 숙박 예약 확인서(2박 이상 체류 시)
• 온라인 사전 신청서 출력본
• 입국 후 관광 인증용 사진 또는 영상(SNS 업로드 포함 가능)

2. 지급형 지원금 한도 등
• 2박 이상 체류한 외국인 관광객에 한해 신청 가능
• 1인 최대 20만 원 상당의 전자바우처 또는 숙박비 지원(택 1)
• 국적별 예산 배정 현황에 따라 선착순 제한 가능

3. 신청방법
• 한국관광공사 지정 홈페이지를 통해 사전 신청
• 입국 후 3일 이내 관광인증 제출 시 지원금 수령
• 공항, 관광안내소, 제휴 숙소 등에서 현장 수령 가능

4. 알아야 할 사항
• 1년 내 동일한 지원 프로그램 중복 신청 불가
• 비영리 관광 목적에 한하여 지원 가능(유학 · 취업 등 제외)
• 지급형 지원금은 지정된 항목에 한하여 사용 가능

① 여권 사본과 입국 후 관광 인증만으로도 신청 요건은 모두 충족된다.
② 전자바우처는 지정된 항목에 한하여 사용 가능하다.
③ 신청은 반드시 입국 전에 이루어져야 하며, 지원금은 도착 후 받을 수 있다.
④ 동일인이 같은 프로그램을 다시 신청하려면 최소 1년은 지나야 한다.

ADVICE ② '알아야 할 사항'에서 지정된 항목에 한하여 사용 가능하다고 명시되어 있다.
③ 한국관광공사 지정 홈페이지를 통해 사전 신청해야 하며, 입국 후 3일 이내 관광인증 제출 시 지원금을 수령할 수 있다.
④ '알아야 할 사항'에서 1년 내 동일한 지원 프로그램 중복 신청 불가하다고 명시되어 있다.

19 지문 바로 뒤에 이어질 내용으로 가장 적절한 것은?

>   '게이미피케이션(gamification)'은 게임 고유의 규칙과 요소를 게임이 아닌 상황에 적용해 참여를 유도하고 행동을 변화시키는 전략이다. 예를 들어 출석체크 보상, 단계별 미션, 점수 누적과 보상 시스템 등을 일상 서비스에 적용해 사용자에게 흥미와 몰입을 제공하고 자발적인 행동을 유도하는 방식이 대표적이다.
>
>   이 개념은 2000년대 초 IT 및 UX 업계에서 본격적으로 주목받기 시작했고, 현재는 교육, 헬스케어, 마케팅, 공공행정 등 다양한 분야에서 활용되고 있다. 게이미피케이션이 주목받는 이유는 경쟁, 보상, 도전, 피드백 등 게임의 핵심 요소가 사람들의 행동을 변화시키는 데 효과적으로 작용하기 때문이다. 예컨대 온라인 학습 플랫폼에서 문제를 풀 때마다 포인트를 얻고, 그 포인트로 뱃지를 획득하거나 랭킹이 올라가는 구조는 사용자에게 성취감과 소속감을 주며 지속적인 참여를 이끌어내는 동기부여 도구로 기능한다.
>
>   한편, 게이미피케이션은 단순한 재미 요소를 넘어서, 정책 참여, 공공 캠페인, 기업 내부 소통에서도 활용 가능성이 커지고 있다. 일부 지자체에서는 시민이 쓰레기를 줄이면 포인트를 지급하는 '환경 미션'을 운영하고 있으며, 독서율을 높이기 위해 '독서 마라톤'을 시행, 기업 내에서는 협업과 아이디어 제안 활동에 점수를 부여해 내부 커뮤니케이션 활성화와 조직 몰입도 향상을 도모하기도 한다.
>
>   그러나 게이미피케이션이 항상 긍정적인 결과를 낳는 것은 아니다. 보상 자체에만 집중하면 내재적 동기를 저해할 수 있고, 성과 위주의 구조가 오히려 스트레스를 유발할 수도 있다. 따라서 게임 요소의 선택과 설계는 상황에 맞는 정교한 기획과 참여자 특성에 대한 이해를 전제로 이루어져야 한다.

① 반복적인 외적 보상 강화

② 목적 중심의 전략적 활용 필요성

③ 시각 자극 중심 설계

④ 전 분야 동일 구조 적응

> **ADVICE** ② 단순히 보상·재미에만 초점 맞추는 게 아니라, 사용자 특성과 상황에 맞는 맞춤형 설계가 필요하다는 결론을 내리고 있다.
> ① 지문에서는 보상에만 집중하면 내재적 동기 저해된다고 설명하고 있다.
> ③ 참여자의 특성과 맥락을 고려한 전략적 설계가 중요하다고 강조하고 있으며 시각 자극은 일시적인 몰입은 유도할 수 있지만, 행동 변화나 지속적 참여를 담보하지 않는다.
> ④ 모든 분야에 동일하게 적용하면, 오히려 동기 저하, 스트레스, 무의미한 참여 유발 가능하다. 따라서 보편적 일률 적용은 지문 논조와 반대이다.

Answer. 18.① 19.②

20 다음 글을 읽고 〈보기〉의 질문에 답을 할 때 가장 적절한 것은?

다세포 생물체는 신경계와 내분비계에 의해 구성세포들의 기능이 조절된다. 이 중 내분비계의 작용은 내분비선에서 분비되는 호르몬에 의해 일어난다. 호르몬을 분비하는 이자는 소화선인 동시에 내분비선이다. 이자 곳곳에는 백만 개 이상의 작은 세포 집단들이 있다. 이를 랑게르한스섬이라고 한다. 랑게르한스섬에는 인슐린을 분비하는 β 세포와 글루카곤을 분비하는 α 세포가 있다.

인슐린의 주된 작용은 포도당이 세포 내로 유입되도록 촉진하여 혈액에서의 포도당 농도를 낮추는 것이다. 또한 간에서 포도당을 글리코겐의 형태로 저장하게 하며 세포에서의 단백질 합성을 증가시키고 지방 생성을 촉진한다.

한편 글루카곤은 인슐린과 상반된 작용을 하는데, 그 주된 작용은 간에 저장된 글리코겐을 포도당으로 분해하여 혈액에서의 포도당 농도를 증가시키는 것이다. 또한 아미노산과 지방산을 저장 부위에서 혈액 속으로 분리시키는 역할을 한다.

인슐린과 글루카곤의 분비는 혈당량에 의해 조절되는데 식사 후에는 혈액 속에 포함되어 있는 포도당의 양, 즉 혈당량이 증가하기 때문에 β 세포가 자극을 받아서 인슐린 분비량이 늘어난다. 인슐린은 혈액 중의 포도당을 흡수하여 세포로 이동시키며 이에 따라 혈당량이 감소되고 따라서 인슐린 분비량이 감소된다. 반면 사람이 한참 동안 음식을 먹지 않거나 운동 등으로 혈당량이 70mg/dl 이하로 떨어지면 랑게르한스섬의 α 세포가 글루카곤 분비량을 늘린다. 글루카곤은 간에 저장된 글리코겐을 분해하여 포도당을 만들어 혈액으로 보내게 된다. 이에 따라 혈당량은 다시 높아지게 되는 것이다. 일반적으로 8시간 이상 공복 후 혈당량이 99mg/dl 이하인 경우 정상으로, 126mg/dl 이상인 경우는 당뇨로 판정한다.

포도당은 뇌의 에너지원으로 사용되는데, 인슐린과 글루카곤이 서로 반대되는 작용을 통해 이 포도당의 농도를 정상 범위로 유지시키는 데 크게 기여한다.

〈보기〉

인슐린에 대해서는 어느 정도 이해를 했습니까? 오늘은 '인슐린 저항성'에 대해 알아보도록 하겠습니다. 인슐린의 기능이 떨어져 세포가 인슐린에 효과적으로 반응하지 못하는 것을 인슐린 저항성이라고 합니다. 그럼 인슐린 저항성이 생기면 우리 몸속에서는 어떤 일이 일어나게 될지 설명해 보시겠습니까?

① 혈액 중의 포도당 농도가 높아지게 됩니다.

② 이자가 인슐린과 글루카곤을 과다 분비하게 됩니다.

③ 간에서 포도당을 글리코겐으로 빠르게 저장하게 됩니다.

④ 아미노산과 지방산을 저장 부위에서 분리시키게 됩니다.

ADVICE ① 인슐린의 기능은 혈액으로부터 포도당을 흡수하여 세포로 이동시켜 혈액에서의 포도당의 농도를 낮추는 것인데, 인슐린의 기능이 저하될 경우 이러한 기능을 수행할 수 없기 때문에 혈액에서의 포도당 농도가 높아지게 된다.

21 다음 글을 통해 알 수 있는 것은?

대기 중에 존재하는 입자상 물질은 크기에 따라 분류된다. 일반적으로 지름이 $50\mu\text{m}$ 이하인 입자를 총부유먼지(TSP)라고 하며, 그보다 작은 입자 중에서도 건강에 더 큰 영향을 미치는 것은 미세먼지이다. 미세먼지는 다시 지름 $10\mu\text{m}$ 이하인 PM10과 $2.5\mu\text{m}$ 이하인 PM2.5로 구분된다. PM2.5는 매우 작은 크기로 인해 폐 깊숙이 침투할 수 있으며, 일부는 혈액을 통해 전신으로 이동할 수 있다.

여러 연구에 따르면 미세먼지 농도가 높아질수록 호흡기 질환뿐 아니라 심혈관 질환의 발생 위험도 증가하는 것으로 나타났다. 특히 PM2.5는 입자가 작아 체내 침투력이 높기 때문에 건강에 미치는 영향이 더 클 수 있다.

미세먼지의 발생 원인은 자연적 요인과 인위적 요인으로 나뉜다. 자연적 요인에는 황사, 화산재, 해염 등이 있으며, 인위적 요인에는 화석연료 연소, 산업 활동, 교통수단에서 발생하는 배기가스 등이 포함된다. 또한 미세먼지는 배출 형태에 따라 1차 생성과 2차 생성으로 구분된다. 1차 생성은 배출원에서 직접 입자로 배출되는 경우이며, 2차 생성은 기체 상태 물질이 대기 중에서 화학 반응을 거쳐 입자로 변환되는 경우이다.

특히 2차 생성 미세먼지는 대기 중 다양한 물질과의 반응을 통해 형성되며, 그 비중이 점점 증가하고 있다. 이는 특정 지역에서 배출된 오염물질이 다른 지역의 대기질에도 영향을 미칠 수 있음을 의미한다. 따라서 미세먼지 문제를 해결하기 위해서는 단순히 배출량 감소뿐 아니라 화학 반응 과정에 대한 관리도 중요하다.

① PM2.5는 PM10보다 크기가 작아 체내 깊숙이 침투할 가능성이 높다.
② 미세먼지는 자연적 요인과 인위적 요인 모두에 의해 발생할 수 있다.
③ 2차 생성 미세먼지는 배출원에서 입자 형태로 직접 배출되는 경우를 의미한다.
④ 미세먼지는 대기 중 화학 반응을 통해 다른 형태로 생성될 수 있다.

ADVICE ③ 글에서는 미세먼지를 1차 생성과 2차 생성으로 구분하고 있다. 1차 생성은 배출원에서 입자 형태로 직접 배출되는 경우이며, 2차 생성은 배출원에서 나온 기체 상태 물질이 대기 중 화학 반응을 거쳐 입자로 바뀌는 경우이다.

Answer. 20.① 21.③

22 다음은 임금피크제 도입 절차를 나타낸 안내서이다. 자료를 보고 이해한 내용으로 옳은 것은?

임금피크제 도입 절차

■ 도입 준비
1. 임금관리 원칙 재정립 : 기업의 특성에 맞는 임금피크제 설계 가능
2. 현행 임금 체계와의 적합성 검토 : 임금 정책선이 우상향되는 임금체계에서 임금피크제 검토 필수
3. 제도 도입계획 수립 : 추진 조직, 설계 범위, 추진 절차 및 일정 검토, 노사 간 공감대 형성
※ 노사 간 공감대 형성 : 임금피크제 도입 필요성, 노사 공동 TF팀 구성

■ 진단 및 분석
1. 조직 및 인력 현황 분석
  1) 연령 · 직급별 인력 현황 분석
  2) 정년 의무화 시기의 조직 및 인력 구조 변화 예측
2. 임금제도 현황 분석
  1) 임금 지급 여력 분석
  2) 연령 · 직급 · 직종 · 근속연수별 임금체계 및 임금 수준, 근로시간 분석
3. 선행 기업 사례 분석
  1) 동종 · 유사 업종 사례조사 및 분석
  2) 벤치마킹 자료 활용으로 시행착오 절감
4. 근로자 의견조사
  1) 제도 설계 시 근로자 의견 반영을 위한 의견조사 실시
  2) 임금피크제 세부사항에 대해 근로자 대상의 설문조사, 설명회 실시

■ 임금피크제 설계
1. 대상 범위 및 제도 유형 결정
  1) 직급, 임금 수준, 성과에 따른 차등 적용
  2) 정년보장형, 정년연장형, 고용연장형 등 제도 유형 결정
2. 임금 굴절점 및 임금 감액률 결정
  1) 임금피크제 도입으로 임금 하락 시점 결정
  2) 임금 굴절점에서 정년까지의 임금 감액률 결정
3. 보상 수준 조정
  1) 감액률 반영 항목 결정
  2) 퇴직급여 감소 시 이에 대한 보완책 마련
4. 직무 · 직책 조정
  1) 임금피크제 적용 대상자의 직무조사 및 평가
  2) 기존 직무 · 직책의 유지 또는 새로운 직무 · 직책 발굴을 통한 조정 등 결정

> ■ 실행 · 지원
> 1. 노사합의
> 2. 단체 협약, 취업규칙, 근로계약서 등의 변경
> 3. 정부지원제도 활용
> 4. 사후관리
>   1) 인력 현황, 임금 현황 등 지속적인 모니터링
>   2) 임금체계 및 인사제도 개편

① 임금피크제 도입 후 지속적인 모니터링으로 제도 유형 개편을 추진해야 한다.

② 임금피크제 적용 대상자는 기존의 직무와는 다른 새로운 직무를 맡게 될 수도 있다.

③ 임금 굴절점 및 감액률을 결정하기 위해서는 '보상 수준 조정' 단계가 선행되어야 한다.

④ 근로자를 대상으로 하는 '임금피크제 도입'에 대한 설명회는 '실행 · 지원' 단계에서 이루어져야 한다.

> ADVICE ② '임금피크제 설계 − 직무 · 직책 조정'에 따라 기존 직무 · 직책의 유지 또는 새로운 직무 · 직책 발굴을 통한 조정 등 결정할 수 있으므로 새로운 직무 · 직책을 수행할 수 있다.
> ① 임금피크제 도입 후 지속적인 모니터링으로 임금체계 및 인사제도 개편을 추진해야 한다.
> ③ 임금피크제 도입 절차에 따라 '진단 및 분석' 단계가 선행되고 이후 '임금피크제 설계 단계'에서 이루어져야 한다.
> ④ 임금피크제 세부사항에 대해 근로자 대상의 설문즈사, 설명회는 '진단 및 분석 − 4. 근로자 의견조사' 단계에서 진행되어야 한다.

정부나 기업이 사업에 투자할 때에는 현재에 투입될 비용과 미래에 발생할 이익을 비교하여 사업의 타당성을 진단한다. 이 경우 물가 상승, 투자 기회, 불확실성을 포함하는 할인의 요인을 고려하여 미래의 가치를 현재의 가치로 환산한 후, 비용과 이익을 공정하게 비교해야 한다. 이러한 환산을 가능케 해 주는 개념이 할인율이다. 할인율은 이자율과 유사하지만 역으로 적용되는 개념이라고 생각하면 된다. 현재의 이자율이 연 10%라면 올해의 10억 원은 내년에는 $(1+0.1)$을 곱한 11억 원이 되듯이, 할인율이 연 10%라면 내년의 11억 원의 현재 가치는 $(1+0.1)$로 나눈 10억 원이 된다.

공공사업의 타당성을 진단할 때에는 대개 미래세대까지 고려하는 공적 차원의 할인율을 적용하는데, 이를 사회적 할인율이라고 한다. 사회적 할인율은 사회 구성원이 느끼는 할인의 요인을 정확하게 파악하여 결정하는 것이 바람직하나, 이것은 현실적으로 매우 어렵다. 그래서 시장이자율이나 민간 자본의 수익률을 사회적 할인율로 적용하자는 주장이 제기된다.

시장이자율은 저축과 대출을 통한 자본의 공급과 수요에 의해 결정되는 값이다. 저축을 하는 사람들은 원금을 시장이자율에 의해 미래에 더 큰 금액으로 불릴 수 있고, 대출을 받는 사람들은 시장이자율만큼 대출금에 대한 비용을 지불한다. 이때의 시장이자율은 미래의 금액을 현재 가치로 환산할 때의 할인율로도 적용할 수 있으므로, 이를 사회적 할인율로 간주하자는 주장이 제기되는 것이다. 한편 민간 자본의 수익률을 사회적 할인율로 적용하자는 주장은, 사회 전체적인 차원에서 공공사업에 투입될 자본이 민간 부문에서 이용될 수도 있으므로, 공공사업에 대해서도 민간 부문에서만큼 높은 수익률을 요구해야 한다는 것이다.

그러나 시장이자율이나 민간 자본의 수익률을 사회적 할인율로 적용하자는 주장은 수용하기 어려운 점이 있다. 우선 ㉠ <u>공공 부문의 수익률이 민간 부문만큼 높다면, 민간 투자가 가능한 부문에 굳이 정부가 투자할 필요가 있는가 하는 문제가 제기될 수 있다.</u> 더욱 중요한 것은 시장이자율이나 민간 자본의 수익률이, 비교적 단기적으로 실현되는 사적 이익을 추구하는 자본 시장에서 결정된다는 점이다. 반면에 사회적 할인율이 적용되는 공공사업은 일반적으로 그 이익이 장기간에 걸쳐 서서히 나타난다. 이러한 점에서 공공사업은 미래 세대를 배려하는 지속 가능한 발전의 이념을 반영한다. 만일 사회적 할인율이 시장이자율이나 민간 자본의 수익률처럼 높게 적용된다면, 미래 세대의 이익이 저평가되는 셈이다. 그러므로 사회적 할인율은 미래세대를 배려하는 공익적 차원에서 결정되는 것이 바람직하다.

23 ㉠이 전제하고 있는 것은?

① 민간 투자도 공익성을 고려해서 이루어져야 한다.

② 정부는 공공 부문에서 민간 투자를 선도하는 역할을 해야 한다.

③ 공공 투자와 민간 투자는 동등한 투자 기회를 갖는 것이 바람직하다.

④ 정부는 민간 기업이 낮은 수익률로 인해 투자하기 어려운 공공 부문을 보완해야 한다.

> **ADVICE** ④ ㉠은 '실제로 공공 부문의 수익률이 민간 부문보다 높지 않다'는 정보와 '정부는 공공 부문에 투자해야 한다'는 정보를 연상할 수 있다. 따라서 '정부는 낮은 수익률이 발생하는 공공 부문에 투자해야 한다'는 내용을 전제로 하므로 ④가 가장 적합하다.

24 윗글의 글쓴이가 상정하고 있는 핵심적인 질문으로 가장 적절한 것은?

① 시장이자율과 사회적 할인율은 어떻게 관련되는가?

② 자본 시장에서 미래 세대의 몫을 어떻게 고려해야 하는가?

③ 사회적 할인율이 민간 자본의 수익률에 어떤 영향을 미치는가?

④ 공공사업에 적용되는 사회적 할인율은 어떤 수준에서 결정되어야 하는가?

> **ADVICE** ④ 글쓴이는 사회적 할인율이 공공사업의 타당성을 진단할 때 사용되는 개념이며 미래세대까지 고려하는 공적 차원의 성격을 갖고 있음을 밝히고 있으며 이런 면에서 사회적 할인율을 결정할 때 시장이자율이나 민간 자본의 수익률과 같은 사적 부문에 적용되는 요소들을 고려하자는 주장에 대한 반대 의견과 그 근거를 제시하고 있다. 또한 사회적 할인율은 공익적 차원에서 결정되어야 한다는 자신의 견해를 제시하고 있으므로 사회적 할인율을 결정할 때 고려해야 할 수준에 대해 언급한 것이 가장 핵심적인 질문이라 할 수 있다.

Answer. 23.④ 24.④

개요

사립학교교직원연금법에 의한 각종 급여(유족보상금, 직무상요양비, 장해급여, 사망조위금, 재해부조금, 퇴직급여, 유족 급여 등)에 관한 결정, 부담금의 징수, 기타 연금법에 의한 처분 또는 급여에 관하여 이의가 있는 경우에는 권리구제 기구인 「사립학교교직원연금 급여재심위원회」에 그 심사(재심)를 청구할 수 있다.

기간

공단의 처분이 있은 날로부터 180일, 그 사실(처분이 있음)을 안 날로부터 90일 이내에 청구하여야 한다.
다만, 그 기간 내에 정당한 사유로 인하여 심사의 청구를 할 수 없었던 것을 증명하는 경우에는 예외로 한다. 「처분이 있음을 안 날」은 통상적으로 '공단의 처분 문서를 수령한 날'로 보며, 심사청구기간은 제척기간이므로 이 기간이 경과되어 청구서를 제출하는 경우는 본안 심사 전에 각하된다.

절차

심사청구	청구인 : 심사청구서와 심사청구이유서를 작성하여 관리공단에 제출 – 공단의 처분이 있는 날로부터 180일, 그 사실을 안 날(공단의 처분문서 송달일)로부터 90일 이내

⇩

이송	공단 : 청구인이 제출한 심사청구서와 변명서 및 기타 필요한 서류를 급여재심위원회에 이송(10일 이내)

⇩

심의	급여재심위원회 : 급여재심위원회에서 심의·의결하여 결정서 송달 – 청구인, 학교기관, 기타관계인, 공단

- 심사청구서는 〈제224호 서식〉을 사용하며, 심사청구이유서는 일정한 형식 없이 작성한다.
- 청구인은 심사청구서 및 심사청구이유서와 함께 이와 관련되는 증빙자료를 추가로 제출할 수 있으며, 소속기관 경유 없이 직접 공단에 제출한다.
- 공단을 상대로 소송을 제기할 때에는 행정소송이 아닌 민사소송으로 해야 하며, 급여재심위원회에 심사청구를 하지 않고도 소송을 제기할 수 있다.

25 위의 안내문을 보고 알 수 없는 내용은?

① 청구인이 제출한 서류를 급여재심위원회에 이송하는 주체

② 청구인이 제출하는 추가 증빙자료의 요건

③ 사립학교교직원연금법에서 규정한 급여의 종류

④ 급여재심위원회의 결정서 송달 대상

> **ADVICE** ② 증빙자료를 추가로 제출할 수 있다고 규정하고 있을 뿐, 증빙자료의 요건에 대해서는 언급되어 있지 않다.
> ① 절차 규정에서 이송 주체는 '공단'임을 알 수 있다.
> ③ 안내문 '개요'에 유족보상금, 직무상요양비, 장해급여, 사망조위금, 재해부조금, 퇴직급여, 유족 급여 등 사학연금법에서 규정하고 있는 급여에 대해 언급되어 있다.
> ④ 급여재심위원회는 청구인, 학교기관, 기타관계인, 공단에 결정서를 송부하여야 한다.

26 위 안내문을 바탕으로 홈페이지에 올라온 고객의 질문에 대해 답변하려고 한다. 답변 내용으로 옳지 않은 것은?

① Q : 유족보상금 외에 유족 급여에 이의가 있을 경우에도 심사청구가 가능한가요?

 A : 네, 유족 급여에 이의가 있으시면 사립학교교직원연금 급여재심위원회에 심사 청구 가능합니다.

② Q : 심사청구를 할 때 필수적으로 제출해야 하는 서류가 있을까요?

 A : 네, 심사청구서와 심사청구이유서를 제출하여야 합니다.

③ Q : 오늘 공단으로부터 처분 문서를 받았습니다. 이에 이의가 있으면 언제까지 심사 청구가 가능할까요?

 A : 오늘을 기준으로 180일 이내에 청구하셔야 합니다.

④ Q : 증빙자료는 제가 재직하고 있는 학교에 제출하면 될까요?

 A : 아니요, 공단에 직접 제출하시면 됩니다.

> **ADVICE** ③ 처분이 있음을 알게 된 날로부터 90일 이내에 심사청구 하여야 한다. '처분이 있음을 안 날'은 통상적으로 '공단의 처분 문서를 수령한 날'을 의미한다.

Answer. 25.② 26.③

27 다음 글의 빈칸에 들어갈 가장 알맞은 말은 어느 것인가?

> 은행은 불특정 다수로부터 예금을 받아 자금 수요자를 대상으로 정보생산과 모니터링을 하며 이를 바탕으로 대출을 해주는 고유의 자금중개기능을 수행한다. 이 고유 기능을 통하여 은행은 어느 나라에서나 경제적 활동과 성장을 위한 금융지원에 있어서 중심적인 역할을 담당하고 있다. 특히 글로벌 금융위기를 겪으면서 주요 선진국을 중심으로 직접금융이나 그림자 금융의 취약성이 드러남에 따라 은행이 정보생산 활동에 의하여 비대칭정보 문제를 완화하고 리스크를 흡수하거나 분산시키며 금융부문에 대한 충격을 완화하는 역할에 대한 관심이 크게 높아졌다. 또한 국내외 금융시장에서 비은행 금융회사의 업무 비중이 늘어나는 추세를 보이고 있음에도 불구하고 은행은 여전히 금융시스템에서 가장 중요한 기능을 담당하고 있는 것으로 인식되고 있으며, 은행의 자금중개기능을 통한 유동성 공급의 중요성이 부각되고 있다.
>
> 한편 은행이 외부 충격을 견뎌 내고 금융시스템의 안정 유지에 기여하면서 금융중개라는 핵심 기능을 원활히 수행하기 위해서는 (   )이 뒷받침되어야 한다. 그렇지 않으면 은행의 건전성에 대한 고객의 신뢰가 떨어져 수신기반이 취약해지고, 은행이 '고위험-고수익'을 추구하려는 유인을 갖게 되어 개별 은행 및 금융산업 전체의 리스크가 높아지며, 은행의 자금중개기능이 약화되는 등 여러 가지 부작용이 초래되기 때문이다. 결론적으로 은행이 수익성 악화로 부실해지면 금융시스템의 안정성이 저해되고 금융중개 활동이 위축되어 실물경제가 타격을 받을 수 있으므로 은행이 적정한 수익성을 유지하는 것은 개별 은행과 금융시스템은 물론 한 나라의 전체 경제 차원에서도 중요한 과제라고 할 수 있다. 이러한 관점에서 은행의 수익성은 학계는 물론 은행 경영층, 금융시장 참가자, 금융정책 및 감독 당국, 중앙은행 등의 주요 관심대상이 되는 것이다.

① 외부 충격으로부터 보호받을 수 있는 제도적 장치로의 안정성

② 비은행 금융회사에 대한 엄격한 규제와 은행의 건전성

③ 유동성 문제의 해결과 함께 건전성

④ 건전성과 아울러 적정 수준의 수익성

> **ADVICE** ④ 글의 전반부에서 비은행 금융회사의 득세에도 불구하고 여전히 은행이 가진 유동성 공급의 중요성을 언급한다. 여기서는 은행이 글로벌 금융위기를 겪으며 제기된 비대칭정보 문제를 언급하며, 금융시스템 안정을 위해서 필요한 은행의 건전성을 간접적으로 강조하고 있다. 후반부에서는 수익성이 함께 뒷받침되지 않을 경우의 부작용을 직접적으로 언급하며, 은행의 수익성은 한 나라의 경제 전반을 뒤흔들 수 있는 중요한 과제임을 강조한다. 따라서, 후반부가 시작되는 첫 문장은 건전성과 아울러 수익성도 중요하다는 화제를 제시하는 보기④의 문구가 가장 적절하다고 볼 수 있다. 또한, 자칫 수익성만 강조하게 되면 국가 경제 전반에 영향을 줄 수 있는 불건전한 은행의 문제점이 드러날 수 있으므로 '적정 수준'이라는 문구를 포함시킨 것으로 볼 수 있다.

28 아래의 기사 내용과 주어진 〈조건〉을 반영해 IT서비스기업 D사의 운영기획팀 담당 S 대리의 운영 전략으로 옳은 것은?

중소기업 대상 클라우드 협업 툴 이용 급증, 원격근무 확산으로 중소기업 SaaS 도입 가속

IT서비스기업 D사는 최근 6개월간 자사 클라우드 협업툴을 이용 중인 중소기업 고객 8,200곳의 사용 데이터를 분석했다. 분석 결과, 직원 수 10 ~ 49인 기업의 평균 월 접속 빈도는 1,240회, 50 ~ 99인 기업은 평균 1,870회로 나타났다. 특히 오전 9 ~ 11시, 오후 3 ~ 5시 시간대의 이용 비중이 전체의 약 62%를 차지했으며, 기능별로는 파일 공유(38%), 메신저(34%), 일정 관리(19%) 순으로 사용률이 높았다. D사 관계자는 "중소기업 고객은 기능 다양성보다 업무 시간대에 안정적으로 접속 가능한 서비스와 합리적인 비용 구조를 중시하는 경향이 뚜렷하다"고 밝혔다. 특히, 동시 접속이 집중되는 시간대에는 단순한 서버 수 증설보다 접속 요청을 분산·완화할 수 있는 구조가 체감 안정성을 높이는 데 효과적인 것으로 분석됐다. 업무 집중 시간대의 접속 지연은 서버 처리 용량 부족보다는 동일 자료에 대한 반복 요청이 몰리며 발생하는 병목 현상에서 비롯된 경우가 많았으며, 이에 따라 요청을 분산·완화할 수 있는 구조적 개선이 단순 증설보다 효율적인 것으로 나타났다.

〈조건〉

• 신규 서버 증설 예산 : 8억 원 내외
• 주간(평일) 업무 집중 시간대 안정성 강화 필수
• 전체 시스템 평균 응답속도 20% 이상 개선 목표

	서버 증설안	투자 금액	응답속도 개선율
①	기본 서버 증설	7.6억 원	18%
②	기본＋캐시서버	7.9억 원	21%
③	고성능 단일 서버	8.3억 원	24%
④	분산 서버 구축	7.8억 원	20%

ADVICE ② 기사에 따르면 중소기업 고객은 '업무 시간대에 안정적으로 접속 가능한 서비스'를 중시한다고 말하고 있다. 따라서 조건 중 평일 업무 집중 시간대 안정성 강화와 응답속도 20% 이상 개선을 동시에 만족하는 증설안을 선택해야 한다. 일반적으로 업무 집중 시간대의 접속 안정성을 높이기 위해서는 단순 증설보다 캐시 서버 등으로 트래픽을 분산·완화하는 구조가 유리하다. 그러므로 기본 증설에 캐시 서버를 추가한 안이 조건의 방향과 부합한다.

Answer. 27.④ 28.②

29 다음은 가축재해보험에 관련한 상품설명서의 일부이다. 상품설명서에 대한 설명으로 옳은 것은?

〈가축재해보험(돼지)〉

구분	내용	구분	내용
보험기간	1년 원칙	상품형태	순수보장형(소멸성)
납입방법	일시납	상품구성	보통약관 + 특별약관 + 추가특별약관

1. 가입대상
   - 돼지 : 종돈(모돈, 웅돈), 자돈, 육성돈, 비육돈 등
   - 축사 : 가축사육 건물 및 관련 시설(태양광, 태양열 등 관련 시설은 제외)

2. 보장내용
   - 주계약

구분	보상하는 손해	자기부담금
가축	• 화재에 의한 손해 • 풍재 · 수재 · 설해 · 지진에 의한 손해	손해액의 5%, 10%, 20%
축사	• 화재(벼락 포함)에 의한 손해 • 풍재 · 수재 · 설해 · 지진에 의한 손해	손해액의 0%, 5%, 10%(풍 · 수재, 설해 · 지진 최저 50만원)

   - 특약

특약사항 구분	보상하는 손해	자기부담금
질병위험보장 특약	TGE, PED, Rota virus에 의한 손해 ※ 신규가입일 경우 가입일로부터 1개월 이내 질병 관련 사고는 보상하지 않습니다.	손해액의 20%, 30%, 40% 중 자기부담금과 200만원 중 큰 금액
축산휴지 위험보장 특약	돼지보험(보통약관 및 특약)에서 보상하는 사고로 인한 경영손실 손해	–
전기적 장치 위험보장 특약	전기적장치의 고장에 따른 손해	손해액의 10%, 20%, 30%, 40% 중 자기부담금과 200만원 중 큰 금액
폭염재해보장 추가특약	폭염에 의한 손해	손해액의 10%, 20%, 30%, 40% 중 자기부담금과 200만원 중 큰 금액
동물복지인증계약 특약	동물복지축산농장 인증(농림축산검역본부) 시 5% 할인	

① 보험기간은 1년을 초과하는 기간으로는 가입할 수 없다.

② 가입대상에 모돈, 웅돈, 가금 등이 포함된다.

③ 가축이 냉해로 인한 피해를 입은 경우 자기부담금은 손해액의 5%, 10%, 20%이다.

④ TGE가 가입일로부터 1개월 이내에 발생했다면 자기부담금은 200만원에 해당한다.

> **ADVICE** ① 1년 가입이 원칙이다.
> ② 가금(닭, 오리, 꿩 등)은 가입대상에 포함되지 않는다.
> ③ 냉해는 포함되지 않는다.
> ④ 신규 가입일에서부터 1개월 이내에 발생한 TGE, PED, Rota virus에 의한 손해는 보상하지 않는다.

30 다음은 주식시장의 상황표이다. 이 표에 대한 내용으로 적절하지 못한 것은?

코스피(6월 20일 종가)		거래량(만주)	35,794(−1,451)
1,946.31	▼0.23P	거래대금(억 원)	38,261(−8,709)
	▼0.01%	KRX100	4,219.35(−2.03)
		KOSPI200	258.03(−0.17)
거래소 등락			
상승	▲427	상한가	⬆5
하락	▼397	하한가	⬇2
보합	81	거래형성률	95.60%
고가	1,949.89(+3.35)	저가	1,938.25(−8.29)

① 오늘 코스피 지수는 종가기준으로 1,946.31로 어제보다 0.23포인트 감소하였다.

② 거래소 상장회사 중 427개사의 주가가 상승하였고, 그중 5개사는 상한가를 기록하였으며, 397개사의 주가는 하락하였고 그중 2개 사는 하한가를 기록하였다.

③ 하루 중 코스피 지수가 가장 높았을 때는 1,949.89로 어제 종가보다 3.35포인트 증가하였으며, 가장 낮았을 때는 1,938.25로 어제보다 8.29포인트 감소하였다.

④ 한국을 대표하는 주식 200개 종목의 시가총액을 지수화한 KOSPI200은 어제보다 0.17포인트 감소하였다.

> **ADVICE** ② 거래소 등락은 상장된 종목의 시장가치가 상승했다는 것으로 주가가 상승했다는 것을 의미하지 않는다. 또한 상한가는 거래일마다 설정되는 가격이 상승할 수 있는 최대범위 가격을 의미한다.

---

31 다음 글을 바탕으로 팀 내부 이메일 작성 방식을 개선하려고 할 때 적절하지 않은 것은?

> 직장 내 이메일은 업무 효율을 높이기 위해 명확하고 간결하게 작성하는 것이 중요하다. 먼저, 제목은 메일의 핵심 내용을 한눈에 파악할 수 있도록 요약해 작성해야 하며, 불필요하게 길거나 모호한 제목은 피해야 한다. 또한 본문은 핵심 내용을 먼저 제시하고, 그다음에 필요한 배경 설명을 덧붙이는 방식이 효과적이다. 요청 사항이 있는 경우에는 기한, 담당자, 필요한 자료 등을 구체적으로 적어 수신자가 바로 행동에 옮길 수 있도록 해야 한다. 메일에서 감정적인 표현을 사용하는 것은 지양해야 한다. 특히 문제 상황을 설명할 때는 사실 중심으로 서술하고, 상대방을 비난하는 표현은 업무 협업을 저해할 수 있다. 마지막으로 첨부 파일이 있는 경우에는 파일명을 명확히 기재하고, 본문에서도 첨부 여부를 다시 확인하는 것이 실수를 줄이는 데 도움이 된다.

① 요청사항을 전달할 때는 기한과 필요한 자료를 명확하게 적는 것이 좋다.
② 본문에서 핵심 내용을 먼저 제시하는 것은 효율적인 이메일 작성 방식이다.
③ 메일 제목을 핵심 문장으로 간결하게 작성하는 것은 글의 원칙에 부합한다.
④ 문제 상황을 전달할 때는 감정 표현을 사용해 상황의 심각성을 강조하는 것이 효과적이다.

    ADVICE ④ 지문에서는 감정적 표현을 지양하고 사실 중심으로 전달해야 한다고 강조하고 있다.

32 다음 글을 통해 알 수 있는 사실은?

> 사람의 뇌는 일정한 수면 시간이 확보될 때 최적의 인지 기능을 발휘한다. 수면이 부족하면 뇌는 낮 동안 받은 정보를 정리하고 저장하는 과정을 충분히 수행하지 못한다. 특히 6시간 미만의 수면이 지속되면 단기 기억을 장기 기억으로 옮기는 과정이 제대로 이뤄지지 않아, 시험이나 업무상 중요한 내용을 기억하기 어려워진다. 이러한 현상은 수면이 뇌 기능 회복과 기억 정리에 핵심적인 역할을 한다는 점을 보여준다. 최근에는 스마트폰 사용 증가, 학업과 업무 스트레스 등의 요인으로 수면 시간이 부족해지는 사람이 많아지고 있으며, 이로 인해 집중력과 기억력 저하를 호소하는 경우도 증가하고 있다. 더 나아가 수면 부족은 감정 조절 능력에도 영향을 미쳐 사소한 자극에도 과민하게 반응하거나 스트레스를 과도하게 느끼게 만든다. 이 때문에 수면 부족은 단순한 피로감에 그치지 않고, 학습 효율이나 업무 성과 전반을 떨어뜨릴 수 있다. 그러나 수면 시간이 길어진다고 해서 인지 능력이 무조건 향상되는 것은 아니다. 지나치게 과도한 수면은 기상 직후의 둔감함을 길게 만들어 일과에 적응하는 시간을 늦출 수 있다. 즉, 부족한 수면과 과도한 수면 모두 뇌 기능에 부정적 영향을 줄 수 있다. 따라서 개인의 생활 패턴에 맞는 적절한 수면 시간을 유지하는 것이 가장 중요하며, 이는 하루의 학습 효율과 업무 성과뿐 아니라 전반적인 삶의 질을 결정하는 핵심 요소가 된다.

① 6시간 미만의 수면이 반복되면 장기 기억 형성 과정이 방해될 수 있다.
② 스마트폰 사용은 수면 부족과 무관하므로 집중력 저하의 직접적 원인이 되지 않는다.
③ 충분한 수면은 감정 조절 능력에는 긍정적이지만, 새로운 정보를 받아들이는 능력과는 관계가 없다.
④ 수면 부족은 감정 조절에는 영향을 미치지만, 학습 능력이나 업무 성과에는 큰 영향을 주지 않는다.

 ① 지문에서는 6시간 미만의 수면이 지속될 경우 단기 기억을 장기 기억으로 옮기는 과정이 제대로 이뤄지지 않는다고 명확히 서술하고 있다.

33 다음 아래 글 바로 뒤에 이어질 내용으로 적절한 것은?

> 스미싱과 피싱은 최근 금융권에서 가장 빈번하게 발생하는 사이버 범죄 유형으로, 고객의 금융정보를 탈취하거나 계좌 자금을 무단 이체하기 위해 사용된다. 스미싱은 휴대전화 문자메시지 내 링크를 누르게 하여 악성 앱을 설치하게 하거나 개인정보 입력을 유도하는 방식이다. 겉보기에는 택배사, 관공서, 은행 등이 보낸 안내처럼 꾸며져 있어 사용자가 의심 없이 눌렀다가 피해가 발생하는 경우가 많다. 피싱은 이메일을 이용한 범죄로, 실제 금융기관·공공기관과 유사한 화면을 만들어 로그인 정보를 입력하게 하거나 보안카드 번호, OTP 번호 등을 요구한다. 특히 최근에는 AI 기반의 정교한 모방 메일이 증가하면서 일반 이용자는 정상 메일과 구분하기 더 어려워지고 있다. 금융사기 피해는 한 번 발생하면 금전적 손실뿐만 아니라 개인 신용도에 영향을 미칠 수 있어 사전 예방이 무엇보다 중요하다. 따라서 금융기관은 고객 스스로 위험 신호를 빠르게 감지할 수 있도록 일상 속에서 주의해야 할 점을 지속적으로 안내하고 있다.

① 다만 스미싱·피싱 범죄는 대부분 해외에서 발생하므로 국내 사용자는 크게 걱정하지 않아도 된다.

② 문자메시지나 이메일에 포함된 링크는 발신처가 불분명할 경우 클릭하지 말고, 필요시 해당 기관의 공식 앱이나 고객센터를 통해 직접 확인해야 한다.

③ 금융사기를 예방하기 위해서는 스마트폰을 최신 기종으로 교체하는 것이 가장 확실한 방법이며, 구형 기종은 보안 위험이 높아 반드시 사용을 중단해야 한다.

④ 하지만 최근에는 스미싱 피해가 발생하더라도 비밀번호만 변경하면 대부분의 피해가 복구되므로 사용자는 큰 불안감을 가질 필요가 없다.

 ② 지문에서는 스미싱·피싱 범죄의 특징과 문제점을 설명한 뒤, 금융사기 예방의 중요성을 강조하고 있다. 따라서 고객의 구체적인 예방 행동이 자연스럽게 연결되어야 한다. '의심스러운 링크 클릭 금지 → 공식 채널로 확인'이라는 가장 기본적이고 실제적인 예방 수칙을 제시하고 있어 지문의 맥락과 정확히 부합한다.
　① 사실과 다르며 지문과도 맞지 않는다.
　③ 스미싱·피싱은 기기 성능 문제가 아니다. 예방은 보안 설정, 주의 습관, 공식 경로 이용이 핵심이지 기종 교체가 아니다.
　④ 스미싱·피싱은 대부분 계좌 탈취, 자금 이체 등 금전적 손실로 이어지며 단순 비밀번호 변경만으로 이미 발생한 피해는 복구되지 않는다. 또한 지문에서는 예방의 중요성을 강조하고 있으므로 잘못된 설명이다.

Answer. 31.④ 32.① 33.②

34 다음 글의 내용과 부합하지 않는 것은?

디지털 연산은 회로의 동작으로 표현되는 논리적 연산에 의해 진행되며 아날로그 연산은 소자의 물리적 특성에 의해 진행된다. 하지만 디지털 연산의 정밀도는 정보의 연산 과정에서 최종적으로 정보를 출력할 때 필요한 것보다 항상 같거나 높게 유지해야 하므로 동일한 양의 연산을 처리해야 하는 경우라면 디지털 방식이 아날로그 방식에 비해 훨씬 더 많은 소자를 필요로 한다. 아날로그 연산에서는 회로를 구성하는 소자 자체가 연산자이므로 온도 변화에 따르는 소자 특성의 변화, 소자 간의 특성 균질성, 전원 잡음 등의 외적 요인들에 의해 연산 결과가 크게 달라질 수 있다.

그러나 디지털 연산에서는 회로의 동작이 0과 1을 구별할 정도의 정밀도만 유지하면 되므로 회로를 구성하는 소자 자체의 특성 변화에 거의 영향을 받지 않는다. 또한 상대적으로 쉽게 변경 가능하고 프로그램하기 편리한 점도 있다.

사람의 눈이나 귀 같은 감각기관은 아날로그 연산에 바탕을 둔 정보 처리 조직을 가지고 있지만 이로부터 발생되는 정보는 디지털 정보이다. 감각기관에 분포하는 수용기는 특별한 목적을 가지는 아날로그-디지털 변환기로 볼 수 있는데, 이것은 전달되는 입력의 특정 패턴을 감지하여, 디지털 신호와 유사한 부호를 발생시킨다. 이 신호는 다음 단계의 신경세포에 입력되고, 이 과정이 거미줄처럼 연결된 무수히 많은 신경세포의 연결 구조 속에서 반복되면서 뇌의 다양한 인지 활동을 형성한다.

사람의 감각기관에서 일어나는 아날로그 연산은 감각되는 많은 양의 정보 중에서 필요한 정보만을 걸러주는 역할을 한다. 그렇기 때문에 실제 신경세포를 통해 뇌에 전달되는 것은 지각에 꼭 필요한 내용만이 축약된 디지털 정보이다. 사람의 감각은 감각기관의 노화 등으로 인한 생체 조직 구조의 변화에 따라 둔화될 수 있다. 그럼에도 불구하고 노화된 사람의 감각기관은 여전히 아날로그 연산이 가지는 높은 에너지 효율을 얻을 수 있다.

① 사람의 신경세포는 디지털화된 정보를 뇌로 전달한다.
② 디지털 연산은 소자의 물리적 특성을 연산자로 활용한다.
③ 사람이 감각기관은 아날로그 연산을 기초로 정보를 처리한다.
④ 디지털 연산은 소자 자체의 특성 변화에 크게 영향을 받지 않는다.

 ADVICE ② 디지털 연산이 아닌 아날로그 연산이 소자의 물리적 특성에 의해 진행된다.

35 다음 글에 근거할 때 적립식 펀드와 거치식 펀드를 비교한 내용으로 옳지 않은 것은?

> 펀드 투자 방식은 크게 거치식 투자와 적립식 투자로 나뉜다. 두 방식은 모두 자산운용사가 펀드를 활용하여 투자자금을 운용한다는 점에서 같지만 자금을 언제, 어떻게 투입하느냐에 따라 투자성과가 달라진다.
>
> 거치식 펀드는 한 번에 큰 금액을 투자하는 방식이다. 예를 들어 1월 1일에 펀드에 1,000만 원을 일시에 넣었다면, 이 금액은 전액이 1년 동안 시장 변동의 영향을 그대로 받는다.
>
> 따라서 시장이 상승하면 수익을 크게 얻을 수 있지만, 시장 하락 시 손실도 크게 나타나는 특징이 있다. 이 방식은 투자 시점의 가격 수준에 따라 수익률 편차가 크기 때문에, 투자자 입장에서는 투자 타이밍이 매우 중요한 요소가 된다.
>
> 반면 적립식 펀드는 매월 일정 금액을 나누어 투자하는 방식이다. 이를 통해 투자자는 가격이 높을 때는 적은 수량을, 가격이 낮을 때는 많은 수량을 매입하게 되어 평균 매입 단가를 낮추는 효과 즉, 코스트 애버리징(cost averaging)을 기대할 수 있다. 예컨대 매월 100만 원씩 1년간 투자할 경우, 1년 동안 시장 상황에 따라 매입 단가가 분산되어 시장 변동성을 완화하는 데 도움이 된다. 다만 적립식 펀드는 거치식 펀드와 달리 전체 금액이 초기부터 시장에 투입되는 것이 아니기 때문에, 시장 상승장이 지속될 경우 거치식에 비해 최종 수익이 낮아질 수도 있다. 반대로 하락장이 이어지거나 등락이 심한 시기에는 적립식 투자 방식이 유리할 가능성이 있다.
>
> 요약하자면, 거치식 펀드는 초기 타이밍에 따라 큰 수익 또는 큰 손실이 발생하기 쉬운 반면, 적립식 펀드는 장기간 분산투자 효과로 변동성을 줄이는 데 유리하다. 어느 방식이 더 적절한지는 투자자의 투자 성향, 기간, 시장 흐름 등에 따라 달라진다.

① 거치식 펀드는 초기 투자 시점의 가격에 따라 수익률 차이가 크다.
② 적립식 투자는 시장 변동성이 큰 시기에 위험을 완화하는 효과가 있다.
③ 시장이 지속적으로 상승할 경우 거치식 펀드가 적립식보다 유리할 수 있다.
④ 적립식 펀드는 높은 가격일 때 더 많은 수량을 매입하여 평균 매입 단가를 낮춘다.

> **ADVICE** ④ 적립식 펀드가 가격이 높을 때 더 많은 수량을 매입한다고 설명하고 있으나, 실제로는 가격이 높을 때 적은 수량을, 가격이 낮을 때 많은 수량을 매입하게 된다. 이로 인해 적립식 투자의 평균 매입 단가를 낮출 수 있는 것이므로 적절하지 않다.

---

36 다음 글에서 주장하는 바를 가장 함축적으로 요약한 것은 어느 것인가?

> 새로운 지식의 발견은 한 학문 분과 안에서만 영향을 끼치지 않는다. 가령 뇌 과학의 발전은 버츄얼 리얼리티라는 새로운 현상을 가능하게 하고 이것은 다시 영상공학의 발전으로 이어진다. 이것은 새로운 인지론의 발전을 촉발시키는 한편 다른 쪽에서는 신경경제학, 새로운 마케팅 기법의 발견 등으로 이어진다. 이것은 다시 새로운 윤리적 관심사를 촉발하며 이에 따라 법학적 논의도 이루어지게 된다. 다른 쪽에서는 이러한 새로운 현상을 관찰하며 새로운 문학, 예술 형식이 발견되고 콘텐츠가 생성된다. 이와 같이 한 분야에서의 지식의 발견과 축적은 계속적으로 마치 도미노 현상처럼 인접 분야에 영향을 끼칠 뿐 아니라 예측하기 어려운 방식으로 환류한다. 이질적 학문에서 창출된 지식들이 융합을 통해 기존 학문은 변혁되고 새로운 학문이 출현하며 또다시 이것은 기존 학문의 발전을 이끌어내고 있는 것이다.

① 학문의 복잡성

② 이질적 학문의 상관관계

③ 지식의 상호의존성

④ 신지식 창출의 형태와 변화 과정

> **ADVICE** ③ 주어진 글에서는 하나의 지식이 탄생하여 다른 분야에 연쇄적인 영향을 미치게 되는 것을 뇌과학 분야의 사례를 통해 조명하고 있다. 이러한 모습은 학문이 그만큼 복잡하다거나, 서로 다른 학문들이 어떻게 상호 연관을 맺는지를 규명하는 것이 아니며, 지식이나 학문의 발전은 독립적인 것이 아닌 상호의존성을 가지고 있다는 점을 강조하는 것이 글의 핵심 내용으로 가장 적절할 것이다.

37 다음 글의 내용과 일치하지 않는 것은?

> 최근 공공도서관에서는 업무 효율 향상을 위해 '자동 책 정리 시스템'을 도입하는 사례가 점차 늘고 있다. 이 시스템은 반납된 도서에 부착된 RFID 태그를 자동으로 인식해, 장르·청구기호·자료 유형에 따라 분류 컨베이어로 이동시키는 방식으로 운영된다. 자동분류기는 도서를 서가별 카트로 모아주기 때문에, 직원들은 분류 작업에 소요되던 시간을 줄이고 이용자 문의 응대나 프로그램 운영 등 다른 업무에 더 집중할 수 있다. 특히 대출·반납량이 많은 대형 도서관에서는 정리 속도가 크게 빨라지고, 반납 적체가 줄어드는 효과가 나타나 긍정적인 평가를 받고 있다.
>
> 그러나 이러한 자동화가 모든 도서관에서 환영받는 것은 아니다. 자동 책 정리 시스템은 초기 설치비와 유지관리 비용이 상당해 예산이 부족한 소규모 공공도서관에서는 도입하기 어렵다는 현실적 문제가 있다. 또한 책을 기계 장치로 이동·분류하는 과정에서 책이 떨어지거나 모서리가 눌리는 등 훼손 가능성에 대한 우려가 제기되고 있으며, 기계가 사람 업무의 일부를 대체하는 방향이 과연 도서관 서비스의 질을 높이는 방식인지에 대해 회의적인 입장을 보이기도 한다.
>
> 반면 장비 도입이 단순한 '인력 대체'가 아니라 변화한 도서관 환경을 반영한 '업무 재배치'라고 설명한다. 대중의 이용 패턴이 빠르게 바뀌면서, 도서관은 정보 접근 서비스·문화 프로그램·독서 동아리 지원 등 다양한 역할을 수행해야 하고, 그만큼 직원이 정리 업무에만 시간을 쓰기 어렵기 때문이다. 이러한 이유로 업무량이 많은 대형 도서관에서는 자동 책 정리 시스템이 필수적이라는 의견이 꾸준히 나오고 있다.
>
> 결국 자동화 시스템의 도입 여부는 각 도서관의 규모, 예산, 이용자 특성에 따라 달라지고 있으며, 기술 도입 효과에 대한 논의도 계속 이어지고 있다.

① 자동 책 정리 시스템은 반납된 책을 분류 컨베이어로 이동시키는 기능을 갖추고 있으며, 이를 통해 직원의 정리 업무 부담을 줄이는 데 기여한다.

② 자동화 장비 도입에 부정적인 입장을 가진 사람들은 책 정리 속도 자체가 이전보다 오히려 느려질 수 있다고 주장한다.

③ 자동 책 정리 시스템은 설치비와 유지비 부담으로 인해 규모가 작은 도서관에서 쉽게 도입하기 어렵다는 점이 지적된다.

④ 일부 도서관에서는 기계가 사람 업무를 대체할 경우 도서관 서비스의 질이 실제로 향상될지에 대해 회의적인 시각을 보인다.

> **ADVICE** ② 지문은 오히려 정리 속도가 빨라지고 반납 적체가 줄어든다고 명확히 서술하고 있다. '정리 속도 저하'라는 내용은 제시된 부정적 견해와도 무관하다.

38 다음 내용은 방송 대담의 한 장면이다. 이를 통해 알 수 있는 것은?

> 사회자 : '키워드로 알아보는 사회' 시간입니다. 의료서비스 시장 개방이 눈앞의 현실로 다가오고 있습니다. 이와 관련하여 오늘은 먼저 의료서비스 시장의 특성에 대해서 알아보겠습니다. 김 박사님 말씀해주시죠.
> 김박사 : 일반적인 시장에서는 소비자가 선택할 수 있는 상품의 폭이 넓습니다. 목이 말라 사이다를 마시고 싶은데, 사이다가 없다면 대신 콜라를 마시는 식이지요. 하지만 의료서비스 시장은 다릅니다. 의료서비스 시장에서는 음료수를 고르듯 아무 병원이나, 아무 의사에게 갈 수는 없습니다.
> 사회자 : 의료서비스는 일반 시장의 상품과 달리 쉽게 대체할 수 있는 상품이 아니라는 말씀이군요.
> 김박사 : 예, 그렇습니다. 의료서비스라는 상품은 한정되어 있다는 특성이 있습니다. 우선 일정한 자격을 가진 사람만 의료 행위를 할 수 있기 때문에 의사의 수는 적을 수밖에 없습니다. 의사의 수가 충분하더라도 소비자, 즉 환자가 만족할 만한 수준의 병원을 설립하는 데는 더 큰 비용이 들죠. 그래서 의사와 병원의 수는 의료서비스를 받고자 하는 사람보다 항상 적을 수밖에 없습니다.
> 사회자 : 그래서 종합 병원에 항상 그렇게 많은 환자가 몰리는군요. 저도 종합 병원에 가서 진료를 받기 위해 오랜 시간을 기다린 적이 많습니다. 그런데 박사님…… 병원에 따라서는 환자에게 불필요한 검사까지 권하는 경우도 있다고 하던데요…….
> 김박사 : 그것은 '정보의 비대칭성'이라는 의료서비스 시장의 특성과 관련이 있습니다. 의료 지식은 매우 전문적이어서 환자들이 자신의 증상에 관한 정보를 얻기가 어렵습니다. 그래서 환자는 의료서비스를 수동적으로 받아들일 수밖에 없습니다. 중고차 시장을 생각해보시면 될 텐데요, 중고차를 사려는 사람이 중고차 판매자를 통해서만 차에 관한 정보를 얻을 수 있는 것과 마찬가지입니다.
> 사회자 : 중고차 판매자는 중고차의 좋지 않은 점을 숨길 수 있으니 정보가 판매자에게 집중되는 비대칭성을 나타낸다고 보면 될까요?
> 김박사 : 맞습니다. 의료서비스 시장도 중고차 시장과 마찬가지로 소비자의 선택에 불리한 구조로 이루어져 있습니다. 따라서 의료서비스 시장을 개방하기 전에는 시장의 특수한 특성을 고려해 소비자가 피해 보는 일이 없도록 많은 논의가 이루어져야 할 것입니다.

① 의료서비스 수요자의 증가와 의료서비스의 질은 비례한다.
② 의료서비스 시장에서는 공급자 간의 경쟁이 과도하게 나타난다.
③ 의료서비스 시장에서는 소비자의 의료서비스 선택의 폭이 좁다.
④ 의료서비스 공급자와 수요자 사이에는 정보의 대칭성이 존재한다.

ADVICE ③ 의료서비스 시장에서는 의료 행위를 하기 위한 자격이 필요하고, 환자가 만족할 만한 수준의 병원을 설립하는 데 비용이 많이 들어 의사와 병원의 수가 적어 소비자의 선택의 폭이 좁다고 하였다.

 다음 글에 나타난 '역사적 사실'에 대한 내용으로 옳지 않은 것은?

> 역사적 사실은 단순히 과거의 사건 그 자체로만 존재하는 것이 아니다. 시대와 연구자의 관점에 따라 다양한 의미로 해석되며, 그로 인해 같은 사건이라도 바라보는 시각에 따라 전혀 다른 평가가 내려지는 경우가 있다.
>
> 산업혁명은 18세기 후반 영국에서 시작되어 전 세계르 확산된 경제·사회적 변혁이다. 증기기관의 발명과 기계화의 보급은 생산성을 획기적으로 높였으며, 철도와 통신망의 발달은 세계를 빠르게 연결시켰다. 이러한 변화는 분명한 역사적 사실로서 인류의 생활 방식을 근본적으로 바꾸어 놓았다. 그러나 산업혁명의 의미에 대해서는 학자들 사이에서도 다양한 해석이 존재한다.
>
> 일부는 산업혁명을 인류 발전의 분수령으로 보며, 자본주의 경제의 토대를 마련하고 생활수준을 향상시킨 긍정적 사건으로 평가한다. 반면 산업혁명이 아동 노동의 확산, 노동 환경의 악화, 빈부격차, 환경 파괴와 같은 부정적 결과를 초래했다는 시각도 있다.
>
> 이처럼 역사적 사실은 하나의 객관적 사건으로 존재하지만, 그것이 지닌 의미와 가치는 단일하게 규정되지 않는다. 시대적 배경, 연구자의 문제의식, 그리고 후대의 사회적 가치관에 따라 동일한 사실조차 상반된 해석을 낳는다. 따라서 역사적 사실을 이해한다는 것은 단순히 과거에 무슨 일이 있었는지를 아는 데 그치지 않고, 그 사실이 어떻게 기억되고 어떤 의미를 지니는지 탐구하는 과정이라 할 수 있다.

① 역사적 사실은 과거사건 그대로의 모습으로 존재하며 객관적인 해석으로 이해된다.

② 역사적 사실에는 증거와 검증이 필요하지 않으며, 전해 내려오는 이야기 자체로 인정된다.

③ 역사적 사실은 객관적 사실 위에 서 있으면서도, 어떤 문제의식을 갖고 바라보느냐에 따라 상반된 평가와 해석이 가능하다.

④ 역사적 사실의 해석은 시대적 배경에 기인하므로 다양한 사건으로 존재하나 연구자의 관점에 따라 단일한 결론으로 수렴할 수 있다.

> **ADVICE** ③ 역사적 사실은 객관적 사실을 바탕으로 하면서도, 연구자의 문제의식, 시대적 가치관에 따라 상반된 평가가 가능하다고 지문에 명시되어 있다.
> ① 역사적 사실이 단순히 과거사건 그대로만 존재하는 것이 아니며, 시대와 연구자의 관점에 따라 다양한 의미로 해석된다고 언급하고 있다.
> ②④ 지문에서 언급되지 않는 내용이다.

Answer. 38.③　39.③

40 다음은 N사의 단독주택용지 수의계약 공고문 중 일부이다. 공고문의 내용을 바르게 이해한 것은?

[○○ 블록형 단독주택용지(1필지) 수의계약 공고]

1. 공급대상토지

면적(㎡)	세대수(호)	평균규모(㎡)	용적률(%)	공급가격(천원)	계약보증금(원)	사용가능시기
25,479	63	400	100% 이하	36,944,550	3,694,455,000	즉시

2. 공급일정 및 장소

일정	2023년 1월 11일 오전 10시부터 선착순 수의계약(토 · 일요일 및 공휴일, 업무시간 외는 제외)
장소	N사 ○○지역본부 1층

3. 신청자격

아래 두 조건을 모두 충족한 자

– 실수요자 : 공고일 현재 주택법에 의한 주택건설사업자로 등록한 자

– 3년 분할납부(무이자) 조건의 토지매입 신청자

　※ 납부 조건 : 계약체결 시 계약금 10%, 중도금 및 잔금 90%(6개월 단위 6회 납부)

4. 계약체결 시 구비서류

– 법인등기부등본 및 사업자등록증 사본 각 1부

– 법인인감증명서 1부 및 법인인감도장(사용인감계 및 사용인감)

– 대표자 신분증 사본 1부(위임 시 위임장 1부 및 대리인 신분증 제출)

– 주택건설사업자등록증 1부

– 계약금 납입영수증

---

① 계약이 체결되면 즉시 해당 토지에 단독주택을 건설할 수 있다.

② 계약체결 후 첫 번째 내야 할 중도금은 5,250,095,000원이다.

③ 규모 400㎡의 단독주택용지를 일반 수요자에게 분양하는 공고이다.

④ 계약에 대한 보증금이 공급가격보다 더 높아 실수요자에게 부담을 줄 우려가 있다.

ADVICE ① 부지 용도가 단독주택용지이고 토지사용 가능시기가 '즉시'라는 공고를 통해 계약만 이루어지면 즉시 이용이 가능한 토지임을 알 수 있다.

② 계약체결 후 남은 금액은 공급가격에서 계약금을 제외한 33,250,095,000원이다. 이를 무이자로 3년간 6회에 걸쳐 납부해야 하므로 첫 번째 내야 할 중도금은 5,541,682,500원이다.

③ 규모 400㎡의 단독주택용지를 주택건설업자에게 분양하는 공고이다.

④ 계약금은 공급가격의 10%로 보증금이 더 적다.

41 다음은 K공사의 신입사원 채용에 관한 안내문의 일부 내용이다. 다음 내용을 근거로 할 때, K공사가 안내문의 내용에 부합되게 취할 수 있는 행동이라고 볼 수 없는 것은?

□ 기타 유의사항

- 모든 응시자는 1인 1개 분야만 지원할 수 있습니다.
- 응시 희망자는 지역제한 등 응시자격을 미리 확인하고 응시원서를 접수하여야 하며, 응시원서의 기재사항 누락, 공인어학능력시험 점수 및 자격증·장애인·취업지원대상자 가산점수·가산비율 기재 착오, 연락불능 등으로 발생되는 불이익은 일체 응시자의 책임으로 합니다.
- 입사지원서 작성내용은 추후 증빙서류 제출 및 관계기관에 조회할 예정이며 내용을 허위로 입력한 경우에는 합격이 취소됩니다.
- 응시자는 시험장소 공고문, 답안지 등에서 안내하는 응시자 주의사항에 유의하여야 하며, 이를 준수하지 않을 경우에 본인에게 불이익이 될 수 있습니다.
- 원서접수결과 지원자가 채용예정인원 수와 같거나 미달하더라도 적격자가 없는 경우 선발하지 않을 수 있습니다.
- 시험일정은 사정에 의하여 변경될 수 있으며 변경내용은 7일 전까지 공사 채용홈페이지를 통해 공고할 계획입니다.
- 제출된 서류는 본 채용목적 이외에는 사용하지 않으며, 채용절차의 공정화에 관한 법령에 따라 최종합격자 발표일 이후 180일 이내에 반환청구를 할 수 있습니다.
- 최종합격자 중에서 신규임용후보자 등록을 하지 않거나 관계법령에 의한 신체검사에 불합격한 자 또는 공사 인사규정 제21조에 의한 응시자격 미달자는 신규임용후보자 자격을 상실하고 차순위자를 추가합격자로 선발할 수 있습니다.
- 임용은 교육성적을 포함한 채용시험 성적순으로 순차적으로 임용하되, 장애인 또는 경력자의 경우 성적순위에도 불구하고 우선 임용될 수 있습니다.
  ※ 공사 인사규정 제22조 제2항에 의거 신규임용후보자의 자격은 임용후보자 등록일로부터 1년으로 하며, 필요에 따라 1년의 범위 안에서 연장될 수 있습니다.

---

① 동일한 응시자가 사무직과 운영직에 중복 응시한 사실이 발견되어 임의로 운영직 응시 관련 사항 일체를 무효처리하였다.

② 대학 졸업예정자로 채용된 A씨는 마지막 학기 학점이 부족하여 졸업이 미뤄지는 바람에 채용이 취소되었다.

③ 50명 선발이 계획되어 있었고, 45명이 지원을 하였으나 42명만 선발하였다.

④ 최종합격자 중 신규임용후보자 자격을 상실한 자가 있어 불합격자 중 임의의 인원을 추가 선발하였다.

> **ADVICE** ④ 결원이 생겼을 때에는 그대로 추가 선발 없이 채용을 마감할 수 있으며, 추가합격자를 선발할 경우 반드시 차순위자를 선발하여야 한다.
> ① 모든 응시자는 1인 1개 분야만 지원할 수 있다. 다라서 중복 응시에 대해 어느 한쪽을 임의로 무효처리할 수 있다.
> ② 입사지원서 작성 내용과 다르게 된 결과이므로 취소 처분이 가능하다.
> ③ 지원자가 채용예정인원 수와 같거나 미달하더라도 적격자가 없는 경우 선발하지 않을 수 있다.

---

42 다음 글의 중심 내용으로 가장 적절한 것은?

인간은 사회적 존재로서 타인과 관계를 맺으며 살아간다. 단순한 만남을 넘어 상호작용을 통해 서로의 생각과 감정을 주고받는 과정이며, 원만한 인간관계는 개인에게 심리적 안정과 소속감을 제공하고 사회적 협력을 가능하게 한다. 그러나 인간관계는 언제나 긍정적인 결과만을 가져오지는 않는다. 오해와 갈등이 발생하면 관계가 긴장되거나 단절되기도 한다.

인간관계 고민은 성장 과정에서부터 성인이 된 이후까지 부딪히게 된다. 사회 경험이 쌓이더라도 관계의 문제는 완전히 사라지지 않기 때문에 많은 사람들이 인간관계에 대한 조언을 구하거나 관련 서적을 찾는데, 이는 인간관계가 개인의 삶에서 얼마나 중요한 위치를 차지하는지를 보여준다.

학자들은 인간관계를 이해하는 데 있어 두 가지 측면을 강조한다. 하나는 인간관계가 개인의 선택과 노력에 의해 형성·유지된다는 점이다. 예컨대 적극적인 의사소통과 배려는 갈등을 예방하고 관계의 질을 높인다. 다른 하나는 인간관계가 사회적·문화적 맥락 속에서 규정된다는 점이다. 즉, 같은 행동이라도 사회적 규범이나 문화적 기대에 따라 다르게 받아들여질 수 있다.

이처럼 인간관계는 개인적 요인과 사회적 요인이 복합적으로 작용하는 가운데 형성된다. 따라서 인간관계를 이해한다는 것은 단순히 개인 간의 호불호를 넘어서, 그 관계가 어떤 맥락 속에서 형성·발전·변화하는지를 살펴보는 과정이라 할 수 있다.

① 인간관계의 고충
② 인간관계의 이해
③ 의사소통의 필요성
④ 사회적 규범의 영향

ADVICE ② 지문에서는 인간관계를 이해하는 두 가지 측면을 언급하고 있다. 또한 인간관계는 개인적 요인과 사회적 요인이 복합적으로 작용하므로, 따라서 인간관계의 이해란 맥락 속에서 형성·발전·변화를 살펴보는 과정이라고 밝히고 있다.

43 레일바이크 이용에 관한 다음 약관의 내용을 제대로 이해하지 못한 의견은 어느 것인가?

제15조 (이용 및 예약 사항의 변경)
① 이용자는 레일바이크 이용 예약 사항(레일바이크 이용 일자 및 인승등)을 변경하고자 하는 경우에는 관리자와 상담 후 변경할 수 있습니다.
② 이용자는 대금 지급 방법을 변경하고자 하는 경우에는 레일바이크 이용 예약을 취소하고 새로운 예약을 하여야 합니다.
③ 이용자는 레일바이크 예약 사항을 변경(이용 대수등)하고자 하는 경우에는 당해 예약 부분 취소를 할 수 있으나, 부분 취소는 1회로 제한합니다. 단, 부분 취소는 단체 적용에서 일반 적용으로 전환되는 부분에 대해서는 전체 취소 후 일반으로 예매를 하여야 합니다.
④ 예매 변동 내역 확인은 인터넷 예매 사이트에서 가능하며 별도의 통지는 하지 않으며, 예매 변동 내역 미확인으로 발생되는 사항은 예매자 본인의 책임으로 궤일바이크 예매 관리자는 책임을 지지 않습니다.
제16조 (이용의 취소)
① 이용자가 레일바이크 예약을 취소하고자 하는 때에는 본인이 직접 홈페이지를 통하거나, 전화를 통하여 회사에 레일바이크 이용 예약 취소를 신청하여야 합니다.
② 회사는 제1항의 규정에 의하여 레일바이크 예약 취소 신청이 접수되면 빠른 시간 내에 처리하여 레일바이크 이용 예약을 취소합니다.
③ 이용자가 레일바이크 예약 취소 시 제26조 4항의 내용에 적용되지 않는 한, 제28조의 환불 규정에 의해 환불을 하여야 합니다.
제17조 (레일바이크 시설의 이용)
① 회사의 레일바이크 시설의 이용 요금은 회사가 정한 레일바이크의 경우 1회 이용 요금을 의미합니다.
② 레일바이크 시설의 이용 계약은 홈페이지를 통해 정해진 예약 절차에 의해 레일바이크 이용 일자와 시간, 인승을 선택하여 예약을 진행할 수 있습니다.
③ 레일바이크 시설 이용 및 결제에 관한 사항은 회사가 별도로 정한 대금 지급방법에 따릅니다.
④ 레일바이크 시설 이용에 따른 결제 대금 지급방법은 다음 각 호의 하나로 할 수 있습니다.
    1. 신용카드의 결제
    2. 온라인 계좌이체

① '예매 내역을 변경한 경우에는 별도의 통지가 없을 경우 정상적으로 변경 조치된 것으로 간주해도 되겠군.'
② '이용 예약을 취소하고자 할 경우, 모든 예약이 취소 가능한 것은 아니라는 점을 잊지 말아야겠네.'
③ '2회를 이용하려면, 이용 요금은 인터넷상에서 확인한 요금의 2배로 보면 되겠네.'
④ '제26조 4항은 예약 취소 불가 또는 조건부 취소 등에 관한 내용이겠군.'

 ① 예매 내역을 변경한 경우에는 별도의 통지를 하지 않으므로 반드시 인터넷 예매 사이트 변경 내역을 확인하여야 한다. 따라서 별도의 통지가 없어도 정상 처리된 것으로 간주할 수는 없다.
②④ 이용 예약을 취소하고자 할 경우, 반드시 제26조 4항과 제28조를 참고하여 취소 및 환불이 불가한 경우를 확인해야 한다.
③ 인터넷상에 고지된 금액은 1회 요금이라고 언급되어 있다.

Answer. 42.② 43.①

44 다음은 '공공데이터를 활용한 앱 개발'에 대한 보고서 작성 개요와 이에 따라 작성한 보고서 초안이다. 개요에 따라 작성한 보고서 초안의 결론 부분에 들어갈 내용으로 가장 적절한 것은?

■ 보고서 작성 개요
• 서론
– 앱을 개발하려는 사람들의 특성 서술
– 앱 개발 시 부딪히는 난점 언급
• 본론
– 공공데이터의 개념 정의
– 공공데이터의 제공 현황 제시
– 앱 개발 분야에서 공공데이터가 갖는 장점 진술
– 공공데이터를 활용한 앱 개발 사례 제시
• 결론
– 공공데이터 활용의 장점을 요약적으로 진술
– 공공데이터가 앱 개발에 미칠 영향 언급

■ 보고서 초고

앱을 개발하려는 사람들은 아이디어가 넘친다. 사람들이 여행 준비를 위해 많은 시간을 허비하는 것을 보면 한 번에 여행 코스를 짜 주는 앱을 만들어 보고 싶어 한다. 도심에서 주차장을 못 찾아 헤매는 사람들을 보면 주차장을 쉽게 찾아 주는 앱을 만들어 보고 싶어 한다. 그러나 막상 앱을 개발하려 할 때 부딪히는 여러 난관이 있다. 여행지나 주차장에 대한 정보를 모으는 것도 문제이고, 정보를 지속적으로 갱신하는 것도 문제이다. 이런 문제 때문에 결국 아이디어를 포기하는 경우가 많다.

그러나 이제는 아이디어를 포기하지 않아도 된다. 바로 공공데이터가 있기 때문이다. 공공데이터는 공공 기관에서 생성, 취득하여 관리하고 있는 정보 중, 전자적 방식으로 처리되어 누구나 이용할 수 있도록 국민들에게 제공된 것을 말한다. 현재 정부에서는 공공데이터 포털 사이트를 개설하여 국민들이 쉽게 이용할 수 있도록 하고 있다. 공공데이터 포털 사이트에서는 800여 개 공공 기관에서 생성한 15,000여 건의 공공데이터를 제공하고 있으며, 제공하는 공공데이터의 양을 꾸준히 늘리고 있다.

공공데이터가 가진 앱 개발 분야에서의 장점은 크게 두 가지를 들 수 있다. 먼저 공공데이터는 공공 기관이 국민들에게 편의를 제공하기 위해 시행한 정책의 산출물이기 때문에 실생활과 밀접하게 관련된 정보가 많다는 점이다. 앱 개발자들의 아이디어는 대개 앞에서 언급한 것처럼 사람들의 실생활에 편의를 제공하기 위한 것들이다. 그래서 만약 여행 앱을 만들고자 한다면 한국관광공사의 여행 정보에서, 주차장 앱을 만들고자 한다면 지방자치단체의 주차장 정보에서 필요한 정보를 얻을 수 있다. 두 번째로 공공데이터를 이용하는 데에는 비용이 거의 들지 않기 때문에, 정보를 수집하고 갱신할 때 소요되는 비용을 줄일 수 있다는 점이다. 그래서 개인들도 비용에 대한 부담 없이 쉽게 앱을 만들 수 있다.

〈결론〉

① 공공데이터는 앱 개발을 할 때 부딪히는 자료 수집의 문제와 시간 부족 문제를 해결하여 쉽게 앱을 만들 수 있게 해 준다. 이런 장점에도 불구하고 국민들의 공공데이터 이용에 대한 인식이 낮은 것은 문제라고 할 수 있다.

② 공공데이터는 앱 개발에 필요한 실생활 관련 정보를 담고 있으며 앱 개발 비용의 부담을 줄여 준다. 그러므로 앱 개발 시 공공데이터 이용이 활성화되면 실생활에 편의를 제공하는 다양한 앱이 개발될 것이다.

③ 공공데이터를 이용하여 앱 개발을 하는 사람들은 시간과 비용의 문제를 극복하고 경제적 가치를 창출하는 사람들이다. 앞으로 공공데이터의 양이 증가하면 그들이 만들어 내는 앱도 더 다양해질 것이다.

④ 공공데이터는 자본과 아이디어가 부족해 앱을 개발하지 못 하는 사람들이 유용하게 이용할 수 있다. 앱 개발을 통한 창업이 활성화되면 우리 경제에도 큰 도움이 될 것이다.

ADVICE ② 보고서 작성 개요에 따르면 결론 부분에서 '공공데이터 활용의 장점을 요약적으로 진술'하고 '공공데이터가 앱 개발에 미칠 영향 언급'하고자 한다. 따라서 ②의 '공공데이터는 앱 개발에 필요한 실생활 관련 정보를 담고 있으며 앱 개발 비용의 부담을 줄여 준다(→공공데이터 활용의 장점을 요약적으로 진술). 그러므로 앱 개발 시 공공데이터 이용이 활성화되면 실생활에 편의를 제공하는 다양한 앱이 개발될 것이다(→공공데이터가 앱 개발에 미칠 영향 언급).'가 결론으로 가장 적절하다.

Answer. 44.②

45 다음 글의 내용과 일치하지 않는 것은 어느 것인가?

> 　최근 산을 찾는 캠핑족이 크게 늘어나면서 주요 등산로와 전망대에서 여러 문제가 발생하고 있다. 일부 이용객들이 지정된 야영장을 이용하지 않고 통행로에 텐트를 설치해 머무르면서 등산객의 통행을 막거나 주변 경관을 훼손하는 사례가 반복되고 있다. 실제로 일부 지역에서는 야간에 전망대가 캠핑 장소로 변하는 일이 잦아지면서 등산객과 지역 주민의 불편이 커지고 있다. 산림 지역에서의 취사와 흡연은 금지된 행위임에도 불구하고, 휴대용 버너로 음식을 조리하거나 흡연을 하는 사람들까지 있어 산불 위험이 크게 높아지고 있다.
>
> 　이와 함께 먹다 남긴 음식물과 포장 쓰레기를 그대로 버리는 사례도 증가하면서 환경오염 문제가 심각해지고 있다. 이러한 행위는 자연공원법 및 산림보호법에 따라 과태료 처분이 가능하며, 경우에 따라서 최대 500만 원의 과태료가 부과될 수 있다. 다만 관광지로 지정된 구역의 경우 관광진흥법이나 산림보험법이 적용되는데, 관광진흥법에는 벌칙조항이 없기 때문에 통행에 지장이 있을 경우 텐트를 철거할 수는 있어도 법적 제재가 어려운 실정이다.
>
> 　이에 따라 지자체는 현장 점검을 강화하여 주요 정상부와 전망대 곳곳에 '캠핑 금지', '취사·흡연 금지', '쓰레기 무단투기 금지' 등의 안내문과 안전시설물을 설치하고 단속 인력을 확대하고 있다. 이러한 조치에 "지금이라도 안전시설물이 설치되어 다행이다"는 반응을 보이고 있으나 "안내문 설치보다 시민의식 개선이 더 중요하다"는 의견도 잇따르고 있다.

〈개요〉

Ⅰ 서론 : 산 전망대 무단 캠핑 문제 심화

1. 캠핑족의 증가로 발생하는 통행 방해

2. 안전사고 문제 · 환경 훼손 문제 대두

Ⅱ 본론 : 무단 캠핑 문제의 원인과 대응 방안

1. 무단 야영 및 금지 행위의 법적 한계

• (　　　　　　　　　　　　　　　　　　　)

2. 관리체계 강화 및 시민의식 개선 필요

• 지자체의 단속 강화 및 안전시설물 설치

• 안내문 설치 효과에 대한 상반된 반응

Ⅲ 결론 : 안전한 건강한 관광환경 조성을 위한 공동 노력의 필요성

---

① 캠핑문화의 확산　　　　　　　② 제재 근거의 미비

③ 등산 인구 증가 추세　　　　　④ 관광지 활성화 필요성

ＡDVICE ② 지문에서는 무단 야영 · 취사 · 흡연 등 금지 행위가 반복되고 있음에도 불구하고 실질적인 제재가 어려운 상황을 상세히 설명하고 있다. 특히 관광지로 지정된 구역에서는 관련 법률에 벌칙 조항이 없어, 텐트 철거 외에는 강력한 처벌을 적용하기 어렵다는 점을 강조한다. 이는 무단 캠핑을 단속하고 제지할 수 있는 법적 근거가 충분하지 않다는 의미이며, 이러한 구조적 한계가 문제 해결을 어렵게 만드는 핵심 요인으로 제시된다.

46 다음 보고서에 대한 설명으로 옳은 것은?

　　글로벌 금융부문 총자산에서 NBFI가 차지하는 비중이 거의 절반에 이르고 ('08년 42% → '20년 48.3%) 사업 역시 다각화되면서, 잠재리스크의 평가 및 대응의 필요성이 증대되었다. 특히 2020년 3월 글로벌 시장불안에서 대부분의 국가가 NBFI 부문의 자금이탈 등 극심한 스트레스를 경험한 바, FSB는 NBFI 복원력 강화를 위한 포괄적인 작업을 진행하고 있다. 포괄적인 작업에는 위기시 충격 확산 경로 식별, 관련 시스템 리스크 분석, 복원력 강화 정책수단 평가 등이 있다.

　　NBFI 생태계의 원활한 작동과 복원력은 시장 스트레스 상황에서도 충분한 유동성을 확보하는 것에 기반한다. NBFI 취약성 평가는 유동성 불균형(liquidity imbalances)의 축적요인 및 확산경로 식별에 중점을 두고 있다. 유동성불균형의 축적요인 및 확산경로는 3가지로 식별할 수 있다.

　　첫 번째로는 유동성 수요이다. 유동성 불일치 유발행위, 파생상품거래의 예상외 대규모 마진콜, 대외자금 조달시 통화불일치, 레버리지 등이 있다. 두 번째로는 유동성 공급으로 급증한 유동성 수요 대비 유동성 공급 기능 약화, 주요 도매자금시장의 구조적 한계 등이 있다. 마지막으로 스트레스 발생 시 상호연계구조 도식화 등이 있다.

　　FSB는 기존 미시건전성 정책·투자자보호 수단에 더해 NBFI의 복원력제고를 위한 정책으로 3가지 방안을 제시하였다. 유동성 수요 급증 억제 방안을 위해 NBFI 복원력 제고를 위한 핵심과제로서 NBFI 자산·부채의 유동성 불일치 및 레버리지 감축, 펀드 조기환매 유인 축소, 마진콜 등에 대비한 유동성 자산 확충 등이 있다. 또한, 유동성 공급여력 확충 방안으로 정부채와 RP 거래의 중앙청산소 활용을 확대하고, 채권시장과 RP시장의 투명성 제고, 채권 중개거래 의존도축소 및 직접거래 확대 등이 있다. 마지막으로 시스템 리스크 모니터링 강화로 NBFI의 히든 레버리지(hidden leverage) 등과 관련된 취약성 모니터링을 강화하고 필요시 정책수단을 마련할 계획이다.

---

① FSB는 NBFI 복원력 강화를 위한 포괄적인 작업을 자금이탈 등의 극심한 스트레스로 진행하지 못하고 있다.

② 유동성불균형의 축적요인 및 확산경로를 정확하게 식별이 불가능하다.

③ 대외자금 조달시 통화불일치, 레버리지 등의 유동성 수요가 유동성 불균형의 요인 중에 하나이다.

④ 유동성 공급여력을 늘리기 위해서 간접거래를 확대한다.

> **ADVICE** ① FSB는 NBFI 복원력 강화를 위한 포괄적인 작업을 진행하고 있다.
> ② 유동성불균형의 축적요인 및 확산경로는 3가지로 식별할 수 있다.
> ④ 직접거래를 확대한다.

Answer. 45.② 46.③

떡은 제조 후 시간이 지나면서 전분의 노화(레트로그레이데이션)가 빠르게 진행되어 딱딱해지고 수분이 표면으로 빠져나오는 특성이 있다. 이 때문에 유통기한이 짧고 품질 유지가 어려워, 특히 냉장·냉동 유통이 확대되는 최근에는 노화 억제 기술의 중요성이 더욱 커지고 있다. 기존에는 보존제 사용이나 당·유지의 첨가, 또는 전분 개질을 통한 물성 조절이 주된 방식이었으나, 최근에는 물리적 가공 기술과 구조 공학적 접근이 결합되면서 '굳지 않는 떡'을 구현하는 새로운 방법들이 등장하고 있다. 그 중 대표적으로 주목받는 것이 펀칭 기법과 조직화 기법이다.

먼저 펀칭 기법은 떡 표면과 내부에 매우 미세한 구멍을 규칙적으로 만들어 수분 이동을 조절하는 방식이다. 떡 내부의 수분은 시간이 지나면 특정 부분에 몰리거나 한쪽으로 빠르게 이동하면서 노화를 촉진하는데, 펀칭 기법은 이 흐름을 고르게 분산시켜 전분 구조의 붕괴를 늦춘다. 또한 구멍이 수분 증발을 과도하게 늘리지 않도록 최적의 깊이·밀도로 조정되기 때문에, 떡의 촉촉함과 쫄깃한 식감이 장시간 유지되는 장점이 있다. 냉동 떡 제조에서도 펀칭－급속동결 공정이 함께 적용되며, 해동 후에도 원래의 질감을 상당 부분 재현할 수 있다는 점에서 산업적으로 활용 폭이 넓다.

한편 조직화 기법은 전분·단백질·수분·당류 등의 성분을 물리적·화학적으로 재배열해 떡 내부의 망상 구조를 안정화시키는 기술이다. 고전단(high-shear) 믹싱, 전분－단백질 복합화, 전분 입자 미세조절, 그리고 첨가 성분을 이용한 수분 결합력 강화 등이 대표적인 방법이다. 이러한 조직화 기술이 적용된 떡은 내부 구조가 더 촘촘하고 균일하게 형성되어 수분이 쉽게 빠져나가지 않으며, 시간이 지나도 표면이 갈라지거나 딱딱해지는 노화 현상이 크게 줄어든다.

이러한 기술들과 함께 초고압처리(HPP), 저온 장시간 반죽, 당·올리고당 조절을 통한 수분활성 관리, 저노화성 전분의 혼합 등 다른 공정들도 병행되면서 기존보다 2 ~ 3배 이상 더 오랫동안 말랑함을 유지하는 제품들이 출시되고 있다. 결과적으로 '굳지 않는 떡' 기술은 단순히 보존기간을 늘리는 수준을 넘어, 다양한 유통 환경에서도 품질을 유지할 수 있도록 하는 핵심 기술로 자리 잡고 있다.

① 산업적 기대효과

② 소비자 요구 변화

③ 기술 적용의 한계

④ 유통 과정의 문제점

> **ADVICE** ① 지문은 굳지 않는 떡 기술이 개발된 배경과 원리, 그리고 현재 산업에서 '핵심 기술로 자리 잡았다'는 점을 설명한다. 이어지는 자연스러운 논지는 이러한 기술이 앞으로 떡 산업 및 식품 제조 분야에 어떤 영향을 미칠지, 즉 산업적 기대효과를 다루는 것이다. 따라서 ①이 적절하다.

㈎ 오늘날 AI는 기술 발전과 함께 그 모습을 지속적으로 확장시키고 있다. 금융, 제조, 의료, 서비스, 예술, 복지 등에 폭넓게 적용되어 투자 분석 및 신용 평가, 로봇 활용, 신약 개발, 맞춤형 추천 언어 번역, 이미지 인식, 노인 돌봄 서비스 등으로 현대 사회 생활 전반에 다양한 영향을 미치며 인간의 생활을 크게 변화시키고 있다.

㈏ 이러한 협업의 확대는 단순한 편의를 넘어 새로운 사회적 · 경제적 구조를 만들어내고 있다. 이렇듯 AI를 인류 발전의 동력으로 보는 반면, 일자리 축소, 감시 및 통제 강화, 범죄 이용, 인간 고유의 가치가 위협 받을 가능성을 우려하는 시각도 존재한다.

㈐ AI의 적용 범위는 단순한 생활 편의를 넘어 산업 전반으로 확대되고 있으며 이러한 변화는 기업과 조직의 경쟁력을 결정짓는 핵심 요소로도 자리 잡고 있다.

㈑ 인간과 AI의 협업은 비즈니스 혁신의 변곡점을 맞이했으며, AI가 단순한 보조적 도구를 넘어 의사결정과 창의적 활동에까지 관여하고 있다. 인간은 반복적이고 기계적인 일을 줄이는 대신 전략적 사고와 창의성을 발휘할 기회를 얻게 되었고, AI는 방대한 데이터 분석과 예측을 담당하며 인간과 기계가 서로의 한계를 보완하는 구조가 형성되고 있다.

㈒ 이처럼 기대와 우려가 공존하는 만큼, 한쪽 시각으로단 평가하기는 어려우며 더 이상 AI를 기술적 발명품으로만 이해할 수 없다. 이미 현대 사회 전반에 긴밀히 연결되어 있다. 결국 어떤 의도와 맥락 속에서 개발 · 사용되느냐에 따라 인류와 사회에 미치는 영향은 달라질 수 있다.

① ㈎ → ㈏ → ㈑ → ㈐ → ㈒

② ㈎ → ㈐ → ㈑ → ㈏ → ㈒

③ ㈏ → ㈎ → ㈐ → ㈑ → ㈒

④ ㈏ → ㈑ → ㈎ → ㈏ → ㈒

> **ADVICE** ② ㈎ 도입부에 AI의 확장과 활용 사례를 제시하며 AI가 생활과 사회 전반에 깊숙이 들어와있음을 보여준다. 그 다음 전개로 ㈐ 일상에서 산업 · 조직 차원으로 AI가 확산되었으며 ㈑ 인간과 AI 협업의 구체적 양상이 나온다. ㈏ 협업이 가져온 변화를 종합적으로 정리하고 ㈏ 이에 대한 긍정적인 시각과 부정적인 시각을 대비, ㈒ AI의 이해에 대한 결론을 제시하며 마무리하고 있다.

Answer. 47.① 48.②

49 다음 중 글의 내용과 일치하지 않는 것은?

> 시간 예술이라고 지칭되는 음악에서 템포의 완급은 대단히 중요하다. 동일곡이지만 템포의 기준을 어떻게 잡아서 재현해 내느냐에 따라서 그 음악의 악상은 달라진다. 그런데 이처럼 중요한 템포의 인지 감각도 문화권에 따라, 혹은 민족에 따라서 상이할 수 있으니, 동일한 속도의 음악을 듣고도 누구는 빠르게 느끼는 데 비해서 누구는 느린 것으로 인지하는 것이다. 결국 문화권에 따라서 템포의 인지 감각이 다를 수도 있다는 사실은 바꿔 말해서 서로 문화적 배경이 다르면 사람에 따라 적절하다고 생각하는 모데라토의 템포도 큰 차이가 있을 수 있다는 말과 같다.
>
> 한국의 전통 음악은 서양 고전 음악에 비해서 비교적 속도가 느린 것이 분명하다. 대표적 정악곡(正樂曲)인 '수제천(壽齊天)'이나 '상령산(上靈山)' 등의 음악을 들어보면 수긍할 것이다. 또한 이 같은 구체적인 음악의 예가 아니더라도 국악의 첫인상을 일단 '느리다'고 간주해 버리는 일반의 통념을 보더라도 전래의 한국 음악이 보편적인 서구 음악에 비해서 느린 것은 틀림없다고 하겠다. 그런데 한국의 전통 음악이 서구 음악에 비해서 상대적으로 속도가 느린 이유는 무엇일까? 이에 대한 해답도 여러 가지 문화적 혹은 민족적인 특질과 연결해서 생각할 때 결코 간단한 문제가 아니겠지만, 여기서는 일단 템포의 계량적 단위인 박(beat)의 준거를 어디에 두느냐에 따라서 템포 관념의 차등이 생겼다는 가설 하에 설명을 하기로 한다.
>
> 한국의 전통 문화를 보면 그 저변의 잠재의식 속에는 호흡을 중시하는 징후가 역력함을 알 수 있는데, 이 점은 심장의 고동을 중시하는 서양과는 상당히 다른 특성이다. 우리의 문화 속에는 호흡에 얽힌 생활 용어가 한두 가지가 아니다. 숨을 한 번 내쉬고 들이마시는 동안을 하나의 시간 단위로 설정하여 일식간(一息間) 혹은 이식간(二息間)이니 하는 양식척(量息尺)을 써 왔다. 그리고 감정이 격앙되었을 때는 긴 호흡을 해서 감정을 누그러뜨리거나 건강을 위해 단전 호흡법을 수련한다. 이것은 모두 호흡을 중시하고 호흡에 뿌리를 둔 문화 양식의 예들이다. 더욱이 심장의 정지를 사망으로 단정하는 서양과는 달리 우리의 경우에는 '숨이 끊어졌다'는 말로 유명을 달리했음을 표현한다. 이와 같이 확실히 호흡의 문제는 모든 생리 현상에서부터 문화 현상에 이르기까지 우리의 의식 저변에 두루 퍼져있는 민족의 공통적 문화소가 아닐 수 없다.
>
> 이와 같은 동서양 간의 상호 이질적인 의식 성향을 염두에 두고 각자의 음악을 관찰해 보면, 서양의 템포 개념은 맥박, 곧 심장의 고동에 기준을 두고 있으며, 우리의 그것은 호흡의 주기, 즉 폐부의 운동에 뿌리를 두고 있음을 알 수 있다. 서양의 경우 박자의 단위인 박을 비트(beat), 혹은 펄스(pulse)라고 한다. 펄스라는 말이 곧 인체의 맥박을 의미하듯이 서양음악은 원초적으로 심장을 기준으로 출발한 것이다. 이에 비해 한국의 전통 음악은 모음 변화를 일으켜 가면서까지 길게 끌며 호흡의 리듬을 타고 있음을 볼 때, 근원적으로 호흡에 뿌리를 둔 음악임을 알 수 있다. 결국 한국 음악에서 안온한 마음을 느낄 수 있는 모데라토의 기준 속도는, 1분간의 심장의 박동수와 호흡의 주기와의 차이처럼, 서양 음악의 그것에 비하면 무려 3배쯤 느린 것임을 알 수 있다.

① 우리 음악의 박자는 호흡 주기에 뿌리를 두고 있다.

② 서양 음악은 심장 박동수를 박자의 준거로 삼았다.

③ 템포의 완급을 바꾸어도 악상은 변하지 않는다.

④ 우리 음악은 서양 음악에 비해 상대적으로 느리다.

> **ADVICE** ③ 글의 첫머리에서 음악에서 템포의 완급은 대단히 중요하며 동일곡이라도 템포의 기준을 어떻게 잡아서 재현해 내느냐에 따라서 그 음악의 악상이 달라진다고 언급하고 있다.
> ①②④ 마지막 문단을 통해 알 수 있다.

50 다음 글의 내용으로 옳지 않은 것은?

> 언어는 인간이 사고를 표현하고 의사를 소통하는 가장 중요한 수단으로, 국어는 한국인의 정체성과 문화를 공유하게 하는 매개체로 기능한다. 국어의 구조에는 언어의 일반적 속성이 담겨 있지만, 동시에 한국 사회의 역사와 문화가 녹아 있어 다른 언어와 구별되는 특징을 지닌다. 한국어의 중요한 특징 중 하나는 맥락 의존성이 크다는 점이다. 미국의 인류학자 에드워드 홀은 커뮤니케이션 문화를 고맥락(high-context)과 저맥락(low-context) 문화로 구분했는데, 그중 한국어는 대표적인 고맥락 문화권의 언어로 평가된다. 고맥락 문화에서는 화자가 모든 것을 언어로 명시하지 않아도 된다. 청자는 상황, 표정, 억양, 관계와 같은 맥락적 단서를 통해 의미를 파악한다. 그렇기 때문에 짧은 말이나 모호한 표현이 자주 쓰이지만, 같은 공동체 안에서는 오히려 더 원활한 소통이 가능하다. 대체로 집단주의적 성향이 강하며, 가족·공동체·조직 내 관계를 중시하고 암묵적인 규범과 전통이 강조된다. 반면 저맥락 문화에서는 메시지의 대부분을 언어 자체에 담아야 한다. 직접적이고 구체적인 표현이 이루어지지 않으면 의사소통이 성립하기 어렵다. 화자의 의도를 명확히 밝히는 것이 중요한 가치로 여겨진다. 또한 개인의 권리와 책임이 집단보다 강조되며, 규칙과 절차, 투명성과 효율성을 중시하는 경향이 있다. 이 차이는 일상 표현에서 뚜렷하게 드러나는데, 예컨대 한국어의 높임말 체계는 단순히 상대방을 존중하는 표현 방식을 넘어, 화자와 청자의 관계를 맥락적으로 드러내는 기능을 한다. 또한 "괜찮다"와 같은 표현은 상황에 따라 긍정·부정의 의미를 모두 지닐 수 있어, 화자의 의도와 맥락을 고려하지 않으면 정확한 의미를 파악하기 어렵다. 이처럼 국어는 단순한 의사소통 수단을 넘어 한국인의 사고방식과 사회 문화를 드러내는 창이며, 고맥락적 특성을 통해 그 문화적 배경을 반영한다. 따라서 국어를 이해한다는 것은 언어 자체의 구조뿐만 아니라, 그 언어가 뿌리내린 사회적·문화적 맥락을 함께 이해하는 과정이라 할 수 있다.

① 한국어의 높임말 체계는 화자와 청자의 관계를 드러내는 기능을 한다.

② 고맥락 문화에서는 같은 표현이라도 상황과 관계에 따라 의도가 달리 해석될 수 있다.

③ 저맥락 문화에서는 개인보다 집단의 권리와 책임이 강조되며, 암묵적인 규범과 전통이 중시된다.

④ 국어에 대한 올바른 이해는 언어가 뿌리내린 사회와 문화적 배경을 함께 파악하는 데 있다.

> **ADVICE** ③ 고맥락 문화의 특징을 저맥락 문화에 잘못 적용한 진술이다. 지문에서는 저맥락 문화가 개인의 권리와 책임, 규칙·절차, 투명성과 효율성을 중시한다고 하였다.

---

02 수리

[수리] NCS 출제유형

① 기초연산능력 : 사칙연산, 검산과 관련한 문제가 출제된다. 데이터나 통계를 확인하여 기초연산을 하는 문제가 주로 출제된다.
② 기초통계능력 : 업무 수행에 필요한 수량계산, 표본을 통한 특성 유추, 논리적으로 결론을 추출하기 위한 문제가 출제된다.
③ 도표분석능력 : 도표가 제시되고 그에 따른 연산문제가 출제된다.
④ 도표작성능력 : 제시된 통계를 확인하고 도표를 작성하는 문제이다.

[수리] 출제경향

업무를 수행함에 있어 필요한 기본적인 수리능력은 물론이고 지원자의 논리성까지 파악할 수 있는 문항들로 구성된다. 사칙연산, 방정식과 부등식, 응용계산, 수열추리, 자료해석 등이 혼합형으로 출제된다. 난이도가 높은 편은 아니지만 짧은 시간 내에 정확하게 암산해 내는 능력을 요구하며 문제해결능력과 결합된 복합형 문제들로 다수 출제되고 있다.

[수리] 빈출유형

응용계산										
도표 분석										
그래프 분석										

 도표분석능력

다음 자료를 보고 주어진 상황에 대한 물음에 답하시오.

<근로소득에 대한 간이 세액표>

월 급여액(천 원) [비과세 및 학자금 제외]		공제대상 가족 수				
이상	미만	1	2	3	4	5
2,500	2,520	38,960	29,280	16,940	13,570	10,190
2,520	2,540	40,670	29,960	17,360	13,990	10,610
2,540	2,560	42,380	30,640	17,790	14,410	11,040
2,560	2,580	44,090	31,330	18,210	14,840	11,460
2,580	2,600	45,800	32,680	18,640	15,260	11,890
2,600	2,620	47,520	34,390	19,240	15,680	12,310
2,620	2,640	49,230	36,100	19,900	16,110	12,730
2,640	2,660	50,940	37,810	20,560	16,530	13,160
2,660	2,680	52,650	39,530	21,220	16,960	13,580
2,680	2,700	54,360	41,240	21,880	17,380	14,010
2,700	2,720	56,070	42,950	22,540	17,800	14,430
2,720	2,740	57,780	44,660	23,200	18,230	14,850
2,740	2,760	59,500	46,370	23,860	18,650	15,280

※ 갑근세는 제시되어 있는 간이 세액표에 따름
※ 주민세＝갑근세의 10%
※ 국민연금＝급여액의 4.50%
※ 고용보험＝국민연금의 10%
※ 건강보험＝급여액의 2.90%
※ 교육지원금＝분기별 100,000원(매 분기별 첫 달에 지급)

박○○ 사원의 5월 급여내역이 다음과 같고 전월과 동일하게 근무하였으나 특별수당은 없고 차량지원금으로 100,000원을 받게 된다면, 6월에 받게 되는 급여는 얼마인가? (단, 원 단위 절삭)

(주) 서원플랜테크 5월 급여내역			
성명	박○○	지급일	5월 12일
기본급여	2,240,000	갑근세	39,530
직무수당	400,000	주민세	3,950
명절 상여금		고용보험	11,970
특별수당	20,000	국민연금	119,700
차량지원금		건강보험	77,140
교육지원		기타	
급여계	2,660,000	공제합계	252,290
		지급총액	2,407,710

① 2,443,910   ② 2,453,910

③ 2,463,910   ④ 2,473,910

다음 식을 바르게 계산한 것은?

$$1 + \frac{2}{3} + \frac{1}{2} - \frac{3}{4}$$

① $\frac{13}{12}$ ② $\frac{15}{12}$

③ $\frac{17}{12}$ ④ $\frac{19}{12}$

출제의도

직장생활에서 필요한 기초적인 사칙연산과 계산방법을 이해하고 활용할 수 있는 능력을 평가하는 문제로서, 분수의 계산과 통분에 대한 기본적인 이해가 필요하다.

해설

$$\frac{12}{12} + \frac{8}{12} + \frac{6}{12} - \frac{9}{12} = \frac{17}{12}$$

답 ③

예제 03 기초통계능력

인터넷 쇼핑몰에서 회원가입을 하고 디지털캠코더를 구매하려고 한다. 다음은 구입하고자 하는 모델에 대하여 인터넷 쇼핑몰 세 곳의 가격과 조건을 제시한 표이다. 표에 있는 모든 혜택을 적용하였을 때 디지털캠코더의 배송비를 포함한 실제 구매가격을 바르게 비교한 것은?

구분	A 쇼핑몰	B 쇼핑몰	C 쇼핑몰
정상가격	129,000원	131,000원	130,000원
회원혜택	7,000원 할인	3,500원 할인	7% 할인
할인쿠폰	5% 쿠폰	3% 쿠폰	5,000원
중복할인여부	불가	가능	불가
배송비	2,000원	무료	2,500원

① A<B<C

② B<C<A

③ C<A<B

④ C<B<A

출제의도

직장생활에서 자주 사용되는 기초적인 통계 기법을 활용하여 자료의 특성과 경향성을 파악하는 능력이 요구되는 문제이다.

해설

㉠ A 쇼핑몰
- 회원혜택을 선택한 경우 : $129,000 - 7,000 + 2,000 = 124,000$(원)
- 5% 할인쿠폰을 선택한 경우 : $129,000 \times 0.95 + 2,000 = 124,550$

㉡ B 쇼핑몰 :
$131,000 \times 0.97 - 3,500 = 123,570$

㉢ C 쇼핑몰
- 회원혜택을 선택한 경우 : $130,000 \times 0.93 + 2,500 = 123,400$
- 5,000원 할인쿠폰을 선택한 경우 : $130,000 - 5,000 + 2,500 = 127,500$

$\therefore$ C<B<A

답 ④

예제 04　기초연산능력

둘레의 길이가 4.4km인 정사각형 모양의 공원이 있다. 이 공원의 넓이는 몇 a인가?

① 12,100a

② 1,210a

③ 121a

④ 12.1a

예제 05　도표분석능력

다음 표는 2025 ~ 2026년 지역별 직장인들의 자기개발에 관해 조사한 내용을 정리한 것이다. 이에 대한 분석으로 옳은 것은?

(단위 : %)

연도 지역　구분	2025년				2026년			
	자기 개발 하고 있음	자기개발 비용 부담 주체			자기 개발 하고 있음	자기개발 비용 부담 주체		
		직장 100%	본인 100%	직장50%+ 본인50%		직장 100%	본인 100%	직장50%+ 본인50%
A	36.8	8.5	88.5	3.1	45.9	9.0	65.5	24.5
B	57.4	8.3	89.1	2.9	68.5	7.9	68.3	23.8
C	58.2	12	86.3	2.6	71.0	7.5	74.0	18.5
D	60.6	13.4	84.2	2.4	72.7	11.0	73.7	15.3
E	40.5	10.7	86.1	3.2	51.0	13.6	74.9	11.6

① 2025년과 2026년 모두 자기개발 비용을 본인이 100% 부담하는 사람의 수는 응답자의 절반 이상이다.

② 자기개발을 하고 있다고 응답한 사람의 수는 2025년과 2026년 모두 D가 가장 많다.

③ 자기개발 비용을 직장과 본인이 각각 절반씩 부담하는 사람의 비율은 2025년과 2026년 모두 D가 가장 높다.

④ 2025년과 2026년 모두 자기개발을 하고 있다고 응답한 비율이 가장 높은 지역에서 자기개발비용을 직장이 100% 부담한다고 응답한 사람의 비율이 가장 높다.

1 K은행 고객인 S 씨는 작년에 300만 원을 투자하여 3년 만기, 연리 2.3% 적금 상품(비과세, 단리 이율)에 가입하였다. 올 해 추가로 여유 자금이 생긴 S씨는 200만 원을 투자하여 신규 적금 상품에 가입하려 한다. 신규 적금 상품은 복리가 적용되는 이율 방식이며, 2년 만기라 기존 적금 상품과 동시에 만기가 도래하게 된다. 만기 시 두 적금 상품의 원리금의 총 합계가 530만 원 이상이 되기 위해서는 올 해 추가로 가입하는 적금 상품의 연리가 적어도 몇 %여야 하는가? (모든 금액은 절삭하여 원 단위로 표시하며, 이자율은 소수 첫째 자리까지만 계산함)

① 2.2%

② 2.3%

③ 2.4%

④ 2.5%

ADVICE ② 단리 이율 계산 방식은 원금에만 이자가 붙는 방식으로 원금은 변동이 없으므로 매년 이자액이 동일하다. 반면, 복리 이율 방식은 '원금 + 이자'에 이자가 붙는 방식으로 매년 이자가 붙어야 할 금액이 불어나 갈수록 원리금이 커지게 된다. 작년에 가입한 상품의 만기 시 원리금은 $3,000,000 + (3,000,000 \times 0.023 \times 3) = 3,000,000 + 207,000 = 3,207,000$원이 된다. 따라서 올 해 추가로 가입하는 적금 상품의 만기 시 원리금이 $2,093,000$원 이상이어야 한다. 이것은 곧 다음과 같은 공식이 성립하게 됨을 알 수 있다. 추가 적금 상품의 이자율을 A%, 이를 100으로 나눈 값을 x라 하면, $2,000,000 \times (1+x)^2 \geq 2,093,000$이 된다. 주어진 보기의 값을 대입해 보면, 이자율이 2.3%일 때 x가 0.023이 되어 $2,000,000 \times 1.023 \times 1.023 = 2,093,058$이 된다. 따라서 올 해 추가로 가입하는 적금 상품의 이자율(연리)은 적어도 2.3%가 되어야 만기 시 두 상품의 원리금 합계가 530만 원 이상이 될 수 있다.

2 다음은 S 씨가 가입한 적금 상품의 내역을 인터넷으로 확인한 결과이다. 빈칸 '세후 수령액'에 들어갈 알맞은 금액은 얼마인가? (소수점은 반올림하여 원 단위로 표시함)

월적립액	100,000원		
적금기간	년 / 개월 / 1년	연이자율	단리 / 월복리 / 2.8%
이자과세	일반과세 / 비과세 / 세금우대		

원금합계	(　　　)원
세전이자	(　　　)원
이자과세(15.4%)	(　　　)원
세후 수령액	(　　　)원

① 1,214,594원　　　　　　　　② 1,215,397원
③ 1,220,505원　　　　　　　　④ 1,222,779원

ADVICE ② 월 적립액이 100,000원이며 적금기간이 1년인 월 적립식 적금 상품이므로 원금합계는 1,200,000원이 된다. 이자율이 연리 2.8%(단리)이므로 매월 적립되는 100,000원에 대한 이자액은 전체 적금기간에 대하여 다음과 같이 계산된다.

월적립액	이자
첫 번째 달 10만 원	10만 × 0.028 ÷ 12 × 12 = 2,800원
두 번째 달 10만 원	10만 × 0.028 ÷ 12 × 11 = 2,567원
세 번째 달 10만 원	10만 × 0.028 ÷ 10 × 10 = 2,333원
네 번째 달 10만 원	10만 × 0.028 ÷ 12 × 9 = 2,100원
다섯 번째 달 10만 원	10만 × 0.028 ÷ 12 × 8 = 1,867원
여섯 번째 달 10만 원	10만 × 0.028 ÷ 12 × 7 = 1,633원
일곱 번째 달 10만 원	10만 × 0.028 ÷ 12 × 6 = 1,400원
여덟 번째 달 10만 원	10만 × 0.028 ÷ 12 × 5 = 1,167원
아홉 번째 달 10만 원	10만 × 0.028 ÷ 12 × 4 = 933원
열 번째 달 10만 원	10만 × 0.028 ÷ 12 × 3 = 700원
열한 번째 달 10만 원	10만 × 0.028 ÷ 12 × 2 = 467원
열두 번째 달 10만 원	10만 × 0.028 ÷ 12 × 1 = 233원

따라서 이를 더하면 이자액은 총 18,200원이 된다.

(이를 빠르게 계산하는 식은 $\dfrac{100,000 \times 2.8\% \times (12+11+\cdots 2+1)}{12} = 18,200$) 여기에 이자과세 15.4%는 이자에만 과세되는 것이므로 18,200 × 0.154 = 2,803원이 세금액이 된다. 따라서 세후 수령액은 1,200,000 + 18,200 − 2,803 = 1,215,397원이 된다.

Answer. 1.②　2.②

▮3~4▮ 다음은 농촌의 유소년, 생산연령, 고령인구 연도별 추이 조사 자료이다. 이를 보고 이어지는 물음에 답하시오.

(단위 : 천 명, %)

구분		2022년	2023년	2024년	2025년
농촌	합계	9,343	8,705	8,627	9,015
	유소년	1,742	1,496	1,286	1,130
	생산연령	6,231	5,590	5,534	5,954
	고령	1,370	1,619	1,807	1,931
－ 읍	소계	3,742	3,923	4,149	4,468
	유소년	836	832	765	703
	생산연령	2,549	2,628	2,824	3,105
	고령	357	463	560	660
－ 면	소계	5,601	4,782	4,478	4,547
	유소년	906	664	521	427
	생산연령	3,682	2,962	2,710	2,849
	고령	1,013	1,156	1,247	1,271

3 다음 중 농촌 전체 유소년, 생산연령, 고령 인구의 2022년 대비 2025년의 증감률을 각각 순서대로 올바르게 나열한 것은 어느 것인가?

① 약 35.1%, 약 4.4%, 약 40.9%

② 약 33.1%, 약 4.9%, 약 38.5%

③ 약 −37.2%, 약 −3.8%, 약 42.5%

④ 약 −35.1%, 약 −4.4%, 약 40.9%

> **ADVICE** ④ A에서 B로 변동한 수치의 증감률은 $(B - A) \div A \times 100$임을 활용하여 다음과 같이 계산할 수 있다.
> ㉠ 유소년 : $(1,130 - 1,742) \div 1,742 \times 100 = $ 약 −35.1%
> ㉡ 생산연령 : $(5,954 - 6,231) \div 6,231 \times 100 = $ 약 −4.4%
> ㉢ 고령 : $(1,931 - 1,370) \div 1,370 \times 100 = $ 약 40.9%

4 다음 중 위의 자료를 올바르게 해석하지 못한 것은 어느 것인가?

① 유소년 인구는 읍과 면 지역에서 모두 지속적으로 감소하였다.

② 생산연령 인구는 읍과 면 지역에서 모두 증가세를 보였다.

③ 고령인구의 지속적인 증가로 노령화 지수는 지속 상승하였다.

④ 농촌의 전체 인구는 면 지역의 생산연령 인구와 증감 추이가 동일하다.

> **ADVICE** ② 생산연령 인구는 읍 지역에서는 지속적인 증가세를 보였으나, 면 지역에서는 계속 감소하다가 2020년에
> 증가세로 돌아선 것을 알 수 있다.
> ① 유소년 인구는 빠르게 감소 추세를 보이고 있다.
> ③ 유소년 인구와 달리 고령 인구는 빠른 증가로 인해 도시의 노령화 지수가 상승하였다고 볼 수 있다.
> ④ 농촌의 전체 인구와 면 지역의 생산연령 인구는 모두 감소 후 2020년에 증가하는 추이를 보이고 있다.

5 다음은 A기업의 부서별 복지제도 만족도이다. 이에 대한 설명으로 옳은 것은?

부서	만족 응답자 수
영업팀	38명
기획팀	27명
개발팀	19명
인사팀	31명
마케팅팀	24명

① 영업팀의 만족 응답자 수는 기획팀보다 약 30% 많다.

② 마케팅팀의 만족 응답자 수는 개발팀의 약 20% 많은 수준이다.

③ 기획팀의 만족 응답자 수는 5개 부서 전체 평균보다 약 7% 낮다.

④ 개발팀과 마케팅팀의 만족 응답자 수를 합하면 전체의 약 31%를 차지한다.

> **ADVICE** ④ 개발팀과 마케팅팀의 만족 응답자 수는 43명으로 $\frac{43}{139} \approx 31\%$이다.
> ① 영업팀과 기획팀의 만족 응답자 수는 11명으로 약 40.7% 많다.
> ② 마케팅팀과 개발팀은 5명 차이로 약 26.3% 많은 수준이다.
> ③ 5개 부서 평균 만족 응답자 수는 27.8명이며 기획팀의 만족 응답자수는 총 27명이다. 따라서 약 2.9%
> 낮다.

Answer. 3.④ 4.② 5.④

┃6~7┃ 다음은 신용대출 상품 설명서의 일부이다. 물음에 답하시오.

[상품명] 직장인 스마트 신용대출 상품 설명서

　본 상품은 일정한 소득을 지속적으로 받고 있는 직장인을 대상으로 한 비보증 신용대출 상품입니다. 신용등급, 재직기간, 연소득 등의 조건에 따라 대출 한도와 금리는 달라지며, 신청인의 상환 능력을 우선적으로 심사합니다. 대출 실행 전 상품설명서 및 표준 약관을 반드시 읽어보시기 바랍니다.

[상품 주요 정보]

대출 대상 : 만 19세 이상, 재직 6개월 이상, 연소득 2천만 원 이상 직장인

대출 한도 : 최소 300만 원 ~ 최대 5천만 원

대출 기간 : 1년 단위 약정(최대 5년까지 연장 가능)

상환 방식 : 원리금균등분할상환 또는 만기일시상환 중 선택

금리 구간 : 연 6.2% ~ 연 9.8%(신용등급 및 소득에 따라 차등 적용, 고정금리)

중도상환 수수료: 없음

[연체 시 유의사항]

1. 연체이자율은 약정이자율에 연 3%p를 더한 단일 이율로 적용되며, 전체 연체원금에 대해 연체일수에 따라 산정됩니다.

2. 연체 발생 시 별도의 통보 없이 연체이자가 적용되며, 일정 기간 이상 연체가 지속될 경우 채권추심, 금융거래 제한, 신용등급 하락 등이 발생할 수 있습니다.

연체일수	적용 이율	계산식	연체이자
(예시) 원금 3천만 원, 약정이자율 연 6.5%인 대출자가 원리금 납부일에 미납하여 연체 발생 후 31일 시점에 일시상환할 경우, 연체이자율은 6.5%+3%=연 9.5%로 적용			
31일	연 9.5%	3,000만원×9.5%×(31÷365)	241,918원

※ 1) 본 예시는 만기일시 상환 조건의 단순 예시이며, 실제 상환방식, 잔존 원금, 납부일 등에 따라 달라질 수 있습니다.

　2) 최대 연체이자율은 연 15%를 초과할 수 없습니다.

　3) 전체 연체원금에 대해 단일 이율로 적용되며, 연체 초반/후반 구간 나누지 않고 연체일수만큼 일할 계산합니다.

[기타 유의사항]

1. 본 상품은 예금자보호법에 따른 보호 대상이 아니며, 금융회사 파산 시 원리금이 보장되지 않습니다.

2. 고객의 신용등급 및 금융거래 정보는 대출 실행 여부 및 조건에 영향을 미치며, 타 금융기관과 공유될 수 있습니다.

3. 금융소비자는 상품에 대한 설명을 이해한 후 계약을 체결할 수 있으며, 설명을 듣지 못한 경우 금융감독원 등에 민원을 제기할 수 있습니다.

4. 대출 계약 전 반드시 상품설명서, 약관, 금리 및 수수료표를 확인하시기 바랍니다.

6 약정금리 연 7.5%로 직장인 스마트 신용대출 2,000만 원을 대출받은 고객이 납부기일을 넘겨 7일간 연체한 경우, 적용 연체이자율에 따라 납부해야 할 연체이자 금액으로 가장 적절한 것은?

① 30,150원

② 32,145원

③ 35,205원

④ 37,945원

> **ADVICE** ③ 약정금리 7.5% + 가산 3.0%p = 10.5%이므로, 2,000만 원 × 10.5% × (7 ÷ 365) = 2,000만 원 × 0.105 × 0.01918 ≒ 35,205원

7 상품설명서에 대한 이해로 가장 적절하지 않은 것은?

① 약정금리가 연 9.8%인 고객의 연체이자율은 연 12.8%이다.

② 상품설명서에는 연체이자를 계산하는 이율과 구조에 대한 정보가 포함되어 있다.

③ 이 상품은 연체 발생 후 14일까지는 약정이자에 대해, 이후는 원금에 대해 각각 연체이자가 부과된다.

④ 상환방식을 선택할 수 있으며, 조기 상환해도 수수료는 발생하지 않는다.

> **ADVICE** ③ 전체 연체원금에 단일 이율을 적용하며 이자와 원금을 나눠 계산하지 않는다.
> ① 약정금리 9.8% + 3.0%p = 12.8%
> ② '연체이자율＝약정금리＋3.0%p' 등 이율과 계산 구조가 명시되어 있다.
> ④ 원리금균등 또는 만기일시 중 선택 가능, 중도상환수수료 없음이 명시되어 있다.

Answer. 6.③ 7.③

8 다음은 A, B, C 3개 지역의 커피 전문점 개수 현황을 나타낸 표이다. Y-3년의 커피 전문점 개수를 지역 순서대로 올바르게 나열한 것은 어느 것인가?

(단위 : %, 개)

	Y-3년 대비 Y-2년의 증감률	Y-2년의 Y-1년 대비 증감 수	Y-1년의 Y년 대비 증감 수	Y년의 개수
A지역	10	-3	1	35
B지역	15	2	-2	46
C지역	12	-5	3	30

① 30, 40, 25개
② 32, 42, 25개
③ 30, 45, 20개
④ 35, 40, 26개

> **ADVICE** ① Y-3년의 개수를 x라 하고, Y년의 개수로부터 역산하여 각 해의 커피 전문점 개수를 구해 보면 다음과 같이 계산된다.

	Y-3년	Y-2년	Y-1년	Y년의 개수
A지역	$(33 - x) \div x \times 100 = 10 \rightarrow x = 30$	$36 - 3 = 33$	$35 + 1 = 36$	35
B지역	$(46 - x) \div x \times 100 = 15 \rightarrow x = 40$	$44 + 2 = 46$	$46 - 2 = 44$	46
C지역	$(28 - x) \div x \times 100 = 12 \rightarrow x = 25$	$33 - 5 = 28$	$30 + 3 = 33$	30

따라서 30, 40, 25개가 정답이 된다.

9 다음은 甲보험사의 상반기 반려동물 보험 가입 현황 표이다. 이에 대한 설명으로 옳지 않은 것은?

구분	0 ~ 2세	3 ~ 6세	7 ~ 9세	10세 이상
20 ~ 29세	60건	52건	49건	35건
30 ~ 39세	30건	26건	36건	19건
40 ~ 49세	10건	12건	7건	3건
50세 이상	2건	3건	1건	1건

① 전체 보험 가입 건수 중 20대 보호자가 가입한 비중은 30% 이상이다.

② 30대 보호자의 7 ~ 9세 반려동물 보험 가입 비중은 0 ~ 2세 보험 가입 비중보다 높다.

③ 20대와 30대 보호자의 10세 이상 보험 가입 건수를 합한 값은, 40대와 50대 보호자의 7 ~ 9세 가입 건수를 합한 값보다 크다.

④ 전체 7 ~ 9세 보험 가입 건수 중 30대 보호자가 차지하는 비중은 20대 보호자가 차지하는 비중보다 높다.

> **ADVICE** ④ 7 ~ 9세 보험 가입 건수에서 가장 큰 비중을 차지하는 건 20대 보호자(약 53%), 그 다음이 30대(약 39%)이다.
> ① 20대 비중은 전체 346건 중 196건으로, 약 56.7%이다.
> ② 전체 111건에서 7 ~ 9세 비중은 32.4%, 0 ~ 2세 비중은 27%이다.
> ③ 20·30대의 합은 54건, 40·50대의 합은 8건으로 20대와 30대 보호자의 10세 이상 보험 가입 건수가 월등히 많다.

10 CS부서 직원 한 명이 16분 동안 상담을 진행하였다. 상담 유형은 다음과 같으며 전체 상담 건수가 18건, 일반 상담 건수는 심화 상담 건수의 두 배일 때 간단 문의 상담은 몇 건인가? (단, 상담 사이 대기 시간은 고려하지 않는다.)

> • 간단 문의 : 40초
> • 일반 상담 : 55초
> • 심화 상담 : 70초

① 2건

② 3건

③ 5건

④ 6건

ADVICE ㉠ 간단 문의 $= a$, 일반 상담 $= 2b$, 심화 상담 $= b$

㉡ 건수 조건

$a + 2b + b = 18$

$\rightarrow a + 3b = 18$

$\rightarrow a = 18 - 3b$

㉢ 시간 조건

• $40a + 55(2b) + 70b = 960$

$40a + 110b + 70b = 960$

$40a + 180b = 960$

• $40a + 180b = 960$에 ㉡ 대입

$40(18 - 3b) + 180b = 960$

$720 - 120b + 180b = 960$

$720 + 60b = 960$

$60b = 240$

$b = 4$

$\rightarrow$ 심화 상담 4건, 일반 상담 8건

$\therefore$ 간단 문의 6건

Answer. 8.① 9.④ 10.④

11 다음 자료를 참고할 때, 해당 수치가 가장 큰 것은 어느 것인가?

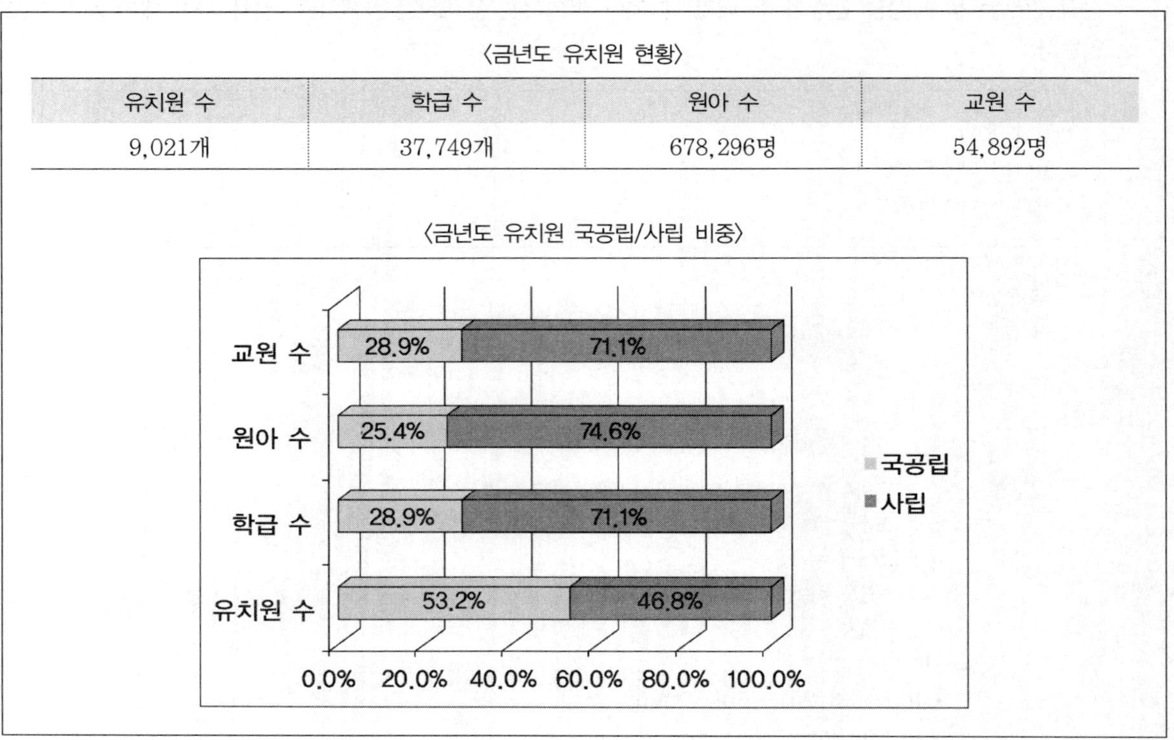

① 국공립 유치원 1개당 평균 원아 수
② 사립 유치원 1개당 평균 학급 수
③ 사립 유치원 1개당 평균 교원 수
④ 국공립 유치원 교원 1인당 평균 원아 수

ADVICE ① 주어진 자료를 통해 다음과 같은 구체적인 수치를 확인하여 도표로 정리할 수 있다.

	유치원 수	학급 수	원아 수	교원 수
국공립	4,799개	10,909개	172,287명	15,864명
사립	4,222개	26,840개	506,009명	39,028명

국공립 유치원 1개당 평균 원아 수는 172,287÷4,799=약 35.9명으로 가장 큰 수치가 된다.
② 26,840÷4,222=약 6.4개
③ 39,028÷4,222=약 9.2명
④ 172,287÷15,864=약 10.9명

12 다음은 K전자의 연도별 매출 자료이다. 2024년 1분기의 판관비가 2억 원이며, 매 시기 1천만 원씩 증가하였다고 가정할 때, K전자의 매출 실적에 대한 올바른 설명은 어느 것인가?

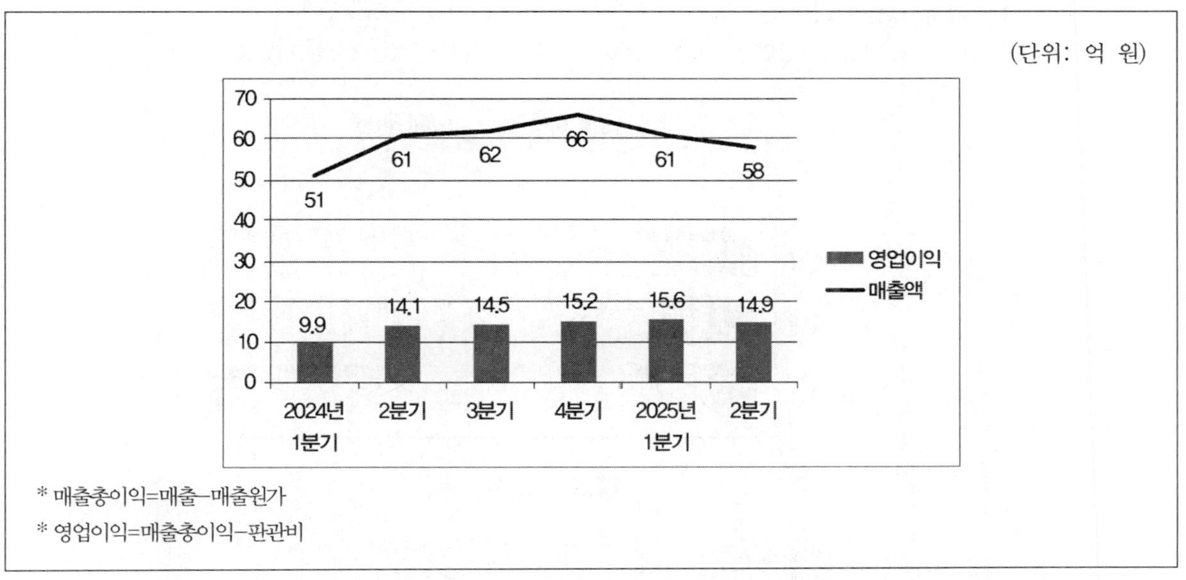

① 매출원가가 가장 큰 시기의 매출총이익도 가장 크다.

② 매출액 대비 영업이익을 나타내는 영업이익률은 2025년 1분기가 가장 크다.

③ 매출총이익에서 판관비가 차지하는 비중은 2024년 1분기가 가장 크다.

④ 매출원가와 매출총이익의 증감 추이는 영업이익의 증감 추이와 매 시기 동일하다.

ADVICE 판관비를 대입하여 시기별 매출 자료를 다음과 같이 정리해 볼 수 있다.

(단위: 억 원)

	'24. 1분기	2분기	3분기	4분기	'25. 1분기	2분기
매출액	51	61	62	66	61	58
매출원가	39.1	44.8	45.3	48.5	43.0	40.6
매출총이익	11.9	16.2	16.7	17.5	18.0	17.4
판관비	2.0	2.1	2.2	2.3	2.4	2.5
영업이익	9.9	14.1	14.5	15.2	15.6	14.9

③ 매출총이익에서 판관비가 차지하는 비중은 $2.0 \div 11.9 \times 100 =$ 약 16.8%인 2024년 1분기가 가장 큰 것을 확인할 수 있다.

① 매출원가는 2024년 4분기가 가장 크나, 매출총이익은 2025년 1분기가 가장 크다.

② 영업이익률은 2025년 1분기가 $15.6 \div 61 \times 100 =$ 약 25.6%이며, 2025년 2분기가 $14.9 \div 58 \times 100 =$ 약 25.7%이다.

④ 2025년 1분기에는 매출총이익과 영업이익이 증가하였으나, 매출원가는 감소하였다.

Answer. 11.① 12.③

 다음 자료에 대한 분석으로 옳은 것은?

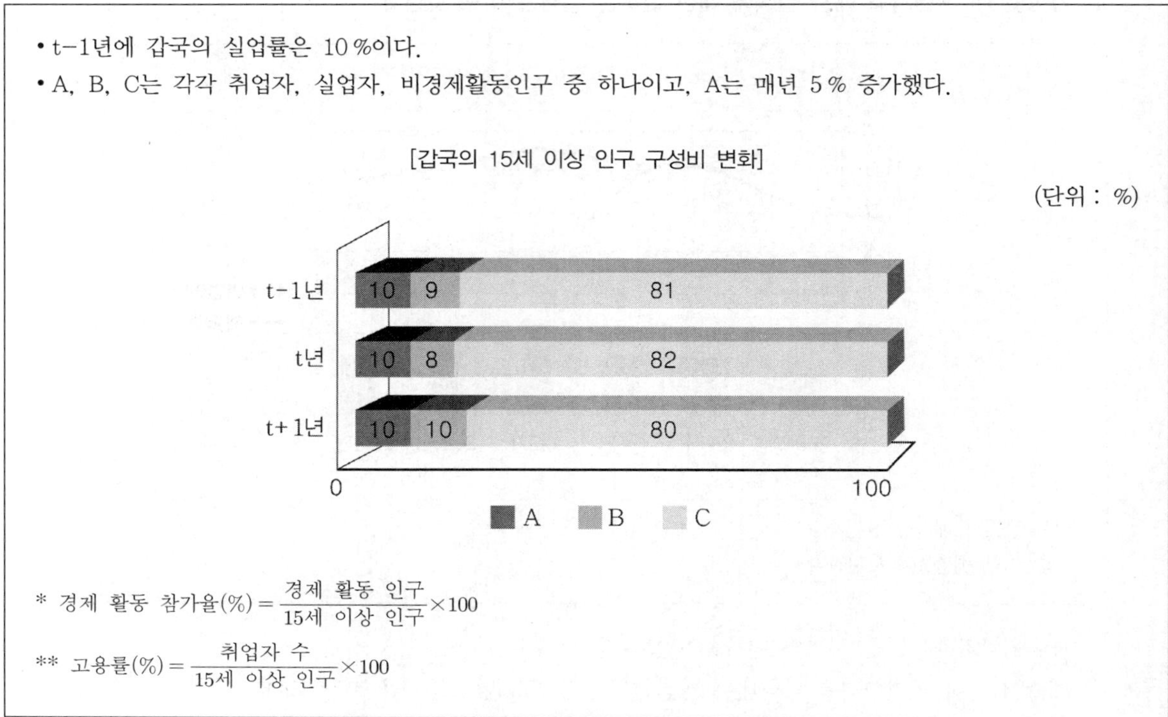

$$* \text{ 경제 활동 참가율(\%)} = \frac{\text{경제 활동 인구}}{\text{15세 이상 인구}} \times 100$$

$$** \text{ 고용률(\%)} = \frac{\text{취업자 수}}{\text{15세 이상 인구}} \times 100$$

① 실업률은 변함이 없다.

② 취업자 수는 t년에 가장 많다.

③ 경제활동 참가율은 변함이 없다.

④ 비경제활동인구는 변함이 없다.

ADVICE ③ t−1년에 갑국의 실업률이 10 %이므로, A는 비경제 활동 인구, B는 실업자, C는 취업자이다. 모든 연도에서 경제활동 참가율은 90 %로 변함이 없다.

14 다음 〈표〉는 2021~2025년 A기업의 직군별 사원수 현황에 대한 자료이다. 이에 대한 설명으로 옳은 것은?

〈2021~2025년 A기업의 직군별 사원수 현황〉

연도 \ 직군	영업직	생산직	사무직
2025년	169명	105명	66명
2024년	174명	121명	68명
2023년	137명	107명	77명
2022년	136명	93명	84명
2021년	134명	107명	85명

※ 사원은 영업직, 생산직, 사무직으로만 구분됨

① 전체 사원수는 매년 증가한다.

② 영업직 사원수는 생산직과 사무직 사원수의 합보다 적은 연도는 3개 연도뿐이다.

③ 생산직 사원의 비중이 30% 미만인 해는 전체 사원수가 가장 적은 해와 같다.

④ 영업직 사원의 비중은 매년 증가한다.

ADVICE

연도 \ 직군	영업직	생산직	사무직	전체 사원수
2025년	169명	105명	66명	340명
2024년	174명	121명	68명	363명
2023년	137명	107명	77명	321명
2022년	136명	93명	84명	313명
2021년	134명	107명	85명	326명

③ 전체 사원수가 가장 적은 2022년도에 생산직 사원 비중이 30% 미만($\frac{93}{313}\times100$)이다.

(2021년 : 약 32.8%, 2023년 : 약 33.3% , 2024년 : 약 33.3%, 2025년 : 약 30.9%)

① 2022년도와 2023년도에는 전년대비 전체 사원수가 감소하였다.

② 전체 사원수에 비해 영업직 사원수 비율이 50% 미만이 되는지 확인해보면 모든 연도에서 영업직 사원수가 생산직과 사무직 사원수의 합보다 적은 것을 알 수 있다.

④ 2023년도에 전년대비 전체 사원수(분모 값)는 8명 증가한 반면, 영업직 사원수(분자 값)는 1명 증가하여 2022년도에 비해 영업직 사원수의 비중이 감소했으므로 매년 증가했다고 볼 수 없다. (2021년 : 약 41.1%, 2022년 : 약 43.5%, 2023년 : 약 42.7%, 2024년 : 약 47.9%, 2025년 : 약 49.7%)

Answer. 13.③ 14.③

15 다음은 A국 국민의 준법 수준과 법을 지키지 않는 이유를 조사한 표이다. 이에 대한 설명으로 옳은 것은?

〈준법 수준〉

구분	연도	지킨다	보통이다	지키지 않는다	계
타인에 대한 평가	2018년	28.0	48.5	23.5	100
	2025년	29.8	52.0	18.2	100
자신에 대한 평가	2018년	64.2	33.2	2.6	100
	2025년	56.9	40.7	2.4	100

〈법을 지키지 않는 이유*〉

항목 / 년도	법을 지키면 손해	처벌규정 미약	타인도 지키지 않아서	귀찮아서	단속이 안되기때문	준법 교육부족	기타	계
2025년	16.3	6.7	18.2	42.9	9.5	5.1	1.3	100

* 자신에 대한 평가에서 법을 '지키지 않는다'고 응답한 사람을 대상으로 조사함

① A국 국민의 준법 수준을 보면 타인보다 자신에게 엄격한 편이다.

② 법을 지키지 않는 이유를 살펴볼 때, 준법 수준을 높이기 위해서는 의식 개혁보다 제도 개혁이 더 요구된다.

③ 타인에 대한 평가를 기준으로 준법 수준을 보았을 때, A국 국민의 준법 수준은 다소 낮아졌다고 볼 수 있다.

④ 2025년의 경우 자신에 대한 평가에서 준법 수준이 보통이라고 한 응답자 수는 귀찮아서 법을 지키지 않는다고 응답한 사람보다 많다.

ADVICE ④ 표를 보면 법을 준법 수준에서 '지키지 않는다'고 응답한 사람(2.4%)을 대상으로 '법을 지키지 않는 이유'를 조사한 것이므로 준법 수준이 '보통'이라고 응답한 국민(40.7%)이 많음을 알 수 있다.

16 국내 화장품 브랜드의 스킨케어 세럼 판매 점유율과 丙브랜드의 월별 판매량에 관한 자료이다. 6월 판매량이 전월 대비 5% 감소했다고 할 때 6월 판매수량은?

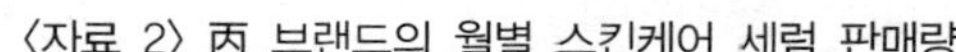

〈자료 1〉 국내 화장품 브랜드 스킨케어 세럼 판매 점유율

구분	1월	2월	3월	4월	5월
甲	30%	32%	34%	33%	31%
乙	40%	36%	32%	30%	28%
丙	10%	14%	18%	23%	30%
丁	20%	18%	16%	14%	11%
합계	100%	100%	100%	100%	100%

〈자료 2〉 丙 브랜드의 월별 스킨케어 세럼 판매량

(단위 : 개)

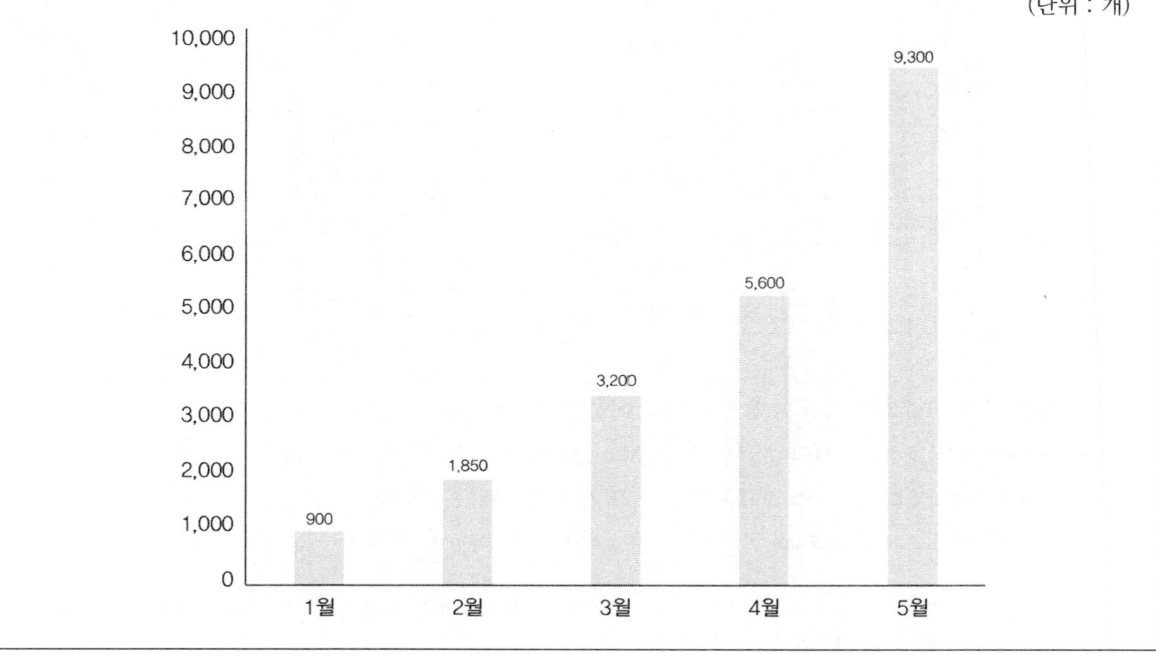

① 8,300개   ② 8,600개

③ 8,835개   ④ 9,000개

> **ADVICE** ③ 5월 丙브랜드 판매량 9,300개에서 5%가 감소했으므로, $9300 \times (1-0.05) = 9300 \times 0.95 = 8835$이다. 따라서 6월 판매량은 8,835개다.

---

17 다음은 전국 ATM 기기 수를 연도별로 나타낸 자료이다. 이를 분석한 내용으로 옳은 것은 무엇인가?

구분	2023년	2024년	2025년
서울	8,300대	8,100대	7,900대
인천	2,750대	2,780대	2,820대
경기	9,600대	9,650대	9,700대
강원	1,280대	1,250대	1,220대
충북	1,350대	1,330대	1,300대
충남	1,520대	1,500대	1,480대
세종	420대	430대	440대
대전	1,620대	1,630대	1,620대
전북	1,400대	1,370대	1,350대
광주	1,480대	1,460대	1,440대
전남	1,360대	1,340대	1,320대
경북	1,700대	1,680대	1,660대
경남	1,820대	1,800대	1,780대
대구	2,360대	2,330대	2,300대
울산	1,090대	1,070대	1,050대
부산	3,050대	3,000대	2,950대
제주	880대	870대	860대

① 2025년 기준 ATM 기기 수가 2,000대 이상인 지역은 6곳이다.

② 2024년에서 2025년 사이 ATM 기기 수의 감소량이 가장 큰 지역은 서울이다.

③ 2023년에서 2025년 사이 ATM 기기 수가 증가한 지역은 5곳이다.

④ 2023년 대비 2025년 ATM 기기 수의 감소율이 3% 이상인 지역의 수는 8곳이다.

> **ADVICE** ① 2025년 기준 ATM 기기 수가 2,000대 이상인 지역은 서울(7,900대), 인천(2,820대), 경기(9,700대), 대구(2,300대), 부산(2,950대) 5곳이다
> ③ 2023년에서 2025년 사이 ATM 기기 증가 지역은 인천, 세종, 대전, 경기 4곳이다.
> ④ 서울 약 4.82%, 강원 약 4.69%, 충북 약 3.70%. 전북 약 3.57%로 총 6곳이다.

18 다음은 A은행의 7 ~ 12월 주요 금융상품의 평균 금리이다. 다음 중 아래 자료에 대해 적절하게 설명하지 못한 사람은 누구인가?

구분	7월	8월	9월	10월	11월	12월
정기예금	3.20%	3.25%	3.30%	3.35%	3.40%	3.45%
신용대출	5.80%	5.75%	5.70%	5.75%	5.85%	5.90%
주택담보대출	4.10%	4.05%	4.00%	4.05%	4.15%	4.20%

① 甲 : 11월에서 12월 사이에는 모든 상품의 금리가 상승했다.

② 乙 : 신용대출 금리는 항상 정기예금 금리보다 높다.

③ 丙 : 9월에는 주택담보대출 금리가 신용대출 금리보다 낮다.

④ 丁 : 정기예금 금리가 가장 크게 상승한 시기는 7월에서 8월 사이이다.

> **ADVICE** ④ 모든 구간에서 상승폭이 동일하다.
> ① 정기예금은 3.40%에서 3.45%로, 신용대출은 5.85%에서 5.90%로, 주택담보대출은 4.15에서 4.20으로 상승했다.
> ② 모든 기간에서 신용대출 금리가 정기예금 금리보다 높다.
> ③ 9월 기준으로 신용대출 금리는 5.70%, 주택담보대출은 4.00%이므로 주택담보대출 금리가 더 낮다.

 다음은 A, B 두 경쟁회사의 판매제품별 시장 내에서의 기대 수익을 표로 나타낸 자료이다. 이를 보고 이어지는 물음에 답하시오.

〈판매 제품별 수익체계〉

		B회사		
		X제품	Y제품	Z제품
A회사	P 제품	(4, −3)	(5, −1)	(−2, 5)
	Q 제품	(−1, −2)	(3, 4)	(−1, 7)
	R 제품	(−3, 5)	(11, −3)	(8, −2)

– 괄호 안의 숫자는 A회사와 B회사의 제품으로 얻는 수익(억 원)을 뜻한다.(A회사 월 수익 액, B회사의 월 수익 액)
– ex) A회사가 P제품을 판매하고 B회사가 X제품을 판매하였을 때 A회사의 월 수익 액은 4억 원이고, B회사의 월 수익 액은 −3억 원이다.

〈B회사의 분기별 수익체계 증감 분포〉

	1분기	2분기	3분기	4분기
X제품	0%	30%	20%	−50%
Y제품	50%	0%	−30%	0%
Z제품	−50%	−20%	50%	20%

– 제품별로 분기에 따른 수익의 증감률을 의미한다.
– 50% : 월 수익에서 50% 증가, 월 손해에서 50% 감소
– −50% : 월 수익에서 50% 감소, 월 손해에서 50% 증가

19 다음 자료를 참고할 때, A회사와 B회사의 수익의 합이 가장 클 경우는 양사가 각각 어느 제품을 판매하였을 때인가? (단, 판매 시기는 고려하지 않음)

① A회사 : Q제품, B회사 : X제품

② A회사 : Q제품, B회사 : Y제품

③ A회사 : P제품, B회사 : Z제품

④ A회사 : R제품, B회사 : Y제품

> **ADVICE** ④ A회사가 R제품, B회사가 Y제품을 판매하였을 때가 11−3=8억 원으로 수익의 합이 가장 크게 된다.

20 다음 중 3분기의 양사의 수익 변동에 대한 설명으로 올바른 것은 어느 것인가? (A회사의 3분기 수익은 월 평균 수익과 동일함)

① 두 회사의 수익의 합이 가장 커지는 제품의 조합은 변하지 않는다.

② X제품은 P제품과 판매하였을 때의 수익이 가장 많다.

③ 두 회사의 수익의 합이 가장 적은 제품의 조합은 Q제품과 X제품이다.

④ 3분기의 수익액 합이 가장 큰 B회사의 제품은 Y제품이다.

> **ADVICE** ③ 3분기에는 B회사의 수익이 분기별 증감 분포표어 따라 바뀌게 되므로 다음과 같은 수익체계표가 작성될 수 있다.

A회사		B회사		
		X제품	Y제품	Z제품
	P 제품	(4, −2.4)	(5, −1.3)	(−2, 7.5)
	Q 제품	(−1, −1.6)	(3, 2.8)	(−1, 10.5)
	R 제품	(−3, 6)	(11, −3.9)	(8, −1)

Q제품과 X제품을 판매할 때의 수익의 합이 −1−1.6=−2.6억 원으로 가장 적은 것을 알 수 있다.
① R제품, Y제품 조합에서 Q제품, Z제품의 조합으로 바뀌게 된다.
② X제품은 R제품과 함께 판매하였을 때의 수익이 3억 원으로 가장 크게 된다.
④ 3분기의 수익액 합이 가장 큰 제품은 Z제품이다.

21 다음 〈그림〉은 A기업의 2024년과 2021년 자산총액의 항목별 구성비를 나타낸 자료이다. 이에 대한 〈보기〉의 설명 중 옳은 것만을 모두 고르면?

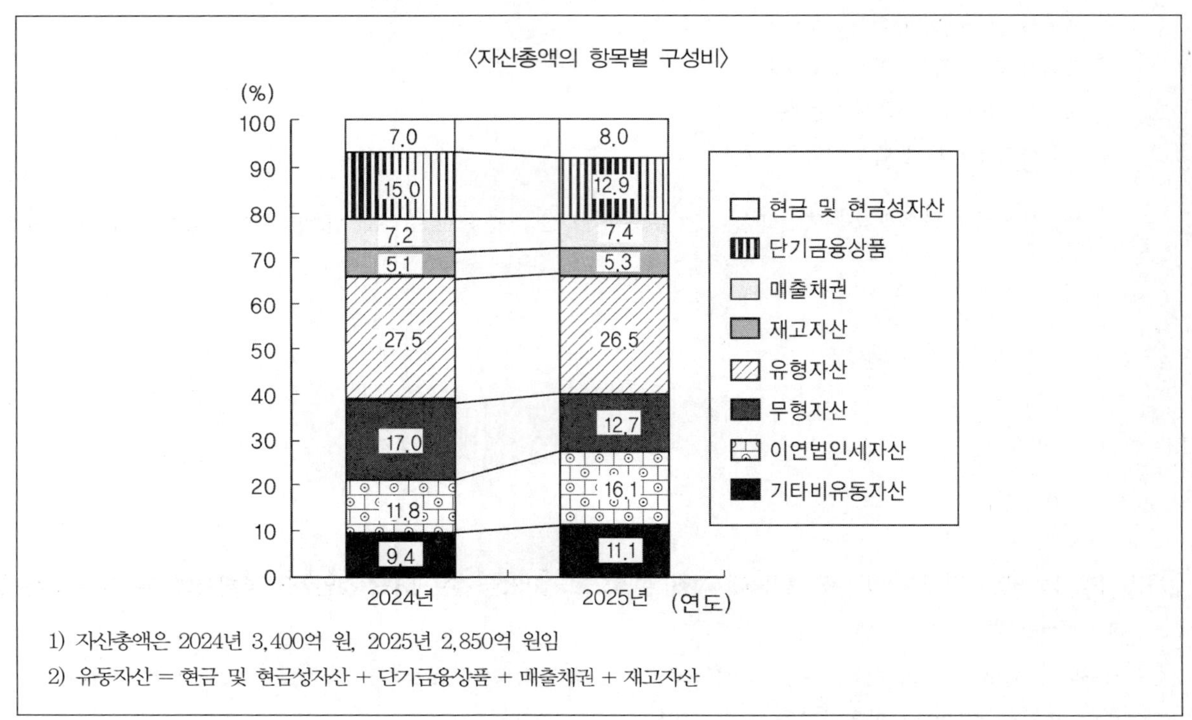

1) 자산총액은 2024년 3,400억 원, 2025년 2,850억 원임
2) 유동자산 = 현금 및 현금성자산 + 단기금융상품 + 매출채권 + 재고자산

───────────── 〈보기〉 ─────────────

㉠ 2024년 항목별 금액의 순위가 2025년과 동일한 항목은 4개이다.
㉡ 2024년 유동자산 중 '단기금융상품'의 구성비는 45% 미만이다.
㉢ '현금 및 현금성자산' 금액은 2025년이 2024년보다 크다.
㉣ 2024년 대비 2025년에 '무형자산' 금액은 4.3% 감소하였다.

① ㉠, ㉡　　　　　　　　　　　② ㉠, ㉢
③ ㉡, ㉢　　　　　　　　　　　④ ㉠, ㉡, ㉣

ADVICE ㉠ 단기금융상품(3위), 재고자산(8위), 유형자산(1위), 기타비유동자산(5위)의 4개 항목이 2024년과 2025년 순위가 동일하다.

㉡ $\dfrac{15.0}{7.0+15.0+7.2+5.1} \times 100 = 43.73\%$

㉢ 2024년 238억 원(=3,400억 원 × 0.07) > 2025년 228억 원(=2,850억 원 × 0.08)

㉣ 전체에서 차지하는 비율이 4.3% 감소한 것이며, 2024년과 2025년의 자산총액이 다르므로 '금액'이 4.3%의 비율만큼 감소했다고 말할 수 없다.

|22~23| 다음에 제시된 항공사별 운항현황을 보고 물음에 답하시오.

항공사	구분	2022년	2023년	2024년	2025년
AAR	운항 편(대)	8,486	8,642	8,148	8,756
	여객(명)	1,101,596	1,168,460	964,830	1,078,490
	운항거리(km)	5,928,362	6,033,761	5,761,479	6,423,765
BBR	운항 편(대)	11,534	12,074	11,082	11,104
	여객(명)	1,891,652	2,062,426	1,715,962	1,574,966
	운항거리(km)	9,112,071	9,794,531	8,972,439	8,905,408

22 AAR 항공사의 경우 항공기 1대당 수송 여객의 수가 가장 많았던 해는 언제인가?

① 2022년　　　　　　　　　② 2023년
③ 2024년　　　　　　　　　④ 2025년

> **ADVICE** ① 2022년 : 1,101,596÷8,486＝약 129명
> ② 2023년 : 1,168,460÷8,642＝약 135명
> ③ 2024년 : 964,830÷8,148＝약 118명
> ④ 2025년 : 1,078,490÷8,756＝약 123명

23 항공기 1대당 운항 거리가 2025년과 동일하다고 했을 때, BBR 항공사가 2026년 한 해 동안 9,451,570km의 거리를 운항하기 위해서 증편해야 할 항공기 수는 몇 대인가?

① 495　　　　　　　　　　② 573
③ 681　　　　　　　　　　④ 709

> **ADVICE** BBR 항공사의 2025년 항공기 1대당 운항 거리는 8,905,408÷11,104＝802로, 2026년 한 해 동안 9,451,570km의 거리를 운항하기 위해서는 9,451,570÷802＝11,785대의 항공기가 필요하다. 따라서 BBR 항공사는 11,785－11,104＝681대의 항공기를 증편해야 한다.

24 다음 〈표〉는 3D기술 분야 특허등록건수 상위 10개국의 국가별 영향력지수와 기술력지수를 나타낸 자료이다. 이에 대한 설명으로 옳은 것은?

〈3D기술 분야 특허등록건수 국가별 영향력지수 및 기술력지수〉

국가＼구분	특허등록 건수(건)	영향력지수	기술력지수
미국	500	( )	600.0
일본	269	1.0	269.0
독일	( )	0.6	45.0
한국	59	0.3	17.7
네덜란드	( )	0.8	24.0
캐나다	22	( )	30.8
이스라엘	( )	0.6	10.2
태국	14	0.1	1.4
프랑스	( )	0.3	3.9
핀란드	9	0.7	6.3

1) 해당국가의 기술력지수 = 해당국가의 특허등록건수 × 해당국가의 영향력지수

2) 해당국가의 영향력지수 = $\dfrac{\text{해당국가의 피인용비}}{\text{전세계 피인용비}}$, 해당국가의 피인용비 = $\dfrac{\text{해당국가의 특허피인용건수}}{\text{해당국가의 특허등록건수}}$

3) 3D기술 분야의 전세계 피인용비는 10임.

① 캐나다의 영향력지수는 미국의 영향력지수보다 작다.

② 프랑스와 태국의 특허피인용건수의 차이는 프랑스와 핀란드의 특허피인용건수의 차이보다 크다.

③ 특허등록건수 상위 10개국 중 한국의 특허피인용건수는 네 번째로 많다.

④ 네덜란드의 특허등록건수는 한국의 특허등록건수의 50% 미만이다.

ADVICE ② 2)와 4)의 정보에 따라 해당국가의 피인용비＝영향력지수 × 10, 3)의 식을 정리하면 해당국가의 특허피인용건수

= 특허등록건수 × 피인용비 = 특허등록건수×(영향력지수 × 10) = 기술력지수 × 10

특허피인용건수는 프랑스 39, 태국 14, 핀란드 63이므로 프랑스와 태국의 차이(25)가 프랑스와 핀란드의 차이(24)보다 크다.

① 1)에 따라 영향력지수는 미국이 $1.2(=\dfrac{600.0}{500})$, 캐나다가 $1.4(=\dfrac{30.8}{22})$이다.

③ 특허피인용건수는 기술력지수에 비례하므로 기술력지수의 순위에 따라 한국은 여섯 번째로 특허피인용건수가 많은 국가이다.

④ 네덜란드 특허등록건수는 $30(=\dfrac{24}{0.8})$이므로 한국의 특허등록건수 59의 50% 이상이다.

25 다음 〈표〉는 질병진단키트 A ∼ D의 임상실험 결과 자료이다. 〈표〉와 〈정의〉에 근거하여 옳은 설명을 고르면?

〈질병진단키트 A ∼ D의 임상실험 결과〉

(단위 : 명)

〈A〉

판정 \ 질병	있음	없음
양성	100	20
음성	20	100

〈B〉

판정 \ 질병	있음	없음
양성	80	40
음성	40	80

〈C〉

판정 \ 질병	있음	없음
양성	80	30
음성	30	100

〈D〉

판정 \ 질병	있음	없음
양성	80	20
음성	20	120

※ 질병진단키트당 피실험자 240명을 대상으로 임상실험한 결과임

〈정의〉

- 민감도 : 질병이 있는 피실험자 중 임상실험 결과에서 양성 판정된 피실험자의 비율
- 특이도 : 질병이 없는 피실험자 중 임상실험 결과에서 음성 판정된 피실험자의 비율
- 양성 예측도 : 임상실험 결과 양성 판정된 피실험자 중 질병이 있는 피실험자의 비율
- 음성 예측도 : 임상실험 결과 음성 판정된 피실험자 중 질병이 없는 피실험자의 비율

① 민감도가 가장 높은 질병진단키트는 C이다.

② 특이도가 가장 높은 질병진단키트는 B이다.

③ 질병진단키트 C의 민감도와 양성 예측도는 동일하다.

④ 질병진단키트 D의 양성 예측도와 음성 예측도는 동일하다.

ADVICE ③ C의 민감도 = 양성 예측도 = $\dfrac{80}{110}$

①② 민감도가 가장 높은 것은 A, 특이도가 가장 높은 것은 D이다.

	A	B	C	D
민감도	$\dfrac{100}{100+20}$	$\dfrac{80}{80+40}$	$\dfrac{80}{80+30}$	$\dfrac{80}{80+20}$
특이도	$\dfrac{100}{100+20}$	$\dfrac{80}{40+80}$	$\dfrac{100}{30+100}$	$\dfrac{120}{120+20}$

④ D의 양성 예측도$\left(=\dfrac{80}{100}\right)$ ≠ D의 음성 예측도$\left(=\dfrac{120}{140}\right)$

26 다음 〈표〉는 A~E 리조트의 1박 기준 일반요금 및 회원할인율에 관한 자료이다. 이에 대한 〈보기〉의 설명 중 옳은 것만을 모두 고르면?

〈비수기 및 성수기 일반요금(1박 기준)〉

(단위 : 천 원)

구분＼리조트	A	B	C	D	E
비수기	300	250	200	150	100
성수기	500	350	300	250	200

〈비수기 및 성수기 회원할인율(1박 기준)〉

(단위 : %)

구분	회원유형＼리조트	A	B	C	D	E
비수기	기명	50	45	40	30	20
	무기명	35	40	25	20	15
성수기	기명	35	30	30	25	15
	무기명	30	25	20	15	10

※ 회원할인율(%) $= \dfrac{\text{일반요금} - \text{회원요금}}{\text{일반요금}} \times 100$

---〈보기〉---

㉠ 리조트 1박 기준, 성수기 일반요금이 낮은 리조트일수록 성수기 무기명 회원요금이 낮다.
㉡ 리조트 1박 기준, B 리조트의 회원요금 중 가장 높은 값과 가장 낮은 값의 차이는 125,000원이다.
㉢ 할인율을 가장 크게 받는 방법으로 1박을 이용한다고 할 때의 회원요금은 1박 기준 일반요금이 가장 적은 경우를 기명으로 이용할 때의 회원요금의 2배가 넘는다.

① ㉠

② ㉢

③ ㉠, ㉡

④ ㉡, ㉢

 ㉠ A~E의 성수기 무기명 회원요금을 a~e라고 할 때,

- A : $30 = \dfrac{500-a}{500} \times 100$
- B : $25 = \dfrac{350-b}{350} \times 100$
- C : $20 = \dfrac{300-c}{300} \times 100$
- D : $15 = \dfrac{250-d}{250} \times 100$
- E : $10 = \dfrac{200-e}{200} \times 100$

따라서 a=350, b=262.5, c=240, d=212.5, e=180이 되어 성수기 일반요금(A〉B〉C〉D〉E)이 낮아질수록 성수기 무기명 회원요금이 낮다.

㉡ B리조트의 다음 경우에 따른 회원요금을 각각 b_1, b_2, b_3, b_4라고 할 때

	기명	무기명
비수기	$45 = \dfrac{250-b_1}{250} \times 100$, $b_1 = 137.5$	$40 = \dfrac{250-b_2}{250} \times 100$, $b_2 = 150$
성수기	$30 = \dfrac{350-b_3}{350} \times 100$, $b_3 = 245$	$25 = \dfrac{350-b_4}{350} \times 100$, $b_4 = 262.5$

따라서 가장 높은 값($b_4 = 262.5$)과 가장 낮은 값($b_1 = 137.5$)의 차이는 125,000원이다.

㉢ 가장 큰 할인율(50)을 받는 A리조트 비수기 기명일 때 회원요금을 a라고 하면

$$50 = \dfrac{300-a}{300} \times 100, \quad a = 150$$

일반요금이 가장 적은 E리조트를 기명으로 이용할 때 회원요금을 e라고 하면

$$20 = \dfrac{100-e}{100} \times 100, \quad e = 80$$

27 다음은 甲기업에서 운영하는 연도별 사내 근로복지기금 및 지급 현황이다. 이에 대한 설명으로 옳지 않은 것은?

사내 근로복지기금 및 지급 현황

연도	사내 근로복지기금 조성액(A)	지급액(B)	미지급 잔액(A−B)
2018년	120억 원	−	120억 원
2019년	180억 원	95억 원	85억 원
2020년	210억 원	160억 원	50억 원
2021년	240억 원	190억 원	50억 원
2022년	260억 원	200억 원	60억 원
2023년	300억 원	220억 원	80억 원
2024년	330억 원	250억 원	80억 원
2025년	360억 원	310억 원	50억 원

① 2018년에는 근로복지기금이 지급되지 않았다.

② 2021년부터 2025년까지의 기금 지급액 합계는 같은 기간 기금 조성액 합계의 75% 이상이다.

③ 미지급 잔액이 전년도 대비 증가한 해의 수는, 미지급 잔액이 70억 원 이상인 해의 수보다 많다.

④ 전체 기간의 기금 지급액 합계 대비 2024년 기금 지급액의 비중은 18% 미만이다.

> **ADVICE** ③ 미지급 잔액 전년 대비 증가한 해는 2021년, 2022년이며 미지급 잔액이 70억 원 이상인 해는 2023년, 2024년이다.
> ① 2018년 지급액은 '−'로 표기되어 있으므로 근로복지기금 지급 사실이 없다.
> ② 조성액 합계는 약 1,490억 원이며 지급액 합계는 약 1,170억 원으로 지급 비율은 약 78.5%이다.
> ④ 2024년 기금 지급 비중은 약 17.5%이다.

28 다음은 우체국 택배물 취급에 관한 기준표이다. 미영이가 서울에서 포항에 있는 보람이와 설희에게 각각 택배를 보내려고 한다. 보람이에게 보내는 물품은 10kg에 130cm이고, 설희에게 보내려는 물품은 4kg에 60cm이다. 미영이가 택배를 보내는 데 드는 비용은 모두 얼마인가?

(단위 : 원/개)

중량(크기)		2kg까지 (60cm까지)	5kg까지 (80cm까지)	10kg까지 (120cm까지)	20kg까지 (140cm까지)	30kg까지 (160cm까지)
동일지역		4,000원	5,000원	6,000원	7,000원	8,000원
타지역		5,000원	6,000원	7,000원	8,000원	9,000원
제주 지역	빠른(항공)	6,000원	7,000원	8,000원	9,000원	11,000원
	보통(배)	5,000원	6,000원	7,000원	8,000원	9,000원

※ 1) 중량이나 크기 중에 하나만 기준을 초과하여도 초과한 기준에 해당하는 요금을 적용한다.

　2) 동일지역은 접수지역과 배달지역이 동일한 시/도이고, 타지역은 접수한 시/도지역 이외의 지역으로 배달되는 경우를 말한다.

　3) 부가서비스(안심소포) 이용시 기본요금에 50% 추가하여 부가한다.

① 13,000원

② 14,000원

③ 15,000원

④ 16,000원

> **ADVICE** ② 중량이나 크기 중에 하나만 기준을 초과하여도 초과한 기준에 해당하는 요금을 적용한다고 하였으므로, 보람이에게 보내는 택배는 10kg지만 130cm로 크기 기준을 초과하였으므로 요금은 8,000원이 된다. 또한 설희에게 보내는 택배는 60cm이지만 4kg으로 중량기준을 초과하였으므로 요금은 6,000원이 된다. 총 비용은 8,000원 + 6,000원 = 14,000원이다.

29 5%의 소금물과 15%의 소금물로 12%의 소금물 200g을 만들고 싶다. 각각 몇 g씩 섞으면 되는가?

	5% 소금물	15% 소금물
①	40g	160g
②	50g	150g
③	60g	140g
④	70g	130g

ADVICE ③ 200g에 들어 있는 소금의 양은 섞기 전 5%의 소금의 양과 12% 소금이 양을 합친 양과 같아야 한다.

5% 소금물의 필요한 양을 x라 하면 녹아 있는 소금의 양은 $0.05x$

15% 소금물의 소금의 양은 $0.15(200-x)$

$0.05x + 0.15(200-x) = 0.12 \times 200$

$5x + 3000 - 15x = 2400$

$10x = 600$

$x = 60(g)$

∴ 5%의 소금물 60g, 15%의 소금물 140g

30 다음 표는 100g당 식품 A, B의 열량과 단백질의 양을 나타낸 것이다. 두 식품 A, B를 합한 200g에서 열량을 375cal 이상, 단백질을 15g 이상 섭취하려고 할 때, 섭취하여야 할 식품 A의 양 x의 범위는?

구분	열량(cal)	단백질(g)
식품 A	150	10
식품 B	300	5

① $50g \leq x \leq 100g$　　② $50g \leq x \leq 150g$
③ $100g \leq x \leq 150g$　　④ $100g \leq x \leq 200g$

ADVICE ③ 식품 A의 양이 x이므로 식품 B의 양은 $200-x$이다.

식품 A의 1g당 열량은 $\frac{150}{100}$(cal)이고 단백질은 $\frac{10}{100}$(g)이 들어있다.

식품 B의 1g당 열량은 $\frac{300}{100}$(cal)이고 단백질은 $\frac{5}{100}$(g)이 들어있다.

주어진 조건에 따라

$1.5x + 3(200-x) \geq 375, \quad 0.1x + 0.05(200-x) \geq 15$

$-1.5x \geq -225, \quad 0.05x \geq 5$

$x \leq 150, \quad x \geq 100$

∴ $100g \leq x \leq 150g$

31 아시안 게임에 참가한 어느 종목의 선수들을 A, B, C 등급으로 분류하여 전체 4천5백만 원의 포상금을 지급하려고 한다. A등급의 선수 각각은 B등급보다 2배, B등급은 C등급보다 1.5배 지급하려고 한다. A등급은 5명, B등급은 10명, C등급은 15명이라면, A등급을 받은 선수 한 명에게 지급될 금액은?

① 300만 원   ② 400만 원

③ 450만 원   ④ 500만 원

> **ADVICE** ① A등급 한 명에게 지급되는 금액을 $6x$, B등급 한 명에게 지급되는 금액을 $3x$, C등급 한 명에게 지급되는 금액을 $2x$라 하면,
> $$6x \times 5 + 3x \times 10 + 2x \times 15 = 4500(만\ 원),\quad x = 50 \rightarrow 6x = 300(만\ 원)$$

32 甲의 집에서 공원까지 자전거를 타고 나갈 때 시속 14km로 달리고 공원에서 집으로 돌아올 땐 시속 6km로 달려서 한 시간 반 만에 돌아왔다. 오고가는 길이 같을 때 甲의 집에서 공원까지의 거리는?(단, 甲이 공원에 머물렀던 시간은 고려하지 않는다)

① 6.3km   ② 6.7km

③ 7.2km   ④ 8.1km

> **ADVICE** ① 甲의 집에서 공원까지의 거리를 $x$km이라고 할 때 공원까지의 소요 시간은 $\dfrac{x}{14}$, 공원에서 집까지의 소요 시간은 $\dfrac{x}{6}$이다. 한 시간 반을 치환했을 때 $1\dfrac{1}{2} = \dfrac{3}{2}$ 이므로, $\dfrac{x}{14} + \dfrac{x}{6} = \dfrac{3}{2}$ $\dfrac{14x + 6x}{84} = \dfrac{7x + 3x}{42} = \dfrac{10x}{42}$,
> $$\dfrac{5x}{21} = \dfrac{3}{2}$$
> $$10x = 63$$
> $$\therefore\ 6.3km$$

33 현재 어머니와 딸의 나이 합은 75세이고 15년 후 어머니의 나이는 딸의 나이의 2배보다 3세 많아진다고 할 때 현재 딸의 나이는?

① 17세   ② 19세

③ 20세   ④ 23세

> **ADVICE** ㉠ (어머니의 나이) $+ x = 75$(어머니의 나이) $= 75 - x$
> ㉡ 15년 후 어머니의 나이 $= (75 - x) + 15 = 90 - x$
> ㉢ 15년 후 딸의 나이 $= x + 15$
> 어머니의 나이가 딸의 나이 2배보다 3세 많아진다고 했으므로,
> ㉣ $90 - x = 2(x + 15) + 3$
> ㉤ $90 - x = 2x + 33$
> ㉥ $-3x = 33 - 90$
> ㉦ $-3x = 57$
> $\therefore\ x = 19$

Answer. 29.③   30.③   31.①   32.①   33.②

34 아버지, 어머니, 철수의 나이를 다 합치면 97세이다. 아버지는 어머니보다 4살 많고, 4년 전에 어머니의 나이는 철수의 4배였다면 현재 아버지 나이에서 철수의 나이를 뺀 나이는 얼마인가?

① 26살　　　　　　　　　　　　　　　② 27살
③ 28살　　　　　　　　　　　　　　　④ 29살

> **ADVICE** ③ 어머니의 나이를 x, 아버지의 나이를 $x+4$, 철수의 나이를 $97-x-(x+4)=93-2x$라 하면,
> $$x-4=4\times(93-2x-4)=4\times(89-2x)=356-8x$$
> $$9x=360$$
> $$\therefore \ x=40$$
> 어머니의 나이가 40살이므로 아버지의 나이는 44살, 철수의 나이는 16살이다.
> 여기서 아버지의 나이에서 철수의 나이를 빼면 $44-16=28$(살)이 된다.

35 ○○문구점에서 연필 2자루의 가격과 지우개 1개의 가격을 더하면 공책 1권의 가격과 같고, 지우개 1개의 가격과 공책 1권의 가격을 더하면 연필 5자루의 가격과 같다. 이 문구점에서 연필 10자루의 가격과 공책 4권의 가격을 더하면 지우개 n개의 가격과 같다면 n의 값은 얼마인가? (단, 이 문구점에서 동일한 종류의 문구 가격은 같은 것으로 한다)

① 15　　　　　　　　　　　　　　　② 16
③ 17　　　　　　　　　　　　　　　④ 18

> **ADVICE** ② 이 문구점에서 연필, 지우개, 공책의 가격을 각각 x, y, z로 두면 $\begin{cases} 2x+y=z \\ y+z=5x \end{cases}$
> x와 z를 각각 y에 대한 식으로 나타내면
> $$x=\frac{2}{3}y, \ z=\frac{7}{3}y$$
> $$10x+4z=\frac{20}{3}y+\frac{28}{3}y=16y$$
> 이 문구점에서 연필 10자루의 가격과 공책 4권의 가격을 더하면 지우개 16개의 가격과 동일하다.

36 500만 원을 2년 동안 적금을 넣을 때 1년당 8%의 이자율이 적용하여 복리계산을 하였을 때 2년 후 받는 금액은 얼마인가? (단, 만 원 이하는 절삭한다)

① 540만 원　　　　　　　　　　　　　② 580만 원
③ 583만 원　　　　　　　　　　　　　④ 600만 원

> **ADVICE** ③ 1년 이자 포함 금액을 계산하면 $500\times(1+0.08)=500+40=540$
> 복리를 적용하여 2년 이자 포함 금액을 계산하면 $540\times(1+0.08)=540+43.2=583.2$
> 583만 원이 된다.

37 ○○ 물류센터에는 X, Y 두 개의 자동 분류 설비가 있다. 하루 최대 처리 물량은 X가 80,000건, Y가 50,000건이다. X의 오류 발생률은 4%, Y의 오류 발생률은 6%일 때, 오늘 처리된 물량 중 오류가 발생한 건이 있다면, 그 오류가 Y 설비에서 발생했을 확률은 얼마인가? (단, 소수점 둘째 자리에서 반올림한다.)

① 33.3%

② 35.7%

③ 38.0%

④ 48.4%

> **ADVICE** ④ X 설비 오류 발생 건수 = 80,000 × 4% = 3,200건,
> Y 설비 오류 발생 건수 = 50,000 × 6% = 3,000건
> 전체 오류 발생 건수 = 6,200건

38 흰 공 2개, 노란 공 2개, 파란 공 2개가 들어 있는 주머니가 있다. 이 주머니에서 임의로 3개의 공을 동시에 꺼낼 때, 공의 색깔이 모두 다를 확률은? (단, 모든 공의 모양과 크기는 동일하다)

① $\dfrac{2}{5}$

② $\dfrac{1}{2}$

③ $\dfrac{3}{5}$

④ $\dfrac{7}{10}$

> **ADVICE** ① 흰 공 2개, 노란 공 2개, 파란 공 2개 중에서 임의로 3개의 공을 동시에 꺼낼 때, 공의 색깔이 모두 다를 확률은 각각의 색깔 중에서 1개씩 꺼내는 경우이다. $\dfrac{{}_2C_1 \times {}_2C_1 \times {}_2C_1}{{}_6C_3} = \dfrac{2 \times 2 \times 2}{5 \times 4} = \dfrac{8}{20} = \dfrac{2}{5}$

Answer. 34.③ 35.② 36.③ 37.④ 38.①

39 다음 〈표〉에서 '갑'시 자격시험 접수, 응시 및 합격자 현황에 대한 설명으로 옳은 것은?

〈표〉 '갑'시 자격시험 접수, 응시 및 합격자 현황

구분	종목	접수	응시	합격
산업기사	치공구설계	28명	22명	14명
	컴퓨터응용가공	48명	42명	14명
	기계설계	86명	76명	31명
	용접	24명	11명	2명
	전체	186명	151명	61명
기능사	기계가공조립	17명	17명	17명
	컴퓨터응용선반	41명	34명	29명
	웹디자인	9명	8명	6명
	귀금속가공	22명	22명	16명
	컴퓨터응용밀링	17명	15명	12명
	전산응용기계제도	188명	156명	66명
	전체	294명	252명	146명

1) 응시율(%) $= \dfrac{\text{응시자 수}}{\text{접수자 수}} \times 100$

2) 합격률(%) $= \dfrac{\text{합격자 수}}{\text{응시자 수}} \times 100$

① 산업기사 전체 합격률은 기능사 전체 합격률보다 높다.

② 산업기사 종목을 합격률이 높은 것부터 순서대로 나열하면 치공구설계, 컴퓨터응용가공, 기계설계, 용접 순이다.

③ 산업기사 전체 응시율은 기능사 전체 응시율보다 낮다.

④ 산업기사 종목 중 응시율이 가장 낮은 것은 컴퓨터응용가공이다.

ADVICE ③ 산업기사 전체 응시율: 약 81.2%$(= \dfrac{151}{186} \times 100)$, 기능사 전체 응시율: 약 85.7%$(= \dfrac{252}{294} \times 100)$

① 산업기사 전체 합격률: 약 40.4%$(= \dfrac{61}{151} \times 100)$, 기능사 전체 합격률: 약 57.9%$(= \dfrac{146}{252} \times 100)$

② 컴퓨터응용가공$(\dfrac{14}{42} \times 100)$과 기계설계$(\dfrac{31}{76} \times 100)$를 비교했을 때, 기계설계 합격률이 더 높은 것을 알 수 있다.

④ 응시자 수가 접수자 수의 절반에 못 미치는 '용접' 종목이 가장 응시율이 낮다.

40 다음 〈표〉는 아마추어 스노보드 대회 결승전에 출전한 선수 '갑 ~ 정'의 심사위원별 점수에 관한 자료이다. 이에 대한 설명으로 옳은 것은?

<심사위원별 점수>

선수	시기	심사위원				평균점수	최종점수
		A	B	C	D		
갑	1차	88점	90점	89점	92점	89.5점	183.5점
	2차	48점	55점	60점	45점	51.5점	
	3차	95점	96점	92점	(ⓐ)점	(ⓑ)점	
을	1차	84점	87점	37점	88점	(ⓒ)점	(ⓔ)점
	2차	28점	40점	41점	39점	39.5점	
	3차	81점	77점	79점	79점	(ⓓ)점	
병	1차	74점	73점	85점	89점	79.5점	167.5점
	2차	89점	88점	88점	87점	88.0점	
	3차	68점	69점	73점	74점	(ⓕ)점	
정	1차	79점	82점	80점	85점	81.0점	(ⓖ)점
	2차	94점	95점	93점	96점	94.5점	
	3차	37점	45점	39점	41점	40.0점	

1) 각 시기의 평균점수는 심사위원 A ~ D의 점수 중 최고점과 최저점을 제외한 2개 점수의 평균임
2) 각 선수의 최종점수는 각 선수의 1 ~ 3차 시기 평균점수 중 최저점을 제외한 2개 점수의 합임

① 최종점수는 '정'이 '을'보다 낮다.

② 3차 시기의 평균점수는 '갑'이 '병'보다 낮다.

③ '정'이 1차 시기에서 심사위원 A~D에게 10점씩 더 높은 점수를 받는다면, 최종점수가 가장 높다.

④ 1차 시기에서 심사위원 C는 3명의 선수에게 심사위원 A보다 높은 점수를 부여했다.

○ADVICE ③ 심사위원 A ~ D 모두에게 10점씩 더 높은 점수를 받게 되면 평균점수가 10점 더 높은 91.0점이 되고, 최종점수는 185.5(=91.0+94.5)가 된다. 따라서 갑(183.5), 을(ⓔ=166), 병(167.5)보다 높은 점수를 받게 된다.

① '정'의 최종점수 ⓖ는 175.5(=81.0+94.5), '을'의 최종점수 ⓒ(=87)와 ⓓ(=79)의 합인 166이다.

② '갑'의 2차 시기 점수가 최저점이 되므로 최종 점수 183.5는 1차와 3차 시기 평균점수의 합이다. 따라서 ⓑ는 94, '병'의 3차 시기 평균점수 ⓕ는 71(=심사위원 B, C의 평균)이므로 '갑'의 3차 평균점수가 더 높다.

④ 1차 시기 A와 C가 각 선수에게 부여한 점수는 '갑(A:88<C:89), 을(A:84<C:87), 병(A:74<C:85), 정(A:79<C:80)'이다.

41 A시는 2026년 지역 대표 축제를 개최하면서 자원봉사 인력의 수급과 배치를 계획하고 있다. A시는 과거 대규모 지역 축제의 운영 사례를 참고하여, 총 방문객 규모와 행사 기간을 고려한 자원봉사자 수를 산정하였다. 참고 사례 축제의 총 자원봉사자 수는 12,000명이었으며, A시는 해당 축제보다 규모가 작음을 고려하여 전체 인력의 60% 수준으로 자원봉사자를 운영하기로 하였다. 자원봉사자는 다음과 같은 분야 및 부문별 구성비에 따라 배치된다.

〈지역 축제 자원봉사자 구성 비율〉

분야	구성비(%)	부문	구성비(%)
안내 및 운영	40%	종합안내	50%
		현장 운영	50%
행사지원	20%	무대 보조	60%
		체험 프로그램	40%
안전관리	15%	질서유지	70%
		교통안내	30%
의료 및 위생	10%	응급대응	60%
		위생관리	40%
미디어 및 홍보	15%	촬영	40%
		온라인 홍보	60%

① 안내 및 운영 분야의 현장 운영 부문이 총 자원봉사자 중 차지하는 비율은 20%이다.
② A시가 선발할 총 자원봉사자 수는 7,200명이다.
③ 행사 지원 분야에서 무대 보조 부문에 배치되는 자원봉사자 수는 864명이다.
④ 미디어 및 홍보 분야에서 온라인 홍보 부문이 차지하는 자원봉사자 수는 756명이다.

ADVICE ④ 미디어 및 홍보 분야는 7,200명의 15%로 1,080명이고, 그중 온라인 홍보는 60%이므로 648명이다.
① 안내 및 운영 분야는 전체의 40%이고, 그중 현장 운영은 50%이므로 40 × 50 = 20%이다.
② A시는 해당 축제보다 규모가 작아 전체 인력의 60% 수준으로 자원봉사자를 운영한다.
    따라서 A시가 선발할 총 자원봉사자 수는 12,000 × 60 = 7,200명이다.
③ 행사 지원 분야는 7,200명의 20%로 1,440명이고, 그중 무대 보조는 60%이므로 864명이다.

42 다음은 국민연금 보험료를 산정하기 위한 소득월액 산정 방법에 대한 설명이다. 다음 설명을 참고할 때, 김갑동 씨의 신고 소득월액은 얼마인가?

소득월액은 입사(복직) 시점에 따른 근로자간 신고 소득월액 차등이 발생하지 않도록 입사(복직) 당시 약정되어 있는 급여 항목에 대한 1년치 소득총액에 대하여 30일로 환산하여 결정하며, 다음과 같은 계산 방식을 적용한다.

소득월액 = 입사(복직) 당시 지급이 약정된 각 급여 항목에 대한 1년간 소득총액 ÷ 365 × 30

〈김갑동 씨의 급여 내역〉

- 기본급 : 1,000,000원
- 교통비 : 월 100,000원
- 고정 시간외 수당 : 월 200,000원
- 분기별 상여금(1, 4, 7, 10월 지급) : 기본급의 100%
- 하계휴가비(매년 7월 지급) : 500,000원

① 1,645,660원 　　② 1,652,055원
③ 1,668,900원 　　④ 1,727,050원

ADVICE ② 주어진 조건에 의해 다음과 같이 계산할 수 있다.
{(1,000,000 + 100,000 + 200,000) × 12 + (1,000,000 × 4) + 500,000} ÷ 365 × 30 = 1,652,055원
따라서 소득월액은 1,652,055원이 된다.

43 아래는 ○○동 편의점 5개 지점의 시간대별 주요 상품군 매출액에 대한 자료이다. 이에 대한 설명으로 옳지 않은 것은?

〈표〉 시간대별 상품군 매출액

(단위 : 만 원)

시간대	식품	음료	생활용품	총 매출
06:00 ~ 09 : 59	180	120	30	330
10:00 ~ 13 : 59	260	160	40	460
14:00 ~ 17 : 59	240	180	60	480
18:00 ~ 21 : 59	300	220	50	570
22:00 ~ 01 : 59	210	190	20	420

① 총매출에서 음료가 차지하는 비율이 가장 높은 시간대는 22:00 ~ 01:59이다.

② 식품과 음료를 합한 매출이 전체 매출의 90% 이상을 차지하는 시간대는 18:00 ~ 21:59 이다.

③ 생활용품 매출이 가장 높은 시간대는 14:00 ~ 17:59이며, 비율도 가장 높다.

④ 총 매출이 450만 원 이상인 시간대 중, 식품 매출이 50% 미만인 시간대는 없다.

ADVICE ② 14:00 ~ 17 : 59 시간대만 87.5%를 차지한다.
① 22:00 ~ 01:59 시간대 음료가 차지하는 비율은 약 45.2%로 가장 높다.
③ 생활용품 최고 매출은 60만 원이며 시간대는 14:00 ~ 17:59로 약 12.5%를 차지한다.
④ 10:00 ~ 13:59에 56.5%, 14:00 ~ 17:59에 50.0%, 18:00 ~ 21:59에 52.6%로 모두 50% 이상이다.

44 다음은 A 자동차 회사의 차종별 판매 비율을 나타낸 것이다. 2025년 SUV 차량을 구매한 고객 수가 3,600명일 때, 2024년 SUV 차량을 구매한 고객 수는 전년 대비 몇 명 증가 또는 감소하였는가? (단, 2024년과 2025년 전체 판매 대수는 같다고 가정한다.)

차종 \ 연도	2023년	2024년
경차	15.0%	12.5%
소형차	18.5%	16.0%
중형차	22.0%	21.0%
SUV	25.0%	30.0%
전기차	10.0%	12.0%
기타 차종	9.5%	8.5%

① 600명 증가

② 720명 증가

③ 480명 증가

④ 360명 증가

> **ADVICE** ㉠ 2025년 SUV 차량 구매자 수는 3,600명이고, SUV의 비율은 전체 차량의 30%이므로 2025년 전체 차량 구매자 수를 x명이라 하면,
> $$30\% = \frac{3,600}{x} \times 100$$
> $\therefore\ x = 12,000$명
>
> ㉡ 2024년 SUV의 비율은 25%이므로, 2024년 SUV 차량 구매자 수를 y명이라 하면,
> $$25\% = \frac{y}{12,000} \times 100$$
> $\therefore\ y = 3,000$명
>
> ㉢ 2024년 SUV 차량 구매자 수는 3,000명이고 2025년에 3,600명으로 600명 증가하였다.

Answer. 43.② 44.④

45 다음은 가정용 인터넷 요금제와 부가서비스 요금표이다. 이를 참고하여 〈보기〉의 고객 중 총 요금이 높은 순으로 바르게 나열한 것은?

〈표1〉 인터넷 기본 요금제

사용량(GB)	요금(원/GB)
1 ~ 100	200
101 ~ 200	300
201 이상	500

〈표2〉 부가서비스 요금

서비스명	월 정액요금(원)
보안 서비스	3,000
클라우드 백업	4,000
고속 다운로드	5,500

※ 총 사용량 1GB당 150원 부과

─────── 〈보기〉 ───────

㉠ 데이터 사용량 : 220GB, 부가서비스 : 보안＋고속 다운로드
㉡ 데이터 사용량 : 150GB, 부가서비스 : 클라우드 백업
㉢ 데이터 사용량 : 200GB, 부가서비스 : 없음
㉣ 데이터 사용량 : 180GB, 부가서비스 : 보안 서비스
㉤ 데이터 사용량 : 250GB, 부가서비스 : 클라우드 백업＋고속 다운로드

① ㉤ → ㉠ → ㉢ → ㉣ → ㉡
② ㉤ → ㉢ → ㉠ → ㉡ → ㉣
③ ㉠ → ㉤ → ㉣ → ㉢ → ㉡
④ ㉤ → ㉠ → ㉡ → ㉣ → ㉢

ADVICE ㉠ 220GB 및 보안＋고속 다운로드
기본요금의 합계는 60,000원이며 부가서비스는 8,500원이다. 총 사용량 1GB당 150원씩 부과하므로 $220 \times 150 = 33,000$원 ∴ $60,000$원＋＋$8,500$원＋$33,000$원＝$101,500$원
㉡ 150GB 및 클라우드 백업
기본요금의 합계는 35,000원이며 부가서비스는 4,000원이다. 총 사용량 1GB당 150원씩 부과하므로 $150 \times 150 = 22,500$원 ∴ $35,000$원＋$4,000$원＋$22,500$원＝$61,500$원
㉢ 200GB 및 부가서비스 없음
기본요금의 합계는 50,000원이며 총 사용량 1GB당 150원씩 부과하므로 $200 \times 150 = 30,000$원 ∴ $50,000$원＋$30,000$원＝$80,000$원
㉣ 180GB 및 보안 서비스
기본요금의 합계는 44,000원이며 부가서비스는 3,000원이다. 총 사용량 1GB당 150원씩 부과하므로 $180 \times 150 = 27,000$원 ∴ $44,000$원＋$3,000$원＋$27,000$원＝$74,000$원

ⓜ 250GB 및 클라우드 백업＋고속 다운로드

기본요금의 합계는 75,000원이며 부가서비스는 9,500원이다. 총 사용량 1GB당 150원씩 부과하므로
250×150＝37,500원 ∴ 75,000원＋9,500원＋37,500원＝122,000원

그러므로, 총 요금이 높은 순서는 ⓜ ＞ ㉠ ＞ ㉢ ＞ ㉣ ＞ ㉡이다.

46 제시된 자료는 ○○기관 직원의 교육비 지원에 대한 내용이다. 다음 중 A~D 직원 4명의 총 교육비 지원 금액은 얼마인가?

<table>
<tr><td colspan="2" align="center">교육비 지원 기준</td></tr>
<tr><td colspan="2">• 임직원 본인의 대학 및 대학원 학비 : 100% 지원
• 임직원 가족의 대학 및 대학원 학비
– 임직원의 직계 존·비속 : 90% 지원
– 임직원의 형제 및 자매 : 80% 지원
  (단, 직계 존·비속 지원이 우선되며, 해당 신청이 없을 경우에 한하여 지급함)
– 교육비 지원 신청은 본인을 포함 최대 3인에 한한다.</td></tr>
<tr><td colspan="2" align="center">교육비 신청 내역</td></tr>
<tr><td>A 직원</td><td>본인 대학원 학비 3백만 원, 동생 대학 학비 2백만 원</td></tr>
<tr><td>B 직원</td><td>딸 대학 학비 2백만 원</td></tr>
<tr><td>C 직원</td><td>본인 대학 학비 3백만 원, 아들 대학 학비 4백만 원</td></tr>
<tr><td>D 직원</td><td>본인 대학 학비 2백만 원, 딸 대학 학비 2백만 원, 아들 대학원 학비 2백만 원</td></tr>
</table>

① 15,200,000원 ② 17,000,000원
③ 18,600,000원 ④ 26,200,000원

ⒶⒹⓋⒾⒸⒺ ③ 교육비 지원 기준에 따라 각 직원이 지원 받을 수 있는 내역을 정리하면 다음과 같다.

A	• 본인 대학원 학비 3백만 원(100% 지원) • 동생 대학 학비 2백만 원(형제 및 자매 → 80% 지원) = 160만 원	총 460만 원
B	딸 대학 학비 2백만 원(직계 비속 → 90% 지원) = 180만 원	총 180만 원
C	본인 대학 학비 3백만 원(100% 지원) 아들 대학 학비 4백만 원(직계 비속 → 90% 지원) = 360만 원	총 660만 원
D	본인 대학 학비 2백만 원(100% 지원) 딸 대학 학비 2백만 원(90% 지원) = 180만 원 아들 대학원 학비 2백만 원(90% 지원) = 180만 원	총 560만 원

A~D 직원 4명의 총 교육비 지원 금액은 1,860만 원이고, 이를 원단위로 표현하면 18,600,000원이다.

Answer. 45.④ 46.③

47 다음은 차량 A, B, C의 연료 및 경제속도 연비, 연료별 리터당 가격에 대한 자료이다. 제시된 〈조건〉을 적용하였을 때, 두 번째로 높은 연료비가 소요되는 차량과 해당 차량의 연료비를 바르게 나열한 것은?

〈A, B, C 차량의 연료 및 경제속도 연비〉

구분 차량	연료	경제속도 연비(km/L)
A	LPG	10
B	휘발유	16
C	경유	20

※ 차량 경제속도는 60km/h 이상 90km/h 미만임

〈연료별 리터당 가격〉

연료	LPG	휘발유	경유
리터당 가격(원/L)	1,000	2,000	1,600

〈조건〉

1. A, B, C 차량은 모두 아래와 같이 각 구간을 한 번씩 주행하고, 각 구간별 주행속도 범위 내에서만 주행한다.

구간	1구간	2구간	3구간
주행거리(km)	100	40	60
주행속도(km/h)	30 이상 60 미만	60 이상 90 미만	90 이상 120 미만

2. A, B, C 차량의 주행속도별 연비적용률은 다음과 같다.

차량	주행속도(km/h)	연비적용률(%)
A	30 이상 60 미만	50.0
	60 이상 90 미만	100.0
	90 이상 120 미만	80.0
B	30 이상 60 미만	62.5
	60 이상 90 미만	100.0
	90 이상 120 미만	75.0
C	30 이상 60 미만	50.0
	60 이상 90 미만	100.0
	90 이상 120 미만	75.0

※ 연비적용률이란 경제속도 연비 대비 주행속도 연비를 백분율로 나타낸 것임

① A, 31,500원   ② B, 24,500원

③ B, 35,000원   ④ C, 25,600원

 ① 주행속도에 따른 연비와 구간별 소요되는 연료량을 계산하면 다음과 같다.

차량	주행속도(km/h)	연비(km/L)	구간별 소요되는 연료량(L)		
A (LPG)	30 이상 60 미만	10 × 50.0% = 5	1구간	20	총 31.5
	60 이상 90 미만	10 × 100.0% = 10	2구간	4	
	90 이상 120 미만	10 × 80.0% = 8	3구간	7.5	
B (휘발유)	30 이상 60 미만	16 × 62.5% = 10	1구간	10	총 17.5
	60 이상 90 미만	16 × 100.0% = 16	2구간	2.5	
	90 이상 120 미만	16 × 75.0% = 12	3구간	5	
C (경유)	30 이상 60 미만	20 × 50.0% = 10	1구간	10	총 16
	60 이상 90 미만	20 × 100.0% = 20	2구간	2	
	90 이상 120 미만	20 × 75.0% = 15	3구간	4	

따라서 조건에 따른 주행을 완료하는 데 소요되는 연료비는 A 차량은 31.5 × 1,000 = 31,500원, B 차량은 17.5 × 2,000 = 35,000원, C 차량은 16 × 1,600 = 25,600원으로, 두 번째로 높은 연료비가 소요되는 차량은 A며 31,500원의 연료비가 든다.

Answer. 47.①

48 甲은 A섬에서 B섬으로 향하는 배를 탔다. A섬에서 B섬까지의 거리는 100km이며, 여행준비로 고단했던 甲은 30분 동안 자고 일어났는데, 그 사이 A섬으로부터 20km를 이동하였으며, 지금부터는 이동 속도를 2배로 높여 운항한다는 안내방송이 나왔다. 앞으로 몇 시간을 더 가야 B섬에 도착하겠는가? (단, 운항 중 대기 · 정지 시간은 고려하지 않는다.)

① 50분

② 1시간

③ 1시간 15분

④ 1시간 30분

> **ADVICE** ② 30분 동안 20km를 이동했으므로 시속 40km로 이동했다. 이동속도를 2배 높이면 시속 80km이고, 남은 거리는 80km이므로 $\frac{80}{80}$ 시간＝1시간이 더 걸린다.

49 다음은 금년도 A국 주요 4개 항공사별 일평균 이용현황에 관한 자료이다. 이에 대한 설명으로 옳지 않은 것은?

구분	출발 승객	도착 승객	환승 승객	총 이용객
A항공	280명	260명	160명	440명
B항공	980명	1,000명	420명	1,400명
C항공	740명	690명	310명	1,050명
D항공	1,340명	1,390명	540명	1,880명

① A항공의 총 이용객은 C항공의 50% 미만이다.

② 전체 환승 승객 중 D항공이 차지하는 비중은 35%를 넘는다.

③ 출발 승객 대비 도착 승객의 비율이 가장 높은 항공사는 D항공이다.

④ D항공의 환승 승객 비중은 C항공의 환승 승객 비중보다 약 6% 높다.

> **ADVICE** ④ D항공의 환승 고객 비중은 약 28.7%, C항공의 환승 승객 비중은 약 29.5%로 C항공이 약 0.8% 높다.
> ① A항공의 총 이용객은 440명이며 C항공의 총 이용객은 1,050명으로 약 41.9%이다.
> ② D항공의 환승 고객은 540명이며 전체 환승 고객은 1,430명으로 D항공이 차지하는 비율을 약 37.7%이다.
> ③ 출발 승객 대비 도착 승객의 항공사별 비율은 D항공(약 103%) > B항공(약 102%) > A항공(약 93%)＝C항공(약 93%) 순으로 D항공이 가장 높다.

50 20장 분량의 책자 600부를 만들기 위하여 3개 업체로부터 견적을 받아 다음과 같이 비교표를 만들어 보았다. 이에 대한 설명으로 적절한 것은 어느 것인가?

구분	종이 재질	인쇄 도수	기타
가나 인쇄	2급지(500원/장)	기본 2도 추가 1도 당 150원/장 추가	총 구매가 900만 원 이상 시 10% 할인
마바 인쇄	1급지A(600원/장)	기본 3도 추가 1도 당 100원/장 추가	총 구매가 800만 원 이상 시 2% 할인
자차 인쇄	1급지B(600원/장)	기본 3도 추가 1도 당 120원/장 추가	총 구매가 820만 원 이상 시 5% 할인

① 4도 인쇄 시의 할인 전과 할인 후 견적가격이 높은 순서는 동일하다.

② 4도 인쇄 시의 할인 적용 후 최종 견적가격은 '가나인쇄', '마바인쇄', '자차인쇄' 순으로 높다.

③ 3도 인쇄로 책자 제작 시, '가나인쇄'의 견적가격이 가장 낮다.

④ 4도 인쇄 시, 책자 분량이 1장만 적어지면 견적가격이 가장 저렴한 업체가 바뀐다.

ADVICE 각 업체의 견적을 4도 인쇄 기준으로 아래와 같이 비교하여 정리해 볼 수 있다.

구분	기본 인쇄 기준 가격	4도 인쇄 할인 전 가격	4도 인쇄 할인 후 가격
가나인쇄	500×20×600 = 600만 원	800×20×600=960만 원	960×0.9=864만 원
마바인쇄	600×20×600=720만 원	700×20×600=840만 원	840×0.98=823.2만 원
자차인쇄	600×20×600=720만 원	720×20×600=864만 원	864×0.95=820.8만 원

② 할인 후 최종 견적가격은 '가나인쇄', '마바인쇄', '자차인쇄' 순으로 높은 것을 알 수 있다.

① 할인 전에는 '가나인쇄', '자차인쇄', '마바인쇄'의 순으로 견적가격이 높으나, 할인 후에는 '가나인쇄', '마바인쇄', '자차인쇄'의 순이 된다.

③ 3도로 인쇄할 경우 '가나인쇄'에서는 $(500+150)×20×600=780$만(원)이 되어 견적 가격이 가장 높다.

④ 책자의 분량이 1장 적은 19장이라면 3사의 할인 적용 전 견적가격은 순서대로 각각 912만 원, 798만 원, 820.8만 원이 된다. 할인 적용 후 '가나인쇄'는 820.8만 원, '자차인쇄'는 779.76만 원이 되며, '마바인쇄'의 경우 할인조건을 충족시키지 못하므로 견적가격은 798만 원이 된다. 따라서 책자 분량이 1장 적은 경우에도 여전히 '자차인쇄'의 견적가격이 가장 낮다.

03 문제해결

[문제해결] NCS 출제유형

① 사고력 : 개인이 가지고 있는 경험과 지식을 통해 가치 있는 아이디어를 산출하는 사고능력이다. 논리문제가 주로 출제된다.
② 문제처리능력 : 목표를 분석하고 이를 토대로 문제를 도출하여 최적의 해결책을 찾는 문제이다.

[문제해결] 출제경향

사고력과 문제처리능력을 파악할 수 있는 문항들로 구성된다. 명제 및 진위관계, SWOT 분석을 통한 문제 도출, 주어진 상황을 고려하여 비용 및 시간, 순서 등의 상황 문제, 고객 응대 등의 문제가 자료 해석 유형으로 출제된다. 필기시험에서는 논리형이 다수 출제가 되었다. 논리적으로 추리하면서 풀어가는 문제가 다수 출제되어 시간 내로 푸는 것이 어려웠다. 또한 자료해석에서는 빠른 계산을 요하는 문제에 함정을 두어 자세히 읽지 않으면 틀리기 쉬운 문제가 다수 출제되었다.

[문제해결] 빈출유형

명제 및 진위관계										
SWOT 분석										
고객응대										
자료해석										

예제 01 문제처리능력

D회사 신입사원으로 입사한 당신은 신입사원 교육에서 업무수행과정에서 발생하는 문제 유형 중 설정형 문제를 하나씩 찾아오라는 지시를 받았다. 이에 대해 당신은 교육받은 내용을 다시 복습하려고 한다. 설정형 문제에 해당하는 것은?

① 현재 직면하여 해결하기 위해 고민하는 문제
② 현재의 상황을 개선하거나 효율을 높이기 위한 문제
③ 앞으로 어떻게 할 것인가 하는 문제
④ 원인이 내재되어 있는 원인지향적인 문제

출제의도
업무수행 중 문제가 발생하였을 때 문제 유형을 구분하는 능력을 측정하는 문항이다.

해설
업무수행과정에서 발생하는 문제 유형으로는 발생형 문제, 탐색형 문제, 설정형 문제가 있으며 ①④는 발생형 문제이며 ②는 탐색형 문제, ③이 설정형 문제이다.

답 ③

예제 02 사고력

M사 홍보팀에서 근무하고 있는 당신은 입사 5년차로 창의적인 기획안을 제출하기로 유명하다. S 부장은 이번 신입사원 교육 때 당신에게 창의적인 사고란 무엇인지 교육을 맡아달라고 부탁하였다. 창의적인 사고에 대한 당신의 설명으로 옳지 않은 것은?

① 창의적인 사고는 새롭고 유용한 아이디어를 생산해 내는 정신적인 과정이다.
② 창의적인 사고는 특별한 사람들만이 할 수 있는 대단한 능력이다.
③ 창의적인 사고는 기존의 정보들을 특정한 요구조건에 맞거나 유용하도록 새롭게 조합시킨 것이다.
④ 창의적인 사고는 통상적인 것이 아니라 기발하거나, 신기하며 독창적인 것이다.

출제의도
창의적 사고에 대한 개념을 정확히 파악하고 있는지를 묻는 문항이다.

해설
창의적인 사고는 이미 알고 있는 경험과 지식을 해체하여 다시 새로운 정보로 결합하여 가치 있는 아이디어를 산출하는 사고라고 할 수 있다.

답 ②

예제 03 문제처리능력

L사에서 주력 상품으로 밀고 있는 TV의 판매 이익이 감소하고 있는 상황에서 당신은 B 부장으로부터 3C분석을 통해 해결방안을 강구해 오라는 지시를 받았다. 다음 중 3C에 해당하지 않는 것은?

① Customer
② Company
③ Competitor
④ Content

출제의도
3C의 개념과 구성요소를 정확히 숙지하고 있는지를 측정하는 문항이다.

해설
3C 분석에서 사업 환경을 구성요소는 사(Company), 경쟁사(Competitor), 고객을 3C (Customer)이다.

답 ④

예제 04 문제처리능력

C사는 최근 국내 매출이 지속적으로 하락하고 있어 사내 분위기가 심상치 않다. 이에 대해 Y 부장은 이 문제를 극복하고자 문제처리 팀을 구성하여 해결방안을 모색하도록 지시하였다. 문제처리 팀의 문제해결 절차를 올바른 순서로 나열한 것은?

① 문제 인식 → 원인 분석 → 해결안 개발 → 문제 도출 → 실행 및 평가
② 문제 도출 → 문제 인식 → 해결안 개발 → 원인 분석 → 실행 및 평가
③ 문제 인식 → 원인 분석 → 문제 도출 → 해결안 개발 → 실행 및 평가
④ 문제 인식 → 문제 도출 → 원인 분석 → 해결안 개발 → 실행 및 평가

출제의도
실제 업무 상황에서 문제가 일어났을 때 해결 절차를 알고 있는지를 측정하는 문항이다.

해설
일반적인 문제해결절차는 '문제 인식 → 문제 도출 → 원인 분석 → 해결안 개발 → 실행 및 평가'로 이루어진다.

답 ④

1 양 과장 휴가를 맞아 제주도로 여행을 떠나려고 한다. 가족 여행이라 짐이 많을 것을 예상한 양 과장은 제주도로 운항하는 5개의 항공사별 수하물 규정을 다음과 같이 검토하였다. 다음 규정을 참고할 때, 양 과장이 판단한 것으로 올바르지 않은 것은 어느 것인가?

항공사	화물용	기내 반입용
갑 항공사	A+B+C=158 cm 이하, 각 23kg, 2개	A+B+C=115 cm 이하, 10kg~12kg, 2개
을 항공사		A+B+C=115 cm 이하, 10kg~12kg, 1개
병 항공사	A+B+C=158 cm 이하, 20kg, 1개	A+B+C=115 cm 이하, 7kg~12kg, 2개
정 항공사	A+B+C=158 cm 이하, 각 20kg, 2개	A+B+C=115 cm 이하, 14kg 이하, 1개
무 항공사		A+B+C=120 cm 이하, 14kg~16kg, 1개

※ A, B, C는 가방의 가로, 세로, 높이의 길이를 의미함

① 기내 반입용 가방이 최소한 2개는 되어야 하니 일단 갑, 병 항공사밖엔 안 되겠군.

② 가방 세 개 중 A+B+C의 합이 2개는 155cm, 1개는 118cm이니 무 항공사 예약상황을 알아봐야지.

③ 무게로만 따지면 병 항공사보다을 항공사를 이용하면 더 많은 짐을 가져갈 수 있겠군.

④ 가방의 총 무게가 55kg을 넘어갈 테니 반드시 갑 항공사를 이용해야겠네.

> **ADVICE** ④ 무 항공사의 경우 화물용 가방 2개의 총 무게가 20×2=40kg, 기내 반입용 가방 1개의 최대 허용 무게가 16kg이므로 총 56kg까지 허용되어 무 항공사도 이용이 가능하다.
> ① 기내 반입용 가방의 개수를 2개까지 허용하는 항공사는 갑, 병 항공사 밖에 없다.
> ② 155cm 2개는 화물용으로, 118cm 1개는 기내 반입용으로 운송 가능한 곳은 무 항공사이다.
> ③ 을 항공사는 총 허용무게가 23+23+12=58kg이며, 병 항공사는 20+12+12=44kg이다.

2 다음 글을 근거로 판단할 때, K 씨가 출연할 요일과 프로그램을 옳게 짝지은 것은?

> K 씨는 ○○방송국으로부터 아래와 같이 프로그램 특별 출연을 요청받았다.
>
> | 매체 | 프로그램 | 시간대 | 출연 가능 요일 |
> |---|---|---|---|
> | TV | 모여라 남극유치원 | 오전 | 월, 수, 금 |
> | | 펭귄극장 | 오후 | 화, 목, 금 |
> | | 남극의 법칙 | 오후 | 월, 수, 목 |
> | 라디오 | 지금은 남극시대 | 오전 | 화, 수, 목 |
> | | 펭귄파워 | 오전 | 월, 화, 금 |
> | | 열시의 펭귄 | 오후 | 월, 수, 금 |
> | | 굿모닝 남극대행진 | 오전 | 화, 수, 금 |
>
> K 씨는 다음주 5일(월요일~금요일) 동안 매일 하나의 프로그램에 출연하며, 한 번 출연한 프로그램에는 다시 출연하지 않는다. 또한 동일 매체에 2일 연속 출연하지 않으며, 동일 시간대에도 2일 연속 출연하지 않는다.

	요일	프로그램
①	월요일	펭귄파워
②	화요일	굿모닝 남극대행진
③	수요일	열시의 펭귄
④	목요일	펭귄극장

ADVICE ① 표의 프로그램을 순서대로 각각 A~G라고 했을 때, 다음과 같이 정리할 수 있다.

시간대 \ 요일	월	화	수	목	금
오전	A E	D E G	A D G	D	A E G
오후	C F	B	C F	B C	B F

동일 시간대에 2일 연속 출연하지 않는다고 했으므로, 다음 두 가지 경우가 가능하다.
㉠ 월요일 오전 - 화요일 오후 - 수요일 오전 - 목요일 오후 - 금요일 오전
㉡ 월요일 오후 - 화요일 오전 - 수요일 오후 - 목요일 오전 - 금요일 오후
㉠의 경우 화요일 오후 일정(B)을 기준으로 시작하여, 월요일 오전에는 E(동일 매체에 2일 연속 출연하지 않는다고 했으므로), 수요일 오전에는 D 또는 G, 목요일 오후 C, 금요일 오전에는 G에 출연하게 된다. ㉡의 경우 목요일 오전 D 출연을 기준으로 시작하여 금요일 오후 B, 수요일 오후 C, 화요일 오전 E 또는 G에 출연이 가능하다. 그런데 월요일 오후에 출연할 수 있는 프로그램은 F뿐인데 화요일 오전의 E 또는 G와 동일 매체에 2일 연속 출연하게 되므로 ㉡의 경우는 불가능하다.

📝 Answer. 1.④ 2.①

3 전문가 6명(A ~ F)의 '회의 참여 가능 시간'과 '회의 장소 선호도'를 반영하여 〈조건〉을 충족하는 회의를 월요일 ~ 금요일 중에 개최하려 한다. 다음에 제시된 '표' 및 〈조건〉을 보고 판단한 것 중 옳은 것은?

〈회의 참여 가능 시간〉

전문가 \ 요일	월	화	수	목	금
A	13:00~16:20	15:00~17:30	13:00~16:20	15:00~17:30	16:00~18:30
B	13:00~16:10	–	13:00~16:10	–	16:00~18:30
C	16:00~19:20	14:00~16:20	–	14:00~16:20	16:00~19:20
D	17:00~19:30	–	17:00~19:30	–	17:00~19:30
E	–	15:00~17:10	–	15:00~17:10	–
F	16:00~19:20	–	16:00~19:20	–	16:00~19:20

〈회의 장소 선호도〉

장소 \ 전문가	A	B	C	D	E	F
가	5점	4점	5점	6점	7점	5점
나	6점	6점	8점	6점	8점	8점
다	7점	8점	5점	6점	3점	4점

〈조건〉

1) 전문가 A~F 중 3명 이상이 참여할 수 있어야 회의 개최가 가능하다.
2) 회의는 1시간 동안 진행되며, 회의 참여자는 회의 시작부터 종료까지 자리를 지켜야 한다.
3) 회의 시간이 정해지면, 해당 일정에 참여 가능한 전문가들의 선호도를 합산하여 가장 높은 점수가 나온 곳을 회의 장소로 정한다.

① 월요일에는 회의를 개최할 수 없다.

② 금요일 16시에 회의를 개최할 경우 회의 장소는 '가'이다.

③ 금요일 18시에 회의를 개최할 경우 회의 장소는 '다'이다.

④ C, D를 포함하여 4명 이상이 참여해야 할 경우 금요일 17시에 회의를 개최할 수 있다.

ADVICE ④ 금요일 17시에 회의를 개최할 경우 C, D를 포함하여 A, B, F가 회의에 참여할 수 있다.

① 17:00~19:20 사이에 3명(C, D, F)의 회의가능 시간이 겹치므로 월요일에 회의를 개최할 수 있다.

② 금요일 16시 회의에 참여 가능한 전문가는 A, B, C, F이며 네 명의 회의 장소 선호도는 '가: 19점', '나: 28점', '다: 24점'으로 가장 높은 점수인 '나'가 회의 장소가 된다.

③ 금요일 18시 회의에 참여하는 전문가는 C, D, F이고 회의 장소 선호도를 합산한 결과 '나' 장소가 된다 (나: 22점 > 가: 16점 > 다: 15점).

4 아래 조건과 직무수행 프로그램 목록을 근거로 판단할 때 甲이 선택할 수 있는 연수 프로그램으로 옳은 것은?

〈조건〉

- 甲은 회사에서 지원하는 직무수행 프로그램 중 하나만 선택하여 12 ~ 1월 두 달간 총 30시간 이상 이수해야 한다.
- 총 이수 시간이 부합하다면, 참가 비용이 더 낮은 프로그램을 우선적으로 선택한다.
- 甲은 평일 오후 13시부터 18시 사이에만 수강할 수 있다.
- 프로그램별로 제시된 요일·시간 외 추가 학습 시간은 없는 것으로 가정한다.

〈직무수행 프로그램 목록〉

프로그램	요일·시간	회당 시간	총 회차	참가 비용
디지털 문해 교육	화·목 14시 ~ 17시	3시간	8회	18만 원
데이터 분석 기초	월·수 13시 ~ 17시	4시간	10회	25만 원
비즈니스 글쓰기	금 9시 ~ 13시	4시간	6회	15만 원
고객 응대 뮤니케이션	화 16시 ~ 19시	3시간	12회	30만 원
알고리즘 기초 및 활용	목·금 13시 ~ 16시	3시간	10회	20만 원

① 디지털 문해 교육

② 데이터 분석 기초

③ 비즈니스 글쓰기

④ 고객 응대 커뮤니케이션

ADVICE ㉠ 각 프로그램의 총 이수 시간
- 디지털 문해 교육 : 24시간
- 데이터 분석 기초 : 40시간
- 비즈니스 글쓰기 : 24시간
- 고객 응대 커뮤니케이션 : 36시간
- 알고리즘 기초 및 활용 : 30시간

㉡ 시간대 조건(평일 13 ~ 18시) 검토
- 가능 : 디지털 문해 교육, 데이터 분석 기초, 알고리즘 기초 및 활용
- 불가능 : 비즈니스 글쓰기, 고객 응대 커뮤니케이션

㉢ 비용 검토
- 디지털 문해 교육 : 18만 원
- 데이터 분석 기초 : 25만 원
- 알고리즘 기초 및 활용 : 20만 원

총 이수 시간이 부합하다면 참가 비용이 더 낮은 프로그램을 우선적으로 선택한다고 하였으므로 선택할 수 있는 프로그램은 디지털 문해 교육이 된다.

📄 Answer. 3.④ 4.②

5 다음 글을 근거로 판단할 때, 선호가 구매할 가전제품과 구매할 상점을 옳게 연결한 것은?

> 선호는 가전제품 A~E를 1대씩 구매하기 위하여 상점 '갑, 을, 병'의 가전제품 판매가격을 알아보았다.
>
> 〈상점별 가전제품 판매가격〉
>
> | 구분 | A | B | C | D | E |
> |---|---|---|---|---|---|
> | 갑 | 150만 원 | 50만 원 | 50만 원 | 20만 원 | 20만 원 |
> | 을 | 130만 원 | 45만 원 | 60만 원 | 20만 원 | 10만 원 |
> | 병 | 140만 원 | 40만 원 | 50만 원 | 25만 원 | 15만 원 |
>
> 선호는 각각의 가전제품을 세 상점 중 어느 곳에서나 구매할 수 있으며, 아래의 〈혜택〉을 이용하여 총 구매금액을 최소화하고자 한다.
>
> 〈혜택〉
>
> 1. '갑' 상점 : 200만 원 이상 구매 시 전 품목 10% 할인
> 2. '을' 상점 : A를 구매한 고객에게는 C, D를 20% 할인
> 3. '병' 상점 : C, D를 모두 구매한 고객에게는 E를 5만 원에 판매

① A - 갑

② B - 을

③ C - 병

④ E - 을

ADVICE ㉠ A, B, C, D 구매금액 비교

'갑' 상점	총 243만 원	=(150 + 50 + 50 + 20) × 0.9
'을' 상점	총 239만 원	=130 + 45 + 60×0.8 + 20×0.8

'갑' 상점에서 A와 B를 구매하여 C, D의 상품 금액까지 10% 할인을 받는다고 해도 '을' 상점에서 혜택을 받아 A, B, C, D를 구매하는 것이 유리하다.

㉡ C, D, E 구매금액 비교

'을' 상점(A 구매 가정)	총 74만 원	= 60×0.8+20×0.8+10
'병' 상점	총 75만 원	=50 + 25 + 5

A 금액이 가장 저렴한 '을' 상점에서 C, D제품까지 구매하는 것이 유리하며, E 역시 '을' 상점에서 구매하는 것이 가장 적은 금액이 든다.

B의 경우 '병' 상점에서 40만 원으로 구매하여 A, B, C, D, E를 최소 금액 244만 원으로 구매할 수 있다.

6 다음은 크리에이터 A의 채널에 업로드된 새로운 콘텐츠 동향 보고서이다. 크리에이터 A가 가장 중점을 두어야 할 대책은?

> • 콘텐츠 주제 : 맛집 리뷰 및 길거리 인터뷰
> • 노출 플랫폼 : 동영상 플랫폼
> • 영업활동 : SNS 광고, 친분이 있는 인플루언서 방송 출연
> 트래픽 소스 : 동영상 플랫폼 추천 동영상(4%), 채널 페이지(3.6), 동영상 플랫폼 검색(76.2), 외부(16.2)
> ※ 외부 : 인터넷 서치(9.9%), SNS 유입(90.1)
> • 실적 : 예상 조회수 목표의 20% 미만으로 부진
> • 원인 분석
> → 타 채널 유사 콘텐츠들이 뒷광고 논란이 되어 시청자들의 신뢰가 떨어짐
> → 기존 채널의 다른 콘텐츠 진행 방식과 차별화가 되어있지 않음
> → 레드오션 주제로 시청자들의 피로감과 지루함을 야기함

① 동영상 플랫폼 외에 콘텐츠 노출 루트를 확대한다.
② 인터뷰에 응한 사람들에게 소정의 상품을 제공한다.
③ 구독자들의 의견을 조합하여 콘텐츠 주제를 개선한다.
④ 외부 유입을 늘릴 수 있도록 마케팅을 확대한다.

> **ADVICE** ③ 원인 분석을 보면, 콘텐츠 주제에 대한 부정적인 의견이 주를 이룬다. 따라서 콘텐츠 주제를 개선하는 것에 가장 중점을 두어야 한다.

Answer. 5.④ 6.③

7 신제품 출시를 앞두고, 마케팅팀 소속 직원들이 각자 연차를 사용해야 하지만 브리핑 일정이 겹치지 않도록 조율해야 한다. 귀하(차장)는 마지막으로 연차를 사용하게 되었으며, 다음 조건을 모두 충족해야 할 경우, 연차를 쓸 수 있는 날짜 조합의 수는?

월	화	수	목	금
	7/1	7/2	7/3	7/4
	A사원	A사원 B대리	B대리	
7/7	7/8	7/9	7/10	7/11
C사원	C사원 D부장	D부장	C사원	C사원
7/14	7/15	7/16	7/17	7/18
B대리 D부장	B대리 D부장	A사원	A사원	

※ 브리핑 일정 : 7/18

〈규칙〉

- 연차는 반드시 4일 모두 사용해야 하며, 연속 4일 또는 2일+2일 분할 방식만 가능하다.
- 같은 직급끼리는 같은 날 연차를 사용할 수 없다.
- 하루에 3명 이상이 동시에 연차를 사용할 수 없다.
- 차장 이상은 금요일에 연차를 사용할 수 없다.
- 연차는 반드시 2025년 7월 1일(화)부터 7월 20일(일) 사이, 주말을 제외한 평일 중 사용해야 한다.

① 1가지

② 2가지

③ 3가지

④ 4가지

ADVICE ㉠ 연속 4일 조합(가능한 4일이 연달아 붙은 경우)

  7/1 ~ 7/4 → 7/2, 4 불가, 7/7 ~ 7/10 → 7/8 불가, 7/11 ~ 7/18 → 7/14, 15, 18 불가

㉡ 2일+2일 분할 조합

  가능한 날짜 : 7/9, 7/10, 7/16, 7/17 이므로, (7/9, 7/10)+(7/16, 7/17) 한 가지 조합이다.

8 아래는 甲회사가 이번 달 자재를 발주하려는 계획과 단가 정보이다. 각 자재는 담당 팀의 요청 수량만큼 구매해야 하며, 총 예산은 1,500,000원으로 제한된다. 다음 표를 바탕으로 예산 내에서 가능한 최대 자재 수량 조합을 선택하시오.

(※ 일부 품목은 예산 초과 시 제외 가능, 단 최소 2종 이상 발주 필요)

자재	단가(1개)	요청 수량	비고
A	45,000	10개	필수
B	65,000	8개	선택 가능
C	30,000	12개	선택 가능
D	50,000	5개	품질 이슈로 지양

① A + B

② A + C

③ A + B + C

④ A + D

ADVICE ③ 조건을 정리하면, 자재 A는 필수이며 최소 2종 이상 자재 발주, 자재 D는 품질 이슈로 지양(되도록 피해야 함)한다.

ㄱ A + B

B : 65,000 × 8 = 520,000원이므로, 450,000 + 520,000 = 970,000원

예산 및 자재 수 2종 조건 충족

ㄴ A + C

C : 30,000 × 12 = 360,000원

총 : 450,000 + 360,000 = 810,000원

예산 및 자재 2종 조건 충족

ㄷ A + B + C

B : 520,000, C : 360,000

총 : 450,000 + 520,000 + 360,000 = 1,330,000원

예산 및 자재 수 3종으로 조건 충족

ㄹ A + D

D : 50,000 × 5 = 250,000원

총 : 450,000 + 250,000 = 700,000원

예산 및 자재 수 2종 조건을 충족하나 '지양'이 명시되어 있으므로 후순위

따라서 예산 내에서 최대한 많은 자재를 확보하고, 품질 이슈가 있는 D를 제외하면 A + B + C 조합이 된다.

9 A은행 甲지점 영업지원팀 조 대리는 기업고객 대상 금융교육 설명회를 진행하기 위해 A은행 연수원 회의실과 태블릿 PC를 대여하였다. 교육이 목용일, 토요일 두 차례 진행된다고 할 때 다음 기준에 따른 총 이용요금은?

회의실 이용 및 태블릿 대여 내역

1. 회의실 이용 기준

구분	내용
내부 부서	• 사용 가능 시간 : 평일 09 : 00 ~ 18 : 00 • 이용료 : 2시간 이내 무료 • 2시간 초과 시 1시간당 10,,000원 부과
외부 기관	• 기본 2시간 : 25,000원 • 기본 시간 초과 시 1시간당 8,000원 부과 • 주말 이용 시 계산된 요금의 50% 가산

2. 태블릿 대여

구분	내용
내부 부서	• 1대당 1일 4,000원 • 같은 날 10대 이상 대여 시, 해당 일 태블릿 대여료 총액의 20% 할인
외부 기관	1대당 1일 6,000원

3. 대여 내역
• 목요일 14 : 00 ~ 18 : 00까지 진행되었으며, 태블릿 10대를 대여했다.
• 토요일 09 : 00 ~ 12 : 00까지 진행되었으며, 태블릿 10대를 대여했다.
• 태블릿은 사용 당일 반납하였으며 대여료는 1일 단위로 부과되었다.

※ 1) 조 대리의 부서는 지점 단위 조직으로 연수원 입장에서는 은행 내부 부서이다.
　 2) 내부부서의 주말 이용 시 외부 기관 요율을 적용한다.
　 3) 1시간 미만의 남는 시간은 1시간으로 올림하여 요금을 부과한다.

① 121,000원

② 129,500원

③ 133,500원

④ 137,000원

 ③ 먼저 회의실 기준 및 대여료를 살펴보면,

　　㉠ 목요일
　　　• 평일, 내부 부서, 4시간 이용
　　　• 2시간 이내 무료, 2시간 초과 = 20,000원

　　㉡ 토요일
　　　• 주말, 내부 부서(외부 기관 주말 요율 적용), 3시간 이용
　　　• 평일 기준으로 기본 2시간 25,000원 + 초과 1시간 8,000원 = 33,000원
　　　• 주말 요율 50% 가산 = 33,000원 × 1.5 = 49,500원

　　따라서 회의실 이용료는 69,500원이 된다.

　　이어서 태블릿 PC 기준 및 대여료를 살펴보면,

　　㉢ 기본요금 × 10대 = 40,000원

　　㉣ 10대 이상이므로 20% 할인되어 32,000원

　　따라서 이틀 대여료는 64,000원이며 회의실 이용료 및 태블릿 PC 대여료의 합은 133,500원이다.

  다음 글에서 밑줄 친 '차등금리결정방식'을 〈보기〉에 적용한 내용으로 옳은 것은?

국채는 정부가 부족한 조세 수입을 보전하고 재정 수요를 충당하기 위해 발행하는 일종의 차용 증서이다. 이 중 국고채는 정부가 자금을 조달하는 주요한 수단이며, 채권 시장을 대표하는 상품이다. 만기일에 원금과 약속한 이자를 지급하는 국고채는 관련 법률에 따라 발행된다. 발행 주체인 정부는 이자 비용을 줄이기 위해 낮은 금리를 선호하며, 매입 주체인 투자자들은 높은 이자 수익을 기대하여 높은 금리를 선호한다. 국고채의 금리는 경쟁 입찰을 통해 결정되는데, 경쟁 입찰은 금리 결정 방법에 따라 크게 '복수금리결정방식'과 '단일금리결정방식'으로 나뉜다.

※ 발행 예정액 : 800억 원

투자자	제시한 금리와 금액	결정 방식	
		복수금리	단일금리
A	4.99% 200억 원	4.99%	모두 5.05%
B	5.00% 200억 원	5.00%	
C	5.01% 200억 원	5.01%	
D	5.03% 100억 원	5.03%	
E	5.05% 100억 원	5.05%	
F	5.07% 100억 원	미낙찰	미낙찰

복수금리결정방식은 각각의 투자자가 금리와 금액을 제시하면 최저 금리를 제시한 투자자부터 순차적으로 낙찰자를 결정하는 방식이다. 낙찰된 금액의 합계가 발행 예정액에 도달할 때까지 낙찰자를 결정하기 때문에 상대적으로 낮은 금리를 제시한 투자자부터 낙찰자로 결정된다. 이때 국고채의 금리는 각각의 투자자가 제시한 금리로 결정된다. 표와 같이 발행 예정액이 800억 원인 경쟁 입찰이 있다면, 가장 낮은 금리를 제시한 A부터 E까지 제시한 금액 합계가 800억 원이므로 이들이 순차적으로 낙찰자로 결정된다. 이때 국고채의 금리는 A에게는 4.99%, B에게는 5.00%, …, E에게는 5.05%로 각기 다르게 적용이 된다.

한편, 단일금리결정방식은 각 투자자들이 제시한 금리를 최저부터 순차적으로 나열하여 이들이 제시한 금액이 발행 예정액에 도달할 때까지 낙찰자를 결정한다는 점에서는 복수금리결정방식과 같다. 하지만 발행되는 국고채의 금리는 낙찰자들이 제시한 금리 중 가장 높은 금리로 단일하게 결정된다는 점이 다르다. 표와 같이 낙찰자는 A ~ E로 결정되지만 국고채의 금리는 A ~ E 모두에게 5.05%로 동일하게 적용되는 것이다. 따라서 단일금리결정방식은 복수금리결정방식에 비해 투자자에게 유리한 방식일 수 있다.

하지만 단일금리결정방식은 정부의 이자 부담을 가중시킬 수 있어, 복수금리결정방식과 단일금리결정방식을 혼합한 '차등금리결정방식'을 도입하기도 한다. 차등금리결정방식이란 단일금리결정방식과 같은 방법으로 낙찰자들을 결정하지만, 낙찰자들이 제시한 금리들 중 가장 높은 금리를 기준으로 삼아 금리들을 일정한 간격으로 그룹화한다는 점이 다르다. 각 그룹의 간격은 0.02%p ~ 0.03%p 정도로 정부가 결정하며, 이때 국고채의 금리는 투자자가 제시한 금리와 관계없이 정부가 각각의 그룹에 설정한 최고 금리로 결정된다. 이는 투자자가 제시한 금리를 그룹별로 차등화함으로써 적정 금리로 입찰하도록 유도하는 효과를 낸다.

───────────────── 〈보기〉 ─────────────────

㉠ 발행 예정액 : 700억 원
㉡ 그룹화 간격 : 0.03%p
㉢ 입찰 결과

투자자	제시한 금리와 금액
ⓐ	1.98% 100억 원
ⓑ	2.00% 100억 원
ⓒ	2.02% 200억 원
ⓓ	2.05% 100억 원
ⓔ	2.06% 200억 원
ⓕ	2.07% 200억 원

㉣ 그룹화 결과 : 2.06 ~ 2.04%, 2.03 ~ 2.01%, 2.00 ~ 1.98%
   (단, 입찰 단위는 0.01%p 단위로 제시한다.)

① ⓐ가 속한 그룹은 ⓐ가 제시한 금리로 낙찰 받는다.

② ⓑ와 ⓒ는 같은 금리로 낙찰 받는다.

③ ⓒ는 2.03%의 금리로 낙찰 받는다.

④ ⓓ와 ⓔ 모두 2.05%의 금리로 낙찰 받는다.

ADVICE ③ 차등금리결정방식은 각각의 투자자가 제시한 금리를 순차적으로 나열한 후 일정한 간격으로 그룹화하는 방식이다. 〈보기〉의 경우 발행 예정액이 700억 원이므로 ⓕ를 제외한 나머지 투자자들이 낙찰자로 결정되며, 그룹화 간격이 0.03%p이므로 [ⓐ와 ⓑ], [ⓒ], [ⓓ와 ⓔ]로 그룹화 된다. 이때 기준이 되는 금리는 최종 낙찰자인 ⓔ가 제시한 2.06%이며, 그룹별 금리는 각 구간의 최고 금리 2.06%, 2.03%, 2.00%으로 결정된다.

Answer. 11.③

 다음은 K은행의 외화송금 수수료에 대한 규정이다. 수수료 규정을 참고할 때, 외국에 있는 친척과 〈보기〉와 같이 3회에 걸쳐 거래를 한 A씨가 지불한 총 수수료 금액은 얼마인가?

		국내 간 외화송금	실시간 국내송금
외화자금국내이체 수수료 (당·타발)		U$5,000 이하 : 5,000원 U$10,000 이하 : 7,000원 U$10,000 초과 : 10,000원	U$10,000 이하 : 5,000원 U$10,000 초과 : 10,000원
		인터넷 뱅킹 : 5,000원 실시간 이체 : 타발 수수료는 없음	
해외로 외화송금	송금 수수료	U$500 이하 : 5,000원 U$2,000 이하 : 10,000원 U$5,000 이하 : 15,000원 U$20,000 이하 : 20,000원 U$20,000 초과 : 25,000원 ※ 인터넷 뱅킹 이용 시 건당 3,000~5,000원	
		해외 및 중계은행 수수료를 신청인이 부담하는 경우 국외 현지 및 중계은행의 통화별 수수료를 추가로 징구	
	전신료	8,000원 인터넷 뱅킹 및 자동이체 5,000원	
	조건변경 전신료	8,000원	
해외/타행에서 받은 송금		건당 10,000원	

〈보기〉

㉠ 외국으로 U$3,500 송금 / 인터넷 뱅킹 최저 수수료 적용
㉡ 외국으로 U$600 송금 / 은행 창구
㉢ 외국에서 U$2,500 입금

① 32,000원
② 34,000원
③ 36,000원
④ 38,000원

ADVICE ㉠ 인터넷 뱅킹을 통한 해외 외화 송금이므로 금액에 상관없이 건당 최저수수료 3,000원과 전신료 5,000원 발생 → 합 8,000원
㉡ 은행 창구를 통한 해외 외화 송금이므로 송금 수수료 10,000원과 전신료 8,000원 발생 → 합 18,000원
㉢ 금액에 상관없이 건당 수수료가 발생하므로 → 10,000원
따라서 총 지불한 수수료는 8,000 + 18,000 + 10,000 = 36,000원이다.

12 甲은 L대학교 대강당에서 열리는 세미나에 참석하려고 한다. 출근 후 회사에서 오전 9시 30분에 출발한다고 할 때, 다음 제시된 세미나 정보를 참고하여 가장 빠르게 도착할 수 있는 교통편과 소요시간을 고르시오.

● 일시 및 장소

2026년 5월 29일(금) 오전 10시 30분~12시 30분, L대학교 대강당

※ 오전 10시 30분 이후에는 입장 불가

● 회사에서 L대학교 대강당까지 가는 길

1) 지하철 : 회사 → A역 → B역 → L대학교 대강당
2) 버스 : 회사 → C정류장 → D정류장 → L대학교 대강당

● 경로별 소요시간

출발지	도착지	소요시간
회사	A역	15분
	C정류장	21분
A역	B역	18분
B역	L대학교 대강당	22분
C정류장	D정류장	28분
D정류장	L 대학교 대강당	15분

---

① 버스, 48분

② 버스, 55분

③ 지하철, 41분

④ 지하철, 55분

ADVICE ㉠ 지하철 이용

　　15분 → 18분 → 22분으로 총 55분이 소요된다.

㉡ 버스 이용

　　21분 → 28분 → 15분으로 총 64분이 소요된다.
　　甲은 오전 9시 30분에 회사 앞에서 출발하여 오전 10시 30분까지 L대학교 대강당에 도착해야 하므로 지하철을 이용해야 한다.

---

13 은행, 식당, 편의점, 부동산, 커피 전문점, 통신사 6개의 상점이 아래에 제시된 조건을 모두 만족하며 위치할 때, 오른쪽에서 세 번째 상점은 어느 것인가?

> 1) 모든 상점은 옆으로 나란히 연이어 위치하고 있으며, 사이에 다른 상점은 없다.
> 2) 편의점과 식당과의 거리는 두 번째로 멀다.
> 3) 커피 전문점과 편의점 사이에는 한 개의 상점이 있다.
> 4) 왼쪽에서 두 번째 상점은 통신사이다.
> 5) 식당의 바로 오른쪽 상점은 부동산이다.

① 식당   ② 통신사물
③ 은행   ④ 편의점

 ③ 조건 2)에 따라, 두 번째로 멀기 위해서는 편의점과 식당 중 하나가 맨 끝에 위치하고 다른 하나는 반대쪽의 끝에서 두 번째에 위치해야 한다는 것을 알 수 있다.
4)를 통해서는 왼쪽에서 두 번째에 편의점이나 식당이 위치할 수 없음을 알 수 있으므로 이 두 상점은 맨 왼쪽과 오른쪽에서 두 번째에 나누어 위치해야 한다.
5)를 통해서 맨 왼쪽은 식당이 아닌 편의점의 위치임을 알 수 있다. 동시에, 맨 오른쪽은 부동산, 그 옆은 식당이라는 것도 알 수 있다.
3)을 통해서는 커피 전문점이 왼쪽에서 세 번째 상점이라는 것을 알 수 있다.
따라서 이를 종합하면, 왼쪽부터 편의점, 통신사, 커피 전문점, 은행, 식당, 부동산의 순으로 상점들이 이어져 있으며 오른쪽에서 세 번째 상점은 은행이 된다.

14 홍 부장은 출장에서 계약 업무를 담당자를 서 과장, 이 대리, 최 사원, 엄 대리, 조 사원 5명 중 2명을 다음 조건에 만족할 때 선정하려고 한다. 홍 부장이 선정하게 될 직원 2명으로 알맞게 짝지어진 것은 어느 것인가?

> • 서 과장이 선정되면 반드시 이 대리도 선정된다.
> • 이 대리가 선정되지 않아야만 엄 대리가 선정된다.
> • 최 사원이 선정되면 서 과장은 반드시 선정된다.
> • 조 사원이 선정되지 않으면 엄 대리도 선정되지 않는다.

① 서 과장, 최 사원   ② 엄 대리, 조 사원
③ 서 과장, 조 사원   ④ 이 대리, 엄 대리

② 첫 번째 조건에서 서 과장 선정 시 이 대리는 반드시 선정되어야 한다. 또한 두 번째 조건에서 이 대리가 선정되면 엄 대리는 선정되지 않으므로 결국 이 대리와 엄 대리, 서 과장과 엄 대리는 함께 선정될 수 없다.
세 번째 조건에서 최 사원 선정 시 서 과장은 반드시 참여해야 한다. 네 번째 조건의 대우 명제를 살펴보면, 엄 대리가 선정될 때 조 사원도 선정된다는 것을 알 수 있다.
따라서 서 과장과 이 대리, 최 사원과 서 과장은 반드시 함께 선정되어야 하므로 서 과장+이 대리+최 사원 세 명이 반드시 함께 선정되어야만 하며, 엄 대리와 조 사원 역시 함께 선정된다는 사실을 알 수 있다.
따라서 2명을 선정할 경우, 항상 함께 선정되어야만 하는 인원과 제한 인원 2명과의 모순 관계가 없는 엄 대리와 조 사원이 선정되어야 하는 것을 알 수 있다.

15 甲기업은 창립 30주년을 맞이하여 기념품을 제작하려고 한다. 다음 선호도 결과에 따라 선정된 기념품은 무엇이며 부서별 직원 현황에 따른 최소 구매 개수는 몇 개인가?

〈기념품 선호도 결과〉

텀블러	백팩	무선충전패드
★★★★★★★★★ 9표	★★★★★★★★ 8표	★★★★★★★★★★★★ 12표
파손 가능성이 있으므로 주문량의 1.1배 발주	지퍼·바느질 불량 가능성으로 40개당 1개 추가 발주	칩 불량 가능성으로 최소 주문량에 25개 추가 발주

〈부서별 직원 현황〉

부서	인원	부서	인원
기획조정본부	18명	IT전략본부	11명
인사총무부	9명	디지털전략부	14명
영업지원부	22명	지역사회공헌부	8명

① 텀블러 91개

② 백팩 92개

③ 무선충전패드 107개

④ 무선충전패드 112개

> **ADVICE** ③ 최다 득표를 얻은 무선충전패드를 기념품으로 선정할 때, 칩 불량 가능성으로 최소 주문량에 25개를 추가 발주해야 한다. 총 직원의 수는 82명으로 최소 구매 개수는 107개가 된다

Answer. 13.③ 14.② 15.③

16 갑사(社), 을사(社), 병사(社)는 A, B, C 3개 운동 종목에 대한 3사 간의 경기를 실시하였으며, 결과는 다음 표와 같다. 이에 대한 설명으로 올바르지 않은 것은? (단, 무승부인 경기는 없다고 가정함)

구분	갑	을	병
A 종목	4승 6패	7승 3패	4승 6패
B 종목	7승 3패	2승 8패	6승 4패
C 종목	5승 5패	3승 7패	7승 3패

① 갑사가 병사로부터 거둔 A 종목 경기 승수가 1승뿐이었다면 을사는 병사에 압도적인 우세를 보였다.

② 을사의 B 종목 경기 8패가 나머지 두 회사와의 경기에서 절반씩 거둔 결과라면 갑사와 병사의 상대 전적은 갑사가 더 우세하다.

③ 갑사가 세 종목에서 거둔 승수 중 을사와 병사로부터 각각 적어도 2승 이상씩을 거두었다면, 적어도 을사는 병사보다 A 종목의, 병사는 을사보다 C 종목의 상대 전적이 더 우세하다.

④ 갑사는 C 종목에서 을사, 병사와의 상대 전적이 동일하여 우열을 가릴 수 없다.

> **ADVICE** ④ 3개 회사는 각 종목 당 다른 회사와 5번씩 경기를 가졌으며 이에 따른 승수와 패수의 합은 항상 10이 된다. 갑사가 C 종목에서 거둔 5승과 5패는 어느 팀으로부터 거둔 것인지 알 수 있는 근거가 없어 을사, 병사와 상대 전적이 동일하다고 말할 수 없다. 또한, 특정 팀과 5회 경기를 하여 무승부인 결과는 없는 것이므로 상대 전적이 동일한 두 팀이 생길 수는 없다.
>
> ① 병사의 6패 중 나머지 5패를 을사로부터 당한 것이 된다. 따라서 을사와의 전적은 0승 5패의 압도적인 결과가 된다.
>
> ② 갑사와 병사의 승수 중 각각 4승씩을 제외한 나머지 승수가 상대방으로부터 거둔 승수가 된다. 따라서 갑사는 병사로부터 3승을, 병사는 갑사로부터 2승을 거둔 것이 되어 갑사의 상대 전적이 병사보다 더 우세하게 된다.
>
> ③ 을사의 A 종목 3패 중 적어도 2패 이상이 갑사에게 당한 것이 되고 나머지 패수가 병사에게 당한 것이 되므로 을사는 병사보다 A 종목의 상대 전적이 더 우세하다. 이와 같은 논리로 살펴보면 병사의 C 종목 3패 중 1패 또는 0패가 을사와의 경기 결과가 되어 병사는 을사보다 C 종목 상대 전적이 더 우세하게 된다.

17 김 대리는 A역 인근 사무실에서 근무하고 있다. 금일 B역 인근에 있는 거래처 甲에서 6시 정각에 미팅이 있다. 김 대리는 미팅 전에 C역 인근에 있는 거래처 乙에 들러 서류를 전달해야 한다. 아래 조건에 따라 미팅 시간에 늦지 않도록 이동해야 한다면, 김 대리가 집에서 출발할 수 있는 가장 늦은 시각은? (단, 문제에서 제시한 시간만을 근거로 계산한다.)

> • 사무실(A역 인근)에서 거래처 乙(C역 인근)까지는 2호선을 이용하여 6개 역을 이동한다.
> • 2호선은 역당 1.5분이 소요된다.
> • 거래처 乙에서 거래처 甲(B역 인근)까지도 2호선을 이용하여 10개 역을 이동한다.
> • 동일하게 역당 1.5분이 소요된다.
> • 거래처 乙에서 서류를 전달하는 데에는 정확히 5분이 소요된다.
> • 김 대리는 오후 6시 정각에 거래처 甲에 도착해야 한다.

① 17시 21분
② 17시 26분
③ 17시 29분
④ 17시 31분

ADVICE ㉠ 사무실 → 거래처 乙 : 9분 소요
㉡ 거래처 乙 서류 전달 : 5분 소요
㉢ 거래서 乙 → 거래처 甲 : 15분 소요
총 29분이 소요되므로, 오후 6시 정각에 도착하기 위해서는 17시 31분에 출발하면 된다.

18 다음은 A기업의 팀별 성과급 지급 기준이다. 성과평가결과가 다음과 같다면 지급되는 성과급의 1년 총액은?

〈성과급 지급 방법〉

㈎ 성과급 지급은 성과평가 결과와 연계함.

㈏ 성과평가는 유용성, 안전성, 서비스 만족도의 총합으로 평가함. 단, 유용성, 안전성, 서비스 만족도의 가중치를 각각 0.4, 0.4, 0.2로 부여함.

㈐ 성과평가 결과를 활용한 성과급 지급 기준

성과평가 점수	성과평가 등급	분기별 성과급 지급액	비고
9.0 이상	A	100만 원	성과평가 등급이 A이면 직전분기 차감액의 50%를 가산하여 지급
8.0 이상 9.0 미만	B	90만 원 (10만 원 차감)	
7.0 이상 8.0 미만	C	80만 원 (20만 원 차감)	
7.0 미만	D	40만 원 (60만 원 차감)	

구분	1/4 분기	2/4 분기	3/4 분기	4/4 분기
유용성	8	8	10	8
안전성	8	6	8	8
서비스 만족도	6	8	10	8

① 350만 원
② 360만 원
③ 370만 원
④ 380만 원

ADVICE ② 먼저 아래 표를 항목별로 가중치를 부여하여 계산하면,

구분	1/4 분기	2/4 분기	3/4 분기	4/4 분기
유용성	$8 \times \frac{4}{10} = 3.2$	$8 \times \frac{4}{10} = 3.2$	$10 \times \frac{4}{10} = 4.0$	$8 \times \frac{4}{10} = 3.2$
안전성	$8 \times \frac{4}{10} = 3.2$	$6 \times \frac{4}{10} = 2.4$	$8 \times \frac{4}{10} = 3.2$	$8 \times \frac{4}{10} = 3.2$
서비스 만족도	$6 \times \frac{2}{10} = 1.2$	$8 \times \frac{2}{10} = 1.6$	$10 \times \frac{2}{10} = 2.0$	$8 \times \frac{2}{10} = 1.6$
합계	7.6	7.2	9.2	8
성과평가 등급	C	C	A	B
성과급 지급액	80만 원	80만 원	110만 원	90만 원

성과평가 등급이 A이면 직전분기 차감액의 50%를 가산하여 지급한다고 하였으므로, 3/4분기의 성과급은 직전분기 차감액 20만 원의 50%인 10만 원을 가산하여 지급한다.

∴ $80 + 80 + 110 + 90 = 360$(만 원)

19 A구와 B구로 이루어진 신도시 '가' 시에는 어린이집과 복지회관이 없다. 이에 '가' 시는 60억 원의 건축 예산을 사용하여 '건축비와 만족도'와 '조건'하에서 시민 만족도가 가장 높도록 어린이집과 복지회관을 신축하려고 한다. 다음을 근거로 판단할 때 옳지 않은 것은?

〈건축비와 만족도〉

지역	시설 종류	건축비(억 원)	만족도
A구	어린이집	20	35
	복지회관	15	30
B구	어린이집	15	40
	복지회관	20	50

〈조건〉

1) 예산 범위 내에서 시설을 신축한다.
2) 시민 만족도는 각 시설에 대한 만족도의 합으로 계산한다.
3) 각 구에는 최소 1개의 시설을 신축해야 한다.
4) 하나의 구에 동일 종류의 시설을 3개 이상 신축할 수 없다.
5) 하나의 구에 동일 종류의 시설을 2개 신축할 경우, 그 시설 중 한 시설에 대한 만족도는 20% 하락한다.

① 예산은 모두 사용될 것이다.
② A구에는 어린이집이 신축될 것이다.
③ B구에는 2개의 시설이 신축될 것이다.
④ '조건 5'가 없더라도 신축되는 시설의 수는 달라지지 않을 것이다.

ADVICE ② 예산 60억 원을 모두 사용한다고 했을 때, 건축비 15억 원이 소요되는 시설 4개를 지을 수 있는 경우는 (조건 3, 4에 의해) 'A구에 복지회관 2개, B구에 어린이집 2개'인 경우(만족도 126)뿐이다. 3개를 지을 때 최대로 만족도를 얻을 수 있는 경우는 다음과 같다.

지역-시설종류	건축비	만족도	지역-시설종류	건축비	만족도
B-복지회관	20억 원	50	B-복지회관	20억 원	50
B-어린이집	15억 원	40	B-복지회관	20억 원	40[조건5]
A-어린이집	20억 원	35	A-어린이집	20억 원	35
	55억 원	125		60억 원	125

따라서 A구에 복지회관 2개, B구에 어린이집 2개를 신축할 경우에 시민 만족도가 가장 높다.

20 M사 직원 갑, 을, 병, 정, 무는 창립 기념식에서 단체 사진을 찍었다. 각자가 입은 옷의 색깔이 다음과 같을 때, 사진 속의 직원과 직원의 옷 색깔에 대한 올바른 설명은 어느 것인가?

> - 분홍색 옷을 입은 사람은 2명이고, 나머지 3명은 초록색, 베이지 색, 흰 색 옷을 입고 있다.
> - 을은 분홍색 옷을 입지 않았다.
> - 병은 분홍색과 초록색 옷을 입지 않았다.
> - 무는 초록색과 베이지 색 옷을 입지 않았다.
> - 갑은 분홍색 옷을 입고 있으며, 무와 같은 색 옷을 입고 있지 않았다.

① 갑은 병과 같은 색 옷을 입고 있다.　　　② 을은 베이지 색과 흰 색 옷을 입지 않았다.

③ 병은 흰 색 옷을 입고 있다.　　　④ 무는 분홍색 옷을 입고 있다.

ADVICE 무의 옷 색깔에 주목하면, 초록색과 베이지 색 옷을 입지 않았으며, 갑과 같은 색인 분홍색 옷도 입지 않았으므로 흰 색 옷을 입은 것이 된다. 또한, 을과 병이 분홍색 옷을 입지 않았으므로 분홍색 옷을 입은 사람은 갑과 정이 되는 것을 알 수 있다. 을과 병 중, 병이 초록색 옷을 입지 않았으므로 을이 초록색, 병이 베이지 색 옷을 입은 것이 된다. 따라서 이를 종합하면, 갑은 분홍색, 을은 초록색, 병은 베이지 색, 정은 분홍색, 무는 흰 색 옷을 입은 것이 되어, '을은 베이지 색과 흰 색 옷을 입지 않았다.'가 올바른 설명이 된다.

21 다음에 제시된 정보를 종합할 때, 물음에 알맞은 개수는 몇 개인가?

> - 홍보팀에서는 테이블, 의자, 서류장을 다음과 같은 수량으로 구입하였다.
> - 테이블 5개와 의자 10개의 가격은 의자 5개와 서류장 10개의 가격과 같다.
> - 의자 5개와 서류장 15개의 가격은 의자 5개와 테이블 10개의 가격과 같다.
> - 서류장 10개와 의자 10개의 가격은 테이블 몇 개의 가격과 같은가?

① 8개　　　② 9개

③ 10개　　　④ 11개

ADVICE 두 번째 정보에서 테이블 1개와 의자 1개는 서류장 2개의 가격과 같음을 알 수 있다.
세 번째 정보에서 두 번째 정보를 대입하면 테이블 2개와 의자 1개는 의자 5개와 서류장 15개의 가격과 같아지게 된다. 따라서 테이블 1개는 의자 1개와 서류장 1개의 가격과 같아진다는 것을 알 수 있다.
그러므로 서류장 2개와 의자 2개는 테이블 2개와 같은 가격이 된다. 결국 서류장 10개와 의자 10개의 가격은 테이블 10개의 가격과 같다.

22 다음은 김 대리가 A지점에서 B지점을 거쳐 C지점으로 출근을 할 때 각 경로의 거리와 주행속도를 나타낸 것이다. 김 대리가 오전 8시 정각에 A지점을 출발해서 B지점을 거쳐 C지점으로 갈 때, 이에 대한 설명 중 옳은 것을 고르면?

구간	경로	주행속도(km/h)		거리(km)
		출근 시간대	기타 시간대	
A→B	경로 1	30	45	30
	경로 2	60	90	
B→C	경로 3	40	60	40
	경로 4	80	120	

※ 출근 시간대는 오전 8시부터 오전 9시까지이며 그 이외의 시간은 기타 시간대임

① C지점에 가장 빨리 도착하는 시각은 오전 9시 10분이다.

② C지점에 가장 늦게 도착하는 시각은 오전 9시 20분이다.

③ B지점에 가장 빨리 도착하는 시각은 오전 8시 40분이다.

④ 경로 2와 경로 3을 이용하는 경우와, 경로 1과 경로 4를 이용하는 경우 C지점에 도착하는 시각은 동일하다.

ADVICE ④ 시간 $= \dfrac{거리}{속도}$ 공식을 이용하여, 먼저 각 경로에서 걸리는 시간을 구한다.

구간	경로	시간			
		출근 시간대		기타 시간대	
A→B	경로 1	$\dfrac{30}{30} = 1.0$	1시간	$\dfrac{30}{45} ≒ 0.67$	약 40분
	경로 2	$\dfrac{30}{60} = 0.5$	30분	$\dfrac{30}{90} ≒ 0.33$	약 20분
B→C	경로 3	$\dfrac{40}{40} = 1.0$	1시간	$\dfrac{40}{60} ≒ 0.67$	약 40분
	경로 4	$\dfrac{40}{80} = 0.5$	30분	$\dfrac{40}{120} ≒ 0.33$	약 20분

경로 2와 3을 이용하는 경우와 경로 1과 경로 4를 이용하는 경우 C지점에 도착하는 시각은 1시간 20분으로 동일하다.

① C지점에 가장 빨리 도착하는 방법은 경로 2와 경로 4를 이용하는 경우이므로, 가장 빨리 도착하는 시각은 1시간이 걸려서 오전 9시가 된다.

② C지점에 가장 늦게 도착하는 방법은 경로 1과 경로 3을 이용하는 경우이므로, 가장 늦게 도착하는 시각은 1시간 40분이 걸려서 오전 9시 40분이 된다.

③ B지점에 가장 빨리 도착하는 방법은 경로 2이므로, 가장 빨리 도착하는 시각은 30분이 걸려서 오전 8시 30분이 된다.

23 다음 조건을 만족할 때, 백 대리의 비밀번호에 쓰일 수 없는 숫자는 어느 것인가?

- 백 대리는 회사 컴퓨터에 비밀번호를 설정해 두었으며, 비밀번호는 1~9까지의 숫자 중 중복되지 않은 네 개의 숫자이다.
- 네 자리의 비밀번호는 오름차순으로 정리되어 있으며, 네 자릿수의 합은 20이다.
- 가장 큰 숫자는 8이며, 짝수가 2개, 홀수가 2개이다.
- 짝수 2개는 연이은 자릿수에 쓰이지 않았다.

① 3 　　　　　　　　　　　　　　　　② 4
③ 5 　　　　　　　　　　　　　　　　④ 6

ADVICE ④ 오름차순으로 정리되어 있으므로 마지막 숫자가 8이다. 따라서 앞의 세 개의 숫자는 1~7까지의 숫자들이며, 이를 더해 12가 나와야 한다. 8을 제외한 세 개의 숫자가 4이하의 숫자만으로 구성되어 있다면 12가 나올 수 없으므로 5, 6, 7중 하나 이상의 숫자는 반드시 사용되어야 한다. 또한 짝수와 홀수가 각각 2개씩이어야 한다.

　ⓐ 세 번째 숫자가 7일 경우
　　앞 두 개의 숫자의 합은 5가 되어야 하므로 1, 4 또는 2, 3이 가능하여 1478, 2378의 비밀번호가 가능하다.

　ⓑ 세 번째 숫자가 6일 경우
　　앞 두 개의 숫자는 모두 홀수이면서 합이 6이 되어야 하므로 1, 5가 가능하나, 이 경우 1568의 네 자리는 짝수가 연이은 자릿수에 쓰였으므로 비밀번호 생성이 불가능하다.

　ⓒ 세 번째 숫자가 5일 경우
　　앞 두 개의 숫자의 합은 7이어야 하며 홀수와 짝수가 한 개씩 이어야 한다. 따라서 3458이 가능하다. 결국 가능한 비밀번호는 1478, 2378, 3458의 세 가지가 되어 이 비밀번호에 쓰일 수 없는 숫자는 6이 되는 것을 알 수 있다.

24 H사 김 과장은 외출을 하여 대한상사, 고려무역, 한국은행, 홍익협회 네 군데를 다녀와야 한다. 김 과장의 사무실과 네 군데 방문 지점과의 이동 시간이 다음과 같을 때, '사무실~대한상사'와 '사무실~한국은행'의 소요 시간이 될 수 없는 것은 어느 것인가? (소요 시간은 1분 단위로만 계산한다)

> • 홍익협회까지 가는 시간은 한국은행까지 가는 시간의 두 배보다 더 많이 걸린다.
> • 고려무역까지 가는 시간은 홍익협회까지 가는 시간의 30%만큼 덜 걸리는 35분이다.
> • 대한상사까지 가는 시간은 한국은행보다는 더 걸리고 고려무역보다는 덜 걸린다.
> • 한국은행까지 가는 시간과 대한상사까지 가는 시간의 합은 홍익협회까지 가는 시간과 같다.

	사무실~대한상사	사무실~한국은행
①	26분	24분
②	28분	22분
③	30분	20분
④	35분	15분

ADVICE ④ 고려무역까지 35분이 소요되며 이것이 홍익협회까지 가는 시간의 30%가 덜 걸리는 것이므로 홍익협회까지 가는 시간은 35÷0.7=50분이 된다. 또한 대한상사까지 가는 시간은 한국은행보다는 더 걸리고 고려무역보다는 덜 걸린다고 했으므로 김 과장의 사무실로부터 가까운 순서는 '한국은행-대한상사-고려무역-홍익협회'가 된다. 따라서 한국은행까지 가는 시간은 적어도 25분보다 적어야 하며, 이 거리에 소요되는 시간과 '사무실~대한상사'의 시간의 합이 50분이어야 하므로 대한상사까지 가는 시간은 25분보다 크면서 고려무역까지 가는 시간인 35분보다는 적어야 한다. 그러므로 대한상사까지는 26분~34분, 한국은행까지는 24분~16분 사이가 되어야 한다. 따라서 '35분과 15분'이 정답이 된다.

25 A, B, C, D는 영업, 사무, 전산, 관리의 일을 각각 맡아서 하기로 하였다. A는 영업과 사무 분야의 업무를 싫어하고, B는 관리 업무를 싫어하며, C는 영업 분야 일을 하고 싶어하고, D는 전산 분야 일을 하고 싶어한다. 인사부에서 각자의 선호에 따라 일을 시킬 때 옳게 짝지은 것은?

① A – 관리 ② B – 영업
③ C – 전산 ④ D – 사무

ADVICE ① 조건에 따르면 영업과 사무 분야의 일은 A가 하는 것이 아니고, 관리는 B가 하는 것이 아니므로 'A – 관리, B – 사무, C – 영업, D – 전산'의 일을 하게 된다.

26 甲기업은 장기근속 촉진을 위해 근무 지원금을 지급하려고 한다. 지원금은 아래 기준에 따라 산정되며 일부 항목은 중복 적용이 불가하다.

〈근무 정착 지원금 규정〉

- 제1조 기본 지원금 : 전 직원 40만 원
- 제2조 추가 지급

제1호 근속 1년 이상 3년 미만 : 15만 원

제2호 근속 3년 이상 7년 미만 : 30만 원

제3호 근속 7년 이상 : 50만 원

- 제3조 업무 성과에 따른 가점

제1호 우수 : 20만 원

제2호 보통 : 10만 원

제3호 미흡 : 추가 없음

- 제4조 특별 지원 규정

제1호 1년 이내 팀 프로젝트 2회 이상 주도 : 25만 원

제2호 재택근무 비중 월 8회 이상일 경우 추가 지급 총액의 20% 가산

※ 단, 가산액은 최대 15만 원까지만 적용

제3호 근속 연수가 3년 미만이면서 '우수' 평가를 받은 경우 제2조 제1호에 추가로 5만 원을 가산한다.

- 근속연수 : 2년 7개월
- 성과등급 : 우수
- 프로젝트 주도 : 2회
- 재택근무 : 월 10일

신입사원 A의 근무조건이 다음과 같을 때 받게 되는 총 지원금은 얼마인가?

① 98만 원   ② 102만 원

③ 113만 원   ④ 118만 원

ADVICE ④ 조건을 따져보면 전 직원 공통으로 지급되는 40만 원외에

 ⊙ 근속 연수에 따른 추가 지급

  • 근속연수는 2년 7개월이므로 제2조 제1호 1년 이상 3년 미만)에 해당한다.

  • 기본금은 15만 원이며, 제4조 제3호에 의해 추가로 5만 원이 지급된다.

 ⊙ 성과등급이 '우수'이므로 20만 원이 추가 지급된다.

 ⊙ 기타 가점

  • 팀 프로젝트를 2회 주도했으므로 제4조 제1호에 따라 25만 원이 추가 지급된다.

  • 재택근무가 월 10일이므로 기준인 8일 이상을 충족하며 추가 지급금 총액의 20%를 가산하므로 13만 원이 추가 지급된다.

 따라서, A가 받을 수 있는 지원금은

 40만 원 + 20만 원 + 20만 원 + 25만 원 + 13만 원 = 118만 원이다.

27 19명의 T사 직원들은 워크숍에서 게임을 하게 되었다. 본부장은 다음과 같은 규칙에 의해 탈락되지 않고 남는 직원들에게 특별히 준비한 선물을 주기로 하였다. 다음 중 본부장의 선물을 받게 되는 직원들이 가진 번호가 아닌 것은 어느 것인가?

> • 1단계 : 19명의 직원이 2부터 20번까지의 숫자가 적힌 종이를 무작위로 한 장씩 나누어 갖는다.
> • 2단계 : 첫 번째 수인 2를 '시작 수'로 한다.
> • 3단계 : '시작 수'보다 큰 수 중 '시작 수'의 배수에 해당하는 숫자를 가진 직원들을 모두 탈락된다.
> • 4단계 : '시작 수' 보다 큰 숫자를 가진 직원들이 있으면 그 직원들이 가진 수 중 가장 작은 수를 '시작 수'로 하고 3단계로 간다. '시작 수' 보다 큰 수를 가진 직원이 없으면 종료한다.

① 2

② 5

③ 11

④ 18

    ADVICE ④ 2부터 20까지의 수에서 3단계에 해당하는 2의 배수를 지우면 다음과 같다.
2, 3, 4̶, 5, 6̶, 7, 8̶, 9, 1̶0̶, 11, 1̶2̶, 13, 1̶4̶, 15, 1̶6̶, 17, 1̶8̶, 19, 2̶0̶
다음에는 3이 '시작 수'가 되므로 이에 해당하는 3의 배수인 9와 15를 지운다.
2, 3, 4̶, 5, 6̶, 7, 8̶, 9̶, 1̶0̶, 11, 1̶2̶, 13, 1̶4̶, 1̶5̶, 1̶6̶, 17, 1̶8̶, 19, 2̶0̶
다음에는 5가 '시작 수'가 되므로 이에 해당하는 5의 배수를 지워야 하는데 더 이상 해당하는 수가 없다.
'시작 수'는 7, 11, 13, 17, 19로 변경되지만 이들 수의 배수에 해당하는 수가 없으므로 종료한다.
따라서 2, 3, 5, 7, 11, 13, 17, 19를 가진 직원들이 선물을 받게 된다.

---

28 다음은 A기업 근속연수별 연간 복지포인트 지급 기준 및 직원의 근속연수이다. 올해 직원들의 월별 복지포인트 사용 현황을 바탕으로 복지포인트 사용률이 가장 낮은 직원을 사용 권고 대상자로 선정하려고 할 때 사용 권고를 받게 될 직원은 누구인가? (단, 사용 권고 기준 = 연간 지급 포인트 대비 사용률이 가장 낮은 직원)

〈근속연수별 연간 복지 포인트 지급 기준〉

근속연수	1년 미만	1년	2년	3년	4년
지급 포인트	근속 월 × 5,000p	70,000p	80,000p	90,000p	100,000p

〈A기업 직원 근속 연수〉

직원	김 사원	이 주임	박 대리	최 대리
근속연수	10개월	1년	2년	3년

〈월별 복지포인트 사용 현황〉

월	김 사원	이 주임	박 대리	최 대리
1월	–	5,000p	4,000p	–
2월	–	–	3,000p	4,000p
3월	7,000p	–	–	6,000p
4월	4,000p	3,000p	–	–
5월	–	–	5,000p	3,000p
6월	6,000p	3,000p	–	–
7월	–	2,000p	–	5,000p
8월	5,000p	–	4,000p	–
9월	–	6,000p	–	3,000p
10월	3,000p	–	2,000p	–
11월	–	4,000p	5,000p	–
12월	8,000p	–	–	4,000p

※ 지급 포인트 대비 사용률 = (사용포인트 ÷ 지급 포인트) × 100

① 김 사원
② 이 주임
③ 박 대리
④ 최 대리

ADVICE ④ 직원별 지급 포인트 및 사용 포인트의 합계와 사용률은 다음과 같다.

직원	지급 포인트	사용 포인트	사용률
김 사원	50,000p	33,000p	66.0%
이 주임	70,000p	23,000p	32.8%
박 대리	80,000p	23,000p	28.8%
최 대리	90,000p	25,000p	27.7%

∴ 최 대리의 사용률이 가장 낮다.

29 다음과 같은 구조를 가진 어느 호텔에 A~H 8명이 투숙하고 있고, 알 수 있는 정보가 다음과 같다. B의 방이 204호일 때, D의 방은? (단, 한 방에는 한 명씩 투숙한다.)

a라인	201	202	203	204	205
복도					
b라인	210	209	208	207	206

- 비어있는 방은 한 라인에 한 개씩 있고, A, B, F, H는 a라인에, C, D, E, G는 b라인에 투숙하고 있다.
- A와 C의 방은 복도를 사이에 두고 마주보고 있다.
- F의 방은 203호이고, 맞은 편 방은 비어있다.
- C의 오른쪽 옆방은 비어있고 그 옆방에는 E가 투숙하고 있다.
- B의 옆방은 비어있다.
- H와 D는 누구보다 멀리 떨어진 방에 투숙하고 있다.

① 202호   ② 205호

③ 206호   ④ 207호

ADVICE ③ 가장 확실한 조건(B는 204호, F는 203호)을 바탕으로 조건들을 채워나가면 다음과 같다.

a라인	201 H	202 A	203 F	204 B	205 빈 방
복도					
b라인	210 G	209 C	208 빈 방	207 E	206 D

∴ D의 방은 206호이다.

30 S은행은 A ~ E 다섯 명을 대상으로 면접시험을 실시하였다. 면접시험의 평가기준은 '가치관, 열정, 표현력, 잠재력, 논증력' 5가지 항목이며 각 항목 점수는 3점 만점이다. 〈면접시험 결과〉와 〈등수〉가 아래와 같을 때, 보기 중 옳은 것을 고르면? (단, 종합점수는 각 항목별 점수에 항목가중치를 곱하여 합산하며, 종합점수가 높은 순으로 등수를 결정하였다.)

〈면접시험 결과〉

(단위 : 점)

구분	A	B	C	D	E
가치관	3	2	3	2	2
열정	2	3	2	2	2
표현력	2	3	2	2	3
잠재력	3	2	2	3	3
논증력	2	2	3	3	2

〈등수〉

순위	면접 응시자
1	B
2	E
3	A
4	D
5	C

① 잠재력은 열정보다 항목가중치가 높다.

② 논증력은 열정보다 항목가중치가 높다.

③ 잠재력은 가치관보다 항목가중치가 높다.

④ 가치관은 표현력보다 항목가중치가 높다.

> **ADVICE** ③ E 중 비교 항목 외의 나머지 항목에서 같은 점수를 나타내는 두 면접 응시자를 비교함으로써 각 보기에서 비교하는 두 항목 간 가중치의 대소를 알 수 있다. '잠재력'과 '가치관'의 항목가중치를 비교하려면 C와 D의 점수와 등수를 비교함으로써 알 수 있다. 나머지 항목에서는 같은 점수이고 C는 가치관에서 D보다 1점 높고 D는 잠재력에서 C보다 1점 높은 상황에서 D의 등수가 C보다 높으므로 가중치는 '잠재력'에서 더 높은 것을 알 수 있다. 마찬가지로 ①의 경우 B와 E, ④의 경우 A와 E를 비교해봄으로써 항목 간 가중치의 높고 낮음을 알 수 있다. ②의 경우에는 주어진 조건에서 비교할 수 있는 대상이 없으므로 알 수 없는 내용이다.

31 다음 말이 참일 때 항상 참인 것은?

> • 민수는 A기업에 다닌다.
> • 영어를 잘하면 업무능력이 뛰어난 것이다.
> • 영어를 잘하지 못하면 A기업에 다니지 않는다.

① 민수는 업무능력이 뛰어나다.

② A기업에 다니는 사람들은 업무능력이 뛰어나지 못하다.

③ 민수는 영어를 잘하지 못한다.

④ 업무능력이 뛰어난 사람은 A기업에 다니는 사람이 아니다.

> **ADVICE** ② 민수=A기업, A기업 사람=B, 영어를 잘함=C, 업무능력이 뛰어남=D라고 하고, 영어를 잘하지 못함=
> ~C, A기업 사람이 아님=~B라고 한다. 주어진 조건에서 A→B, C→D, ~C→~B인데 ~C→~B
> 는 B→C이므로(대우) 전체적인 논리를 연결시키면 A→B→C→D가 되어 A→D의 결론이 나올 수
> 없다.

32 다음의 말이 전부 진실일 때 항상 참이라 말할 수 없는 것은?

> • 상자에 5개의 공이 있다.
> • 공 4개는 같은 색깔이다.
> • 공 1개는 다른 색깔이다.
> • 상자에서 빨간색 공 하나를 꺼냈다.

① 상자에 남아있는 공은 모두 같은 색이다.

② 상자에 남아있는 공은 모두 빨간색이 아니다.

③ 상자에 남아있는 공은 모두 파란색이다.

④ 상자에 남아있는 공은 모두 빨간색이다.

> **ADVICE** ④ 4개는 같은 색이고, 1개는 다른 색이라고 했으므로 상자 안의 공은 모두 빨간색이 아니거나, 빨간색 3
> 개와 다른 색 1개로 이루어져 있을 것이다.

Answer. 30.③ 31.① 32.④

33 ○○ 문화센터는 총 5개의 전시실을 운영하고 있다. 큐레이터 K, L, M, N, O는 〈조건〉에 따라 각 전시실에 배치되려 한다. 각 전시실에는 적어도 한 명 이상 배치되어야 할 때, 3전시실에 배치될 수 있는 사람을 모두 고른 것은?

〈조건〉

4전시실과 5전시실에는 두 명 이상 배치될 수 없다.

M은 K의 바로 앞 번호 전시실에 배치된다.

O는 K보다 번호가 큰 전시실에 배치된다.

N은 4전시실에 배치된다.

---

① K, N, L

② K, L, O

③ L, M, N

④ M, N, O

　　② 조건을 정리하면, N은 반드시 4전시실에 배치되어야 하며, M은 K의 바로 앞 번호 전시실에 배치되어야 한다(M, K는 연속된다). O는 K보다 뒤 전시실에 배치된다.

　　㉠ K가 2전시실일 경우
　　　• M은 1전시실이다.
　　　• N은 4전시실이다.
　　　• O는 3전시실 또는 5전시실이다.
　　　• 3전시실에는 O 또는 L이 배치될 수 있다.
　　㉡ K가 3전시실인 경우
　　　• M은 2전시실이다.
　　　• N은 4전시실이다.
　　　• O는 5전시실이다.
　　㉢ K가 4전시실 또는 5전시실인 경우
　　　• 4전시실은 이미 N이 배치되어 있다.
　　　• 5전시실이라면 O가 K보다 뒤 전시실로 4배치될 수 없다.
　　따라서 3전시실에 올 수 있는 사람은 K, L, O이다.

34 '가' 은행 '나' 지점에서는 3월 11일 회계감사 관련 서류 제출을 위해 본점으로 출장을 가야 한다. 다음에 제시된 〈조건〉과 〈상황〉을 바탕으로 판단할 때, 출장을 함께 갈 수 있는 직원들의 조합으로 가능한 것은?

〈조건〉

1) 08시 정각 출발이 확정되어 있으며, 출발 후 '나' 지적에 복귀하기까지 총 8시간이 소요된다. 단, 비가 오는 경우 1시간이 추가로 소요된다.
2) 출장인원 중 한 명이 직접 운전하여야 하며, '운전면허 1종 보통' 소지자만 운전할 수 있다.
3) 출장시간에 사내 업무가 겹치는 경우에는 출장을 갈 수 없다.
4) 출장인원 중 부상자가 포함되어 있는 경우, 서류 박스 운반 지연으로 인해 30분이 추가로 소요된다.
5) 차장은 책임자로서 출장인원에 적어도 한 명 포함되어야 한다.
6) 주어진 조건 외에는 고려하지 않는다.

〈상황〉

1) 3월 11일은 하루 종일 비가 온다.
2) 3월 11일 당직 근무는 17시 10분에 시작한다.

직원	직급	운전면허	건강상태	출장 당일 사내 업무
A	차장	1종 보통	부상	없음
B	차장	2종 보통	건강	17시 15분 계약업체 담당
C	과장	없음	건강	17시 35분 고객 상담
D	과장	1종 보통	건강	당직 근무
E	대리	2종 보통	건강	없음

① A, B, C

② A, C, D

③ B, C, E

④ B, D, E

> **ADVICE** ④ 3월 11일에 하루 종일 비가 온다고 했으므로 복귀하기까지 총 소요 시간은 9시간이므로 복귀 시간은 부상자 없을 경우 17시가 된다. 부상이 있는 A가 출장을 갈 경우, 17시 15분에 사내 업무가 있는 B, 17시 10분부터 당직 근무를 서야 하는 D는 A와 함께 출장을 갈 수 없다. ③ B, C, E의 경우 1종 보통 운전면허 소지자가 없다.

35 다음의 자료를 가지고 '대학생의 표절문제와 그 해결 방안'에 대한 인터넷 보도기사를 작성하라는 지시를 받았다. 이 자료의 활용태도로 옳지 않은 것은?

⑺ 다른 신문에 게재된 기사의 내용

　'표절'은 의도적인 것은 물론이고 의도하지 않은 베끼기, 출처 미표기 등을 포함하는 개념으로, 학문 발전 및 공동체 윤리를 저해한다. 윤리정보센터의 Y씨는 '다른 사람이 써 놓은 글을 표절하는 것은 물건을 훔치는 것과 같은 범죄'라면서, 학생들이 표절인 걸 알면서도 대수롭지 않게 여기는 태도도 문제라고 지적했다. 이러한 문제들을 해결하기 위해서는 우선적으로 의식 개선이 필요하다고 말했다.

⑷ 설문조사의 결과

설문 대상 : A 대학교 학생 331명 (단위 : %)

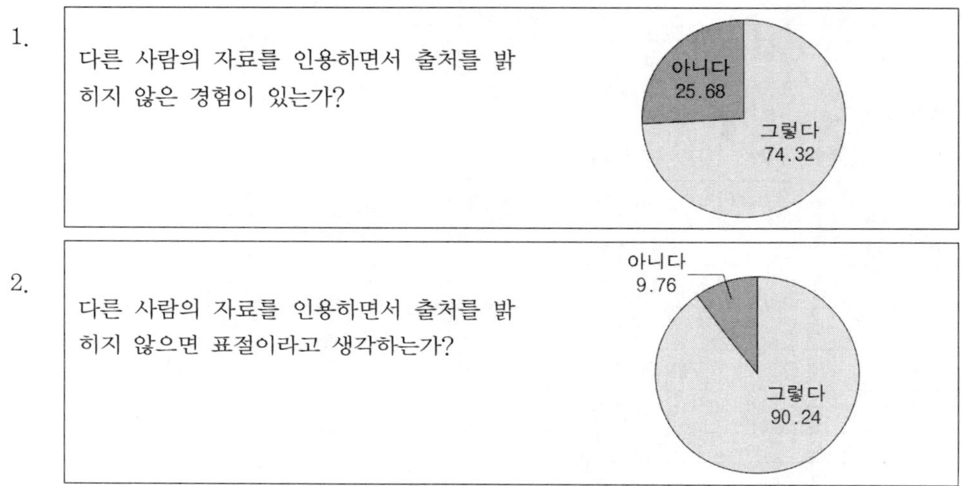

⑸ 연구 자료

　B 대학교 학생 42명을 대상으로 표절 검사 시스템의 효과 검증 연구가 이루어졌다. 연구자는 학생들에게 1차, 2차 과제물을 차례로 부여하였다. 과제물의 성격은 같으며 과제 작성 기간도 1주일로 동일하다. 1차 과제물을 부여할 때는 아무런 공지도 하지 않았으며, 2차 과제물을 부여할 때는 표절검사를 실시할 것임을 공지하였다. 과제물 수합 후 표절 검사 시스템을 통해 각각의 표절 여부를 확인하였다.

[연구 결과 : 시스템을 통한 표절 검사 결과 비교]

일치성 비율	1차 과제물	2차 과제물
10 % 미만	24	31
10 % 이상 ～ 20 % 미만	6	10
20 % 이상 ～ 30 % 미만	7	1
30 % 이상	5	0

(이 검사에서는 일치성 비율이 20 % 이상일 경우 표절에 해당함)

① (가)를 활용하여 표절의 개념과 해결의 필요성을 제시한다.

② (나) – 1을 활용하여 학생들의 표절 실태를 제시한다.

③ (다)를 활용하여 표절 검사 시스템의 도입이 표절 방지에 도움이 될 수 있음을 제시한다.

④ (나) – 2와 (다)를 활용하여 표절에 대한 학생들의 인식이 부족한 이유를 제시한다.

> **ADVICE** ④ (나)-2는 표절 개념에 대한 학생들의 인식도가 높음을 나타내고 있다. (다)에서는 표절 검사 시스템을 통해 표절이 줄어들 수 있음을 보여주고 있다. 이러한 자료에서 학생들이 표절에 대한 인식이 부족하다고 할 근거를 찾기 어려우며, 그 이유를 파악할 수도 없다.

36 다음은 배탈의 발생과 그 원인에 대한 설명이다. 배탈의 원인이 생수, 냉면, 생선회 중 하나라고 할 때, 다음의 진술 중 반드시 참인 것은?

> ㉠ 갑은 생수와 냉면 그리고 생선회를 먹었는데 배탈이 났다.
> ㉡ 을은 생수와 생선회를 먹지 않고 냉면만 먹었는데 배탈이 나지 않았다.
> ㉢ 병은 생수와 생선회는 먹었고 냉면은 먹지 않았는데 배탈이 났다.
> ㉣ 정은 생수와 냉면을 먹었고 생선회는 먹지 않았는데 배탈이 나지 않았다.

① ㉡㉣의 경우만 고려할 경우 냉면이 배탈의 원인이다.

② ㉠㉡㉣의 경우만 고려할 경우 냉면이 배탈의 원인이다.

③ ㉠㉢㉣의 경우만 고려할 경우 생수가 배탈의 원인이다.

④ ㉡㉢㉣의 경우만 고려할 경우 생선회가 배탈의 원인이다.

> **ADVICE** ④ 을, 병, 정만 고려한 경우 배탈이 나지 않은 을과 정은 생선회를 먹지 않았으며, 배탈이 난 병은 생선회를 먹었다. 여기서 생선회가 배탈의 원인임을 짐작할 수 있다.
> ① 을과 정만 고려한 경우 배탈을 나지 않은 을은 냉면을 먹었다.
> ② 갑, 을, 정만 고려한 경우 갑은 배탈의 원인이 생수, 냉면, 생선회 중 하나임을 알려주는데 이는 유용한 정보가 될 수 없으며, 냉면은 배탈의 원인이 되지 않음을 알 수 있다.
> ③ 갑, 병, 정만 고려한 경우 배탈이 나지 않은 정은 생수를 먹었다.

📝 Answer. 35.④ 36.④

37 다음 글을 근거로 판단할 때 〈상황〉에 맞는 대안을 가장 적절히 연결한 것을 고르면?

OO공사에서는 수익금의 일부를 기부하는 사랑의 바자회를 여름철에 정기적으로 실시하고 있다. 사랑의 바자회를 준비하고 있는 책임자는 바자회를 옥내에서 개최할 것인지 또는 야외에서 개최할 것인지를 검토하고 있는데, 여름철의 날씨와 장소 사용에 따라서 수익금액이 영향을 받는다. 사랑의 바자회를 담당한 주최 측에서는 옥내 또는 야외의 개최장소를 결정하는 판단기준으로 일기상황과 예상수입을 토대로 하여 대안별 일기상황의 확률과 예상수입을 곱한 결과 값의 합계가 큰 대안을 선택한다.

〈상황〉

A : 옥내에서 대회를 개최하는 경우 비가 오면 수익금은 150만원 정도로 예상되고, 비가 오지 않으면 190만원 정도로 될 것으로 예상된다고 한다. 한편 야외에서 개최하는 경우 비가 오면 수익금은 70만원 정도로 예상되고, 비가 오지 않으면 300만원 정도로 예상된다고 한다. 일기예보에 의하면 행사 당일에 비가 오지 않을 확률은 70%라고 한다.

B : 옥내에서 대회를 개최하는 경우 비가 오면 수익금은 80만원 정도로 예상되고, 비가 오지 않으면 250만원 정도로 될 것으로 예상된다고 한다. 한편 야외에서 개최하는 경우 비가 오면 수익금은 60만원 정도로 예상되고, 비가 오지 않으면 220만원 정도로 예상된다고 한다. 일기예보에 의하면 행사 당일에 비가 올 확률은 60%라고 한다.

C : 옥내에서 대회를 개최하는 경우 비가 오면 수익금은 150만원 정도로 예상되고, 비가 오지 않으면 200만원 정도로 될 것으로 예상된다고 한다. 한편 야외에서 개최하는 경우 비가 오면 수익금은 100만원 정도로 예상되고, 비가 오지 않으면 210만원 정도로 예상된다고 한다. 일기예보에 의하면 행사 당일에 비가 오지 않을 확률은 20%라고 한다.

---

① A : 옥내, B : 옥내, C : 옥내 　　　② A : 옥내, B : 야외, C : 옥내
③ A : 야외, B : 옥내, C : 옥내 　　　④ A : 야외, B : 옥내, C : 야외

ADVICE　㉠ 상황 A : 야외 선택
- 옥내 : $(150 \times 0.3) + (190 \times 0.7) = 178$(만원)
- 야외 : $(70 \times 0.3) + (300 \times 0.7) = 231$(만원)

㉡ 상황 B : 옥내 선택
- 옥내 : $(80 \times 0.6) + (250 \times 0.4) = 148$(만원)
- 야외 : $(60 \times 0.6) + (220 \times 0.4) = 124$(만원)

㉢ 상황 C : 옥내 선택
- 옥내 : $(150 \times 0.8) + (200 \times 0.2) = 160$(만원)
- 야외 : $(100 \times 0.8) + (210 \times 0.2) = 122$(만원)

38 甲, 乙, 丙, 丁, 戊 5명은 같은 부서에서 근무하고 있다. 이들 중 몇 명은 이번 금요일에 예정된 부서 회식에 참석해야 한다. 아래 조건에 따라 회식에 참석할 사원을 선정하기로 하고, 회식 참석 인원이 3명이라면, 다음 중 추가되어야 할 조건이 아닌 것은?

〈조건〉

1. 甲이 회식에 가면 乙은 가지 않는다.
2. 戊가 회식에 가면 丙은 가지 않는다.
3. 丁이 회식에 가면 甲이나 戊는 회식에 가야 한다.
4. 丙이나 乙이 회식에 가면 丁도 회식에 가야 한다.
5. 甲이 회식에 가면 丙도 함께 회식에 가야 한다.

---

① 丙은 회식에 가지 않는다.
② 丁은 회식에 가지 않는다.
③ 甲은 회식에 가지 않는다.
④ 戊는 회식에 가지 않는다.

ADVICE ㉠ 甲이 회식에 참석하는 경우

'甲이 회식에 가면 丙도 함께 가야 한다'에 따라 丙도 반드시 간다. '甲이 회식에 가면 乙은 가지 않는다'에 따라 乙은 가지 않는다. '丙나 乙이 회식에 가면 丁도 가야 한다'에서 丙이 가므로 丁도 반드시 간다. 이때 戊가 가면 '戊가 회식에 가면 丙은 가지 않는다'에 걸려 丙과 충돌한다. 따라서 戊는 가지 않는다. 결국 이 경우 회식 참석자는 甲, 丙, 丁으로 3명이 딱 맞는다.

㉡ 甲이 회식에 가지 않는 경우

3명을 채우려면 다른 사람들 조합이 필요하다. 丁이 회식에 가지 않는다고 가정해보면, '丙나 乙이 회식에 가면 丁도 가야 한다'때문에 丙과 乙은 가지 않는다. 그러면 남는 사람은 戊뿐이라 최대 1명만 참석 가능해진다. 즉, 3명이 참석하려면 丁은 반드시 가야 한다. 丁이 가면 '丁이 회식에 가면 甲이나 戊는 가야 한다'인데, 甲이 안 가는 경우이므로 戊는 반드시 가야 한다. 戊가 가면 '戊가 회식에 가면 丙은 가지 않는다'이므로 丙은 가지 않는다. 3명을 채우려면 남는 사람 중 乙이 가야 해서, 이 경우 참석자는 乙, 丁, 戊가 된다. 그러므로, 회식 참석 인원이 3명인 경우는 甲·丙·丁 또는 乙·丁·戊 두 경우뿐이며, 공통적으로 丁은 반드시 참석한다. 따라서 '丁은 회식에 가지 않는다'는 조건은 3명 참석과 양립할 수 없으므로, 추가되어야 할 조건이 아니다.

---

39 R 씨는 다음의 내용을 살펴보고 [A]에 'ㄱ씨의 취미는 독서이다.'라는 정보를 추가하라는 지시를 받았다. R 씨가 작업한 내용으로 가장 적절한 것은?

빅데이터(Big Data)란 기존의 일반적인 기술로는 관리하기 곤란한 대량의 데이터를 가리키는 것으로, 그 특성은 데이터의 방대한 양과 다양성 및 데이터 발생의 높은 빈도로 요약된다. 이전과 달리 특수 학문 분야가 아닌 일상생활과 밀접한 환경에서도 엄청난 분량의 데이터가 만들어지게 되었고, 소프트웨어 기술의 발달로 이전보다 적은 시간과 비용으로 대량의 데이터 분석이 가능해졌다. 또한 이를 분석하여 유용한 규칙이나 패턴을 발견하고 다양한 예측에 활용하는 사례가 늘어나면서 빅데이터 처리 기술의 중요성이 부각되고 있다. 이러한 빅데이터의 처리 및 분류와 관계된 기술에는 NoSQL 데이터베이스 시스템에 의한 데이터 처리 기술이 있다. 이를 이해하기 위해서는 기존의 관계형 데이터베이스관리시스템(RDBMS)에 대한 이해가 필요하다. RDBMS에서는 특정 기준이 제시된 데이터 테이블을 구성하고 이 기준을 속성으로 갖는 정형적 데이터를 다룬다. 고정성이 중요한 시스템이므로 상호 합의된 데이터 테이블의 기준을 자의적으로 추가, 삭제하거나 변용하는 것이 쉽지 않다. 또한 데이터 간의 일관성과 정합성이 유지될 것을 요구하므로 데이터의 변동 사항은 즉각적으로 반영되어야 한다. 〈그림 1〉은 RDBMS를 기반으로 은행들 간의 상호 연동되는 데이터를 정리하기 위해 사용하는 데이터 테이블의 가상 사례이다.

한예금 씨의 A 은행 거래내역

	거래일자	입금액	출금액	잔액	거래내용	기록사항	거래점
㉠	거래일자	입금액	출금액	잔액	거래내용	기록사항	거래점
㉡	2025.10.08.	30,000		61,217	이체	나저축	B 은행
㉢	2025.10.09.		55,000	6,217	자동납부	전화료	A 은행
㉣							

〈그림 1〉 RDBMS에 의해 구성된 데이터 테이블의 예

NoSQL 데이터베이스시스템은 특정 기준을 적용하기 어려운 비정형적 데이터를 효율적으로 처리할 수 있도록 설계되었다. 이 시스템에서는 선형으로 데이터의 특성을 나열하여 정리하는 방식을 통해 데이터의 속성을 모두 반영하여 처리한다. 〈그림 2〉는 NoSQL 데이터베이스 시스템으로 자료를 다루는 방식을 나타낸 것이다.

ㄱ씨, 34세, 간호사, 남	27세, 여, ㄴ씨, 서울 거주	ㄷ씨, 남, SNS 사용	…

행 = 1, 이름 = ㄱ씨, 나이 = 34세, 직업 = 간호사, 성별 = 남
행 = 2, 나이 = 27세, 성별 = 여, 이름 = ㄴ씨, 거주지 = 서울
행 = 3, 이름 = ㄷ씨, 성별 = 남, SNS = 사용

〈그림 2〉 NoSQL 데이터베이스 시스템에 의한 데이터 처리의 예

〈그림 2〉에서는 '이름=', '나이=', '직업='과 같이 데이터의 속성을 표시하는 기준을 같은 행 안에 포함시킴으로써 데이터의 다양한 속성을 빠짐없이 기록하고, 처리된 데이터를 쉽게 활용할 수 있도록 하고 있다. 또한 이 시스템은 데이터와 관련된 정보의 변용이 상대적으로 자유로우며, 이러한 변화가 즉각적으로 반영되지 않는다는 특성을 지닌다.

① 1행의 '성별 = 남' 다음에 '취미 = 독서'를 기록한다.

② 1행과 2행 사이에 행을 삽입하여 '취미 = 독서'를 기록한다.

③ 3행 다음에 행을 추가하여 '행 = 4, 이름 = ㄱ씨, 취미 = 독서'를 기록한다.

④ 기준에 맞는 데이터 테이블을 구성하여 해당란에 '독서'를 기록한다.

> **ADVICE** ① NoSQL 데이터베이스시스템에서는 데이터의 속성을 표시하는 기준을 '기준='과 같이 표시하고 그에 해당하는 정보를 함께 기록하며, 해당 행에 자유롭게 그 정보를 추가할 수 있다. 따라서 'ㄱ씨의 취미는 독서이다'와 같은 정보는 '취미=독서'의 형태로 'ㄱ씨'와 관련된 정보를 다룬 행의 마지막 부분에 추가할 수 있다.

40 〈보기〉에 제시된 네 개의 명제가 모두 참일 때, 다음 중 거짓인 것은?

〈보기〉

⊙ 甲 지역이 1급 상수원이면 乙 지역은 1급 상수원이 아니다.
ⓒ 丙 지역이 1급 상수원이면 乙 지역도 1급 상수원이다.
ⓒ 丁 지역이 1급 상수원이면 甲 지역도 1급 상수원이다.
ⓔ 丙 지역이 1급 상수원이 아니면 戊 지역도 1급 상수원이 아니다.

① 甲 지역이 1급 상수원이면 丙 지역도 1급 상수원이다.

② 丁 지역이 1급 상수원이면 丙 지역은 1급 상수원이 아니다.

③ 丙 지역이 1급 상수원이면 甲 지역은 1급 상수원이 아니다.

④ 戊 지역이 1급 상수원이면 丁 지역은 1급 상수원이 아니다.

> **ADVICE** ① 제시된 네 개의 명제의 대우명제를 정리하면 다음과 같다.
> ⊙→乙 지역이 1급 상수원이면 甲 지역은 1급 상수원이 아니다.
> ⓒ→乙 지역이 1급 상수원이 아니면 丙 지역도 1급 상수원이 아니다.
> ⓒ→甲 지역이 1급 상수원이 아니면 丁 지역도 1급 상수원이 아니다.
> ⓔ→戊 지역이 1급 상수원이면 丙 지역은 1급 상수원이다.
> 戊 지역이 1급 상수원임을 기준으로 원래의 명제와 대우명제를 함께 정리하면 '戊 지역→丙 지역→乙 지역→~甲 지역→~丁 지역'의 관계가 성립하게 되고, 이것의 대우인 '丁 지역→甲 지역→~乙 지역→~丙 지역→~戊 지역'도 성립한다. 따라서 甲 지역이 1급 상수원이면 丙 지역은 1급 상수원이 아니므로 ①은 거짓이다.

---

41 M회사 구내식당에서 근무하고 있는 N씨는 식단을 편성하는 업무를 맡고 있다. 식단편성을 위한 조건이 다음과 같을 때 월요일에 편성되는 식단은?

> • 다음 5개의 메뉴를 월요일~금요일 5일에 각각 하나씩 편성해야 한다.
> – 돈가스 정식, 나물 비빔밥, 크림 파스타, 오므라이스, 제육덮밥
> • 월요일에는 돈가스 정식을 편성할 수 없다.
> • 목요일에는 오므라이스를 편성할 수 없다.
> • 제육덮밥은 금요일에 편성해야 한다.
> • 나물 비빔밥은 제육덮밥과 연달아 편성할 수 있다.
> • 돈가스 정식은 오므라이스보다 먼저 편성해야 한다.

① 나물 비빔밥
② 크림 파스타
③ 오므라이스
④ 제육덮밥

> **ADVICE** ① 금요일에는 제육덮밥이 편성된다. 목요일에는 오므라이스를 편성할 수 없고, 다섯 번째 조건에 의해 나물 비빔밥도 편성할 수 없다. 따라서 목요일에는 돈가스 정식 또는 크림 파스타가 편성되어야 한다. 마지막 조건과 두 번째 조건에 의해 돈가스 정식은 월요일, 목요일에도 편성할 수 없으므로 돈가스 정식은 화요일에 편성된다. 따라서 목요일에는 크림 파스타, 월요일에는 나물 비빔밥이 편성된다.

42 甲은 건강상의 이유로 3개월간 주당 20시간만 근무하고 있다. 甲의 월급이 240만 원일 때 보전 수당은 얼마인가? (단, 조건 외에 다른 것은 고려하지 않음)

> 근로자의 사정으로 기존 근무시간보다 적게 근무하도록 승인된 경우, 아래의 계산식에 따라 보전수당을 지급한다.
>
> | 월급의 60% × (기준 근무시간－실제 근무시간)/기준 근무시간 |
> | --- |
>
> ※ 기준 주간 근무시간은 40시간이다.

① 48만 원
② 60만 원
③ 72만 원
④ 84만 원

> **ADVICE** ③ 월급의 60%는 144만 원이다. 보전수당 계산식에 따라 144만 원 × 0.5
> ∴ 72만 원

43 다음 조건을 바탕으로 할 때, 김 교수의 연구실 위치한 건물과 오늘 갔던 서점이 위치한 건물을 순서대로 올바르게 짝지은 것은?

- 최 교수, 김 교수, 정 교수의 연구실은 경영관, 문학관 홍보관 중 한 곳에 있으며 서로 같은 건물에 있지 않다.
- 이들은 오늘 각각 자신의 연구실이 있는 건물이 아닌 다른 건물에 있는 서점에 갔었으며, 서로 같은 건물의 서점에 가지 않았다.
- 정 교수는 홍보관에 연구실이 있으며, 최 교수와 김 교수는 오늘 문학관 서점에 가지 않았다.
- 김 교수는 정 교수가 오늘 갔던 서점이 있는 건물에 연구실이 있다.

---

① 문학관, 경영관
② 경영관, 경영관
③ 홍보관, 홍보관
④ 문학관, 홍보관

> **ADVICE** ① 첫 번째와 두 번째 조건을 정리해 보면, 세 사람은 모두 각기 다른 건물에 연구실이 있으며, 오늘 갔던 서점도 서로 겹치지 않는 건물에 있다.
>
> 세 번째 조건에서 최 교수와 김 교수는 오늘 문학관 서점에 가지 않았다고 하였으므로 정 교수가 문학관 서점에 간 것을 알 수 있다. 즉, 정 교수는 홍보관에 연구실이 있고 문학관 서점에 갔다.
>
> 네 번째 조건에서 김 교수는 정 교수가 오늘 갔던 서점이 있는 건물에 연구실이 있다고 하였으므로 김 교수의 연구실은 문학관에 있고, 따라서 최 교수는 경영관에 연구실이 있다.
>
> 두 번째 조건에서 자신의 연구실이 있는 건물이 아닌 다른 건물에 있는 서점에 갔다고 했으므로, 김 교수가 경영관 서점을 갔고 최 교수가 홍보관 서점을 간 것이 된다. 이를 표로 나타내면 다음과 같다.

교수	정 교수	김 교수	최 교수
연구실	홍보관	문학관	경영관
서점	문학관	경영관	홍보관

---

44 甲, 乙, 丙, 丁, 戊는 모두 자차로 출퇴근한다. 다음에 제시된 조건이 모두 참일 때 항상 참인 것을 고르시오.

> a. 모두 일렬로 주차되어 있으며 지정주차다.
> b. 차량의 색은 빨간색, 주황색, 노란색, 초록색, 파란색이다.
> c. 7년차, 5년차, 3년차, 2년차, 1년차로 연차가 높을수록 지정번호는 낮다.
> d. 지정번호가 가장 낮은 자리에 주차한 차량의 색은 주황색이다.
> e. 노란색 차량과 빨간색 차량의 사이에는 초록색 차량이 주차되어 있다.
> f. 乙의 차량 색상은 초록색이다.
> g. 1이 아닌 맨 뒷자리에 주차한 사람은 丙이다.
> h. 2년차 차량 색상은 빨간색이다.
> i. 戊의 차량은 甲의 옆자리에 주차되어 있다.

① 甲은 7년차이다.　　　　　　　　　② 戊의 차량은 주황색 차량이다.

③ 2년차 차량의 색은 빨간색이다.　　　④ 乙보다 연차가 높은 사람은 한 명이다.

ADVICE ③ 먼저, 제시된 조건을 정리하면 다음과 같다.
a. 모두 일렬로 주차되어 있으며 지정주차다.
c. 7년차, 5년차, 3년차, 2년차, 1년차로 연차가 높을수록 지정번호는 낮다.

1	2	3	4	5
7년차	5년차	3년차	2년차	1년차

b. 차량의 색은 빨간색, 주황색, 노란색, 초록색, 파란색이다.
d. 지정번호가 가장 낮은 자리에 주차한 차량의 색은 주황색이다.
e. 노란색 차량과 빨간색 차량의 사이에는 초록색 차량이 주차되어 있다.
h. 2년차 차량 색상은 빨간색이다.

1	2	3	4	5
7년차	5년차	3년차	2년차	1년차
주황색	노란색	초록색	빨간색	

f. 乙의 차량 색상은 초록색이다.
g. 1이 아닌 맨 뒷자리에 주차한 사람은 丙이다.
i. 戊의 차량은 甲의 옆자리에 주차되어 있다.

1	2	3	4	5
7년차	5년차	3년차	2년차	1년차
주황색	노란색	초록색	빨간색	
甲 or 戊	甲 or 戊	乙		丙

戊의 차량과 甲의 차량이 옆자리여야 하므로 7년차와 5년차이다. 이를 조합하여 다시 표로 정리하면 다음과 같다.

1	2	3	4	5
7년차	5년차	3년차	2년차	1년차
주황색	노란색	초록색	빨간색	파란색
甲 or 戊	甲 or 戊	乙	丁	丙

③ 2년차 차량의 색은 빨간색이다. (O)
① 甲은 7년차 또는 5년차이므로 항상 참은 아니다.
② 戊의 차량은 주황색 차량 또는 노란색 차량이므로 항상 참은 아니다.
④ 乙은 3년차로, 乙보다 연차가 높은 사람은 7년차, 5년차 두 명이다.

45 R기업은 공작기계를 생산하는 업체이다. 이번 주 R기업에서 월요일~토요일까지 생산한 공작기계가 다음과 같을 때, 월요일에 생산한 공작기계의 수량이 될 수 있는 수를 모두 더하면 얼마인가? (단, 1대도 생산하지 않은 날은 없음)

> • 화요일에 생산된 공작기계는 금요일에 생산된 수량의 절반이다.
> • 이 공장의 최대 하루 생산 대수는 9대이고, 이번 주에는 요일별로 생산한 공작기계의 대수가 모두 달랐다.
> • 목요일부터 토요일까지 생산한 공작기계는 모두 15대이다.
> • 수요일에는 9대의 공작기계가 생산되었고, 목요일에는 이보다 1대가 적은 공작기계가 생산되었다.
> • 월요일과 토요일에 생산된 공작기계를 합하면 10대가 넘는다.

① 10   ② 11

③ 12   ④ 13

ADVICE ④ 네 번째 조건에서 수요일에 9대가 생산되었으므로 목요일에 생산된 공작기계는 8대가 된다.

월요일	화요일	수요일	목요일	금요일	토요일
		9대	8대		

첫 번째 조건에 따라 금요일에 생산된 공작기계 수는 화요일에 생산된 공작기계 수의 2배가 되는데, 두 번째 조건에서 요일별로 생산한 공작기계의 대수가 모두 달랐다고 하였으므로 금요일에 생산된 공작기계의 수는 6대, 4대, 2대의 세 가지 중 하나가 될 수 있다. 그런데 금요일의 생산 대수가 6대일 경우, 세 번째 조건에 따라 목~토요일의 합계 수량이 15대가 되어야 하므로 토요일은 1대를 생산한 것이 된다. 그러나 토요일에 1대를 생산하였다면 다섯 번째 조건인 월요일과 토요일에 생산된 공작기계의 합이 10대를 넘지 않는다. (∵ 하루 최대 생산 대수는 9대이고 요일별로 생산한 공작기계의 대수가 모두 다른 상황에서 수요일에 이미 9대를 생산하였으므로) 금요일에 4대를 생산하였을 경우에도 토요일의 생산 대수가 3대가 되므로 다섯 번째 조건에 따라 월요일은 7대보다 많은 수량을 생산한 것이 되어야 하므로 이 역시 성립할 수 없다. 즉, 세 가지 경우 중 금요일에 2대를 생산한 경우만 성립하며 화요일에는 1대, 토요일에는 5대를 생산한 것이 된다.

월요일	화요일	수요일	목요일	금요일	토요일
	1대	9대	8대	2대	5대

Answer. 44.③ 45.④

[지역방송 채널 편성규칙]

• K시의 지역방송 채널은 채널1, 채널2, 채널3, 채널4 네 개이다.
• 오후 7시부터 12시까지는 다음을 제외한 모든 프로그램이 1시간 단위로만 방송된다.

시사정치	기획물	예능	영화 이야기	지역 홍보물
최소 2시간 이상	1시간 30분	40분	30분	20분

• 모든 채널은 오후 7시부터 12시까지 뉴스 프로그램이 반드시 포함되어 있다.

[오후 7시~12시 프로그램 편성내용]

• 채널1은 3개 프로그램이 방송되었으며, 9시 30분부터 시사정치를 방송하였다.
• 채널2는 시사정치와 지역 홍보물 방송이 없었으며, 기획물, 예능, 영화 이야기가 방송되었다.
• 채널3은 6시부터 시작한 시사정치 방송이 9시에 끝났으며, 바로 이어서 뉴스가 방송되었고 기획물도 방송되었다.
• 채널4에서는 예능 프로그램이 연속 2회 편성되었고, 예능을 포함한 4종류의 프로그램이 방송되었다.

---

46 다음 중 위의 자료를 참고할 때, 오후 7시~12시까지의 방송 프로그램에 대하여 바르게 설명하지 못한 것? (단, 프로그램의 중간에 광고방송 시간은 고려하지 않음)

① 채널1에서 기획물이 방송되었다면 예능은 방송되지 않았다.

② 채널2는 정확히 12시에 프로그램이 끝나며 새로 시작되는 프로그램이 있을 수 없다.

③ 채널3에서 영화 이야기가 방송되었다면, 정확히 12시에 어떤 프로그램이 끝나게 된다.

④ 채널4에서 예능 프로그램이 연속 2회 방송되기 위해서는 반드시 뉴스보다 먼저 방송되어야 한다.

> **ADVICE** ④ 예능 프로그램 2회 방송의 총 소요 시간은 1시간 20분으로 1시간짜리 뉴스와의 방송 순서는 총 방송 편성시간에 아무런 영향을 주지 않는다.
> ① 채널1은 3개의 프로그램이 방송되었는데 뉴스 프로그램을 반드시 포함해야 하므로, 기획물이 방송되었다면 뉴스, 기획물, 시사정치의 3개 프로그램이 방송되었다.
> ② 기획물, 예능, 영화 이야기에 뉴스를 더한 방송시간은 총 3시간 40분이 된다. 채널2는 시사정치와 지역 홍보물 방송이 없고 나머지 모든 프로그램은 1시간 단위로만 방송하므로 정확히 12시에 프로그램이 끝나고 새로 시작하는 편성 방법은 없다.
> ③ 9시에 끝난 시사정치 프로그램에 바로 이어진 뉴스가 끝나면 10시가 된다. 기획물의 방송시간은 1시간 30분이므로, 채널3에서 영화 이야기가 방송되었다면 정확히 12시에 기획물이나 영화 이야기 중 하나가 끝나게 된다.

47 다음 중 각 채널별로 정각 12시에 방송하던 프로그램을 마치기 위한 방법을 설명한 것으로 옳지 않은 것은? (단, 프로그램의 중간에 광고방송 시간은 고려하지 않음)

① 채널1에서 기획물을 방송한다면 시사정치를 2시간 반만 방송한다.

② 채널2에서 지역 홍보물 프로그램을 추가한다.

③ 채널3에서 영화 이야기 프로그램을 추가한다.

④ 채널2에서 영화 이야기 프로그램 편성을 취소한다.

> **ADVICE** ④ 채널2에서 영화 이야기 프로그램 편성을 취소하면 3시간 10분의 방송 소요시간만 남게 되므로 정각 12시에 프로그램을 마칠 수 없다.
> ① 기획물 1시간 30분 + 뉴스 1시간 + 시사정치 2시간 30분 = 5시간으로 정각 12시에 마칠 수 있다.
> ② 뉴스 1시간 + 기획물 1시간 30분 + 예능 40분 + 영화 이야기 30분 + 지역 홍보물 20분 = 4시간이므로 1시간짜리 다른 프로그램을 추가하면 정각 12시에 마칠 수 있다.
> ③ 시사정치 2시간 + 뉴스 1시간 + 기획물 1시간 30분 + 영화 이야기 30분 = 5시간으로 정각 12시에 마칠 수 있다.

❙48~49❙ 다음은 블루투스 이어폰을 구매하기 위하여 전자제품 매장을 찾은 K 씨가 제품설명서를 보고 점원과 나눈 대화와 설명서 내용의 일부이다. 다음을 보고 이어지는 물음에 답하시오.

K 씨 : "블루투스 이어폰을 좀 사려고 합니다."
점 원 : "네 고객님, 어떤 조건을 원하시나요?"
K 씨 : "제 것과 친구에게 선물할 것 두 개를 사려고 하는데요, 두 개 모두 가볍고 배터리 사용시간이 좀 길었으면 합니다. 무게는 42g까지가 적당할 거 같고요. 저는 충전시간이 짧으면서도 통화시간이 긴 제품을 원해요. 선물하려는 제품은요, 일주일에 한 번만 충전해도 통화시간이 16시간은 되어야 하고, 음악은 운동하면서 매일 하루 1시간씩만 들을 수 있으면 돼요. 스피커는 고감도인 게 더 낫겠죠."
점 원 : "그럼 고객님께는 (　)모델을, 친구 분께 드릴 선물로는 (　)모델을 추천해 드립니다."

〈제품 사양서〉

구분	무게	충전시간	통화시간	음악재생시간	스피커 감도
A모델	40.0g	2.2H	15H	17H	92db
B모델	43.5g	2.5H	12H	14H	96db
C모델	38.4g	3.0H	12H	15H	94db
D모델	42.0g	2.2H	13H	18H	85db

※ A, B모델 : 통화시간 1시간 감소 시 음악재생시간 30분 증가
※ C, D모델 : 음악재생시간 1시간 감소 시 통화시간 30분 증가

48　다음 중 위 네 가지 모델에 대한 설명으로 옳은 것을 〈보기〉에서 모두 고르면?

〈보기〉

㉮ 충전시간당 통화시간이 긴 제품일수록 음악재생시간이 길다.
㉯ 충전시간당 통화시간이 5시간 이상인 것은 A, D모델이다.
㉰ A모델은 통화에, C모델은 음악재생에 더 많은 배터리가 사용된다.
㉱ B모델의 통화시간을 10시간으로 제한하면 음악재생시간을 C모델과 동일하게 유지할 수 있다.

① ㉮, ㉯
② ㉯, ㉱
③ ㉰, ㉱
④ ㉮, ㉰

 (가) 충전시간당 통화시간은 A모델 6.8H > D모델 5.9H > B모델 4.8H > C모델 4.0H 순이다. 음악재생시간은 D모델 > A모델 > C모델 > B모델 순으로 그 순위가 다르다. (X)

(나) 충전시간당 통화시간이 5시간 이상인 것은 A모델 6.8H과 D모델 5.9H이다. (O)

(다) 통화 1시간을 감소하여 음악재생 30분의 증가 효과가 있다는 것은 음악재생에 더 많은 배터리가 사용된다는 것을 의미하므로 A모델은 음악재생에, C모델은 통화에 더 많은 배터리가 사용된다. (X)

(라) B모델은 통화시간 1시간 감소 시 음악재생시간 30분이 증가한다. 현행 12시간에서 10시간으로 통화시간을 2시간 감소시키면 음악재생시간이 1시간 증가하여 15시간이 되므로 C모델과 동일하게 된다. (O)

49 다음 중 점원이 K 씨에게 추천한 빈칸의 제품이 순서대로 올바르게 짝지어진 것은 어느 것인가?

	K 씨	선물
①	C모델	A모델
②	C모델	D모델
③	A모델	C모델
④	A모델	B모델

 ③ 두 개의 제품 모두 무게가 42g 이하여야 하므로 B모델은 제외된다. K씨는 충전시간이 짧고 통화시간이 길어야 한다는 조건만 제시되어 있으므로 나머지 세 모델 중 A모델이 가장 적절하다.

친구에게 선물할 제품은 통화시간이 16시간이어야 하므로 통화시간을 더 늘릴 수 없는 A모델은 제외되어야 한다. 나머지 C모델, D모델은 모두 음악재생시간을 조절하여 통화시간을 16시간으로 늘릴 수 있으며 이때 음악재생시간 감소는 C, D모델이 각각 3시간(통화시간 4시간 증가)과 6시간(통화시간 3시간 증가)이 된다. 따라서 두 모델의 음악재생 가능시간은 15 − 8 = 7시간, 18 − 6 = 12시간이 된다. 그런데 일주일 1회 충전하여 매일 1시간씩의 음악을 들을 수 있으면 된다고 하였으므로 7시간 이상의 음악재생시간이 필요하지는 않으며, 7시간만 충족될 경우 고감도 스피커 제품이 더 낫다고 요청하고 있다. 따라서 D모델보다 C모델이 더 적절하다는 것을 알 수 있다.

Answer. **48.**② **49.**③

50 장비 대여 업체에서 현장 작업에 필요한 장비를 예약했으나 주문한 장비 중 일부 모델에서 불량이 발견되어 배송이 지연될 수 있다는 연락을 받았다. 다른 업체의 동일 기능의 대체 장비인 A모델을 대여하려고 할 때 일정상 17일까지는 반드시 장비를 수령해야 한다. 〈보기〉의 배송 일정표를 참고할 때 일정에 지장 없이 안전하게 C모델을 수령할 수 있는 가장 늦은 주문일은 언제인가?

〈보기〉

[배송 안내]

저희 甲몰을 이용해주셔서 감사합니다.
10 ~ 12일 연휴 기간 동안 배송이 아래와 같이 진행됩니다.
연휴 기간 동안 고객센터 업무가 중단되며, 15일부터 순차적으로 문의 및 발송 처리가 시작됩니다.

감사합니다.

[배송일정]

월	화	수	목	금	토	일
1 (오늘)	2	3	4	5	6	7
8	9	10	11	12	13	14
15	16	17	18	19	20	21
22	23	24	25	26	27	28
29	30					

- 8 ~ 9일, 15 ~ 16일 주문건 : 정상출고 되나, 물류 증가로 기존 배송일보다 최대 1 ~ 2일 더 소요될 수 있습니다.
- 10 ~ 12일 주문건 : 모든 배송 시스템이 중단됩니다.
- 토 · 일 · 공휴일은 출고 및 배송이 중단됩니다.

※ 1) 13시 이전 주문건 : 당일 출고
  2) 13시 이후 주문건 : 익일 출고
  3) 출고일로부터 2 ~ 3일 후 도착

① 8일 오전 11시
② 9일 오후 12시
③ 10일 오전 11시
④ 15일 오전 12시

 ③ 장비를 반드시 수령해야 하는 날은 17일이다. 배송은 출고 후 2 ~ 3일 소요, 물류 증가로 최대 2일 더 소요되는 것을 감안했을 때 최대 5일이 소요된다. 따라서 9일에 출고가 되어야 17일에 장비 수령이 가능하다. 당일 출고가 되려면 13시 이전에 주문해야 한다. 이때 9일에 출고된 물량은 15~16일 재송 지연 규정과는 무관하여 기본 배송일 + 8 ~ 9일 배송 지연일을 더한 최대 5일만 고려하면 된다.

Answer. 50.③

정보능력

[정보능력] NCS 출제유형

① 컴퓨터활용능력 : 컴퓨터 프로그램 사용법에 대한 문제를 물어보는 문제이다.
② 정보처리능력 : 엑셀, 알고리즘, 코딩과 관련한 문제를 통해 정보처리 방법을 찾아내는 문제이다.

[정보능력] 출제경향

엑셀 함수문제가 자주 출제가 되는 편이다. 또한 컴퓨터 일반은 난이도가 높지는 않지만 자주 출제되는 편이기 때문에 기본이론을 탄탄하게 준비하고 있는 것이 중요하다. 또한 알고리즘과 관련하여 최근에는 출제가 되고 있는 편으로 디지털 리터러시 능력을 익히는 것이 점차 중요해지고 있다.

[정보능력] 빈출유형

엑셀										
알고리즘										
기초 코딩										
자료해석										

예제 01 컴퓨터활용능력

5W2H는 정보를 전략적으로 수집·활용할 때 주로 사용하는 방법이다. 5W2H에 대한 설명으로 옳지 않은 것은?

① WHAT : 정보의 수집방법을 검토한다.
② WHERE : 정보의 소스(정보원)를 파악한다.
③ WHEN : 정보의 요구(수집)시점을 고려한다.
④ HOW : 정보의 수집방법을 검토한다.

출제의도

방대한 정보들 중 꼭 필요한 정보와 수집 방법 등을 전략적으로 기획하고 정보 수집이 이루어질 때 효과적인 정보 수집이 가능해진다. 5W2H는 이러한 전략적 정보 활용 기획의 방법으로 그 개념을 이해하고 있는지를 묻는 질문이다.

해설

5W2H의 'WHAT'은 정보의 입수대상을 명확히 하는 것이다. 정보의 수집방법을 검토하는 것은 HOW(어떻게)에 해당되는 내용이다.

답 ①

예제 02 컴퓨터활용능력

당신은 커피 전문점을 운영하고 있다. 아래와 같이 엑셀 워크시트로 4개 지점의 원두 구매 수량과 단가를 이용하여 금액을 산출하고 있을 때 D3셀에서 사용하고 있는 함수식으로 옳은 것은? (단, 금액 = 수량 × 단가)

	A	B	C	D	E
1	지점	원두	수량(100g)	금액	
2	A	케냐	15	150,000	
3	B	콜롬비아	25	175,000	
4	C	케냐	30	300,000	
5	D	브라질	35	210,000	
6					
7		원두	100g당 단가		
8		케냐	10,000		
9		콜롬비아	7,000		
10		브라질	6,000		
11					

① =C3*VLOOKUP(B3, $B$8:$C$10, 1, 1)
② =B3*HLOOKUP(C3, $B$8:$C$10, 2, 0)
③ =C3*VLOOKUP(B3, $B$8:$C$10, 2, 0)
④ =C3*HLOOKUP($B$8:$C$10, 2, B3)

출제의도

본 문항은 엑셀 워크시트 함수의 활용도를 확인하는 문제이다.

해설

"VLOOKUP(B3,$B$8:$C$10, 2, 0)"의 함수를 해설해보면 B3의 값(콜롬비아)을 B8:C10에서 찾은 후 그 영역의 2번째 열(C열, 100g당 단가)에 있는 값을 나타내는 함수이다. 금액은 "수량 × 단가"으로 나타내므로 D3셀에 사용되는 함수식은 "=C3*VLOOKUP(B3, $B$8:$C$10, 2, 0)"이다.

※ HLOOKUP과 VLOOKUP
　　㉠ HLOOKUP : 배열의 첫 행에서 값을 검색하여, 지정한 행의 같은 열에서 데이터를 추출
　　㉡ VLOOKUP : 배열의 첫 열에서 값을 검색하여, 지정한 열의 같은 행에서 데이터를 추출

답 ③

인사팀에서 근무하는 J 씨는 회사가 성장함에 따라 직원 수가 급증하기 시작하면서 직원들의 정보관리 방법을 모색하던 중 다음과 같은 A사의 직원 정보관리 방법을 보게 되었다. J 씨는 A사가 하고 있는 이 방법을 회사에도 도입하고자 한다. 이 방법은 무엇인가?

> A사의 인사부서에 근무하는 H 씨는 직원들의 개인정보를 관리하는 업무를 담당하고 있다. A사에서 근무하는 직원은 수천 명에 달하기 때문에 H 씨는 주요 키워드나 주제어를 가지고 직원들의 정보를 구분하여 관리하여, 찾을 때도 쉽고 내용을 수정할 때도 이전보다 훨씬 간편할 수 있도록 했다.

① 목록을 활용한 정보관리
② 색인을 활용한 정보관리
③ 분류를 활용한 정보관리
④ 1 : 1 매칭을 활용한 정보관리

출제의도
본 문항은 정보관리 방법의 개념을 이해하고 있는가를 묻는 문제이다.

해설]
주어진 자료의 A사에서 사용하는 정보관리는 주요 키워드나 주제어를 가지고 정보를 관리하는 방식인 색인을 활용한 정보관리이다. 디지털 파일에 색인을 저장할 경우 추가, 삭제, 변경 등이 쉽다는 점에서 정보관리에 효율적이다.

 ②

1 엑셀 사용 시 발견할 수 있는 오류 메시지 중에 대한 설명으로 옳지 않은 것은?

① #DIV/0! – 수식에서 어떤 값을 0으로 나누었을 때 표시되는 오류 메시지

② #N/A – 함수나 수식에 사용할 수 없는 데이터를 사용했을 경우 발생하는 오류 메시지

③ #NULL! – 잘못된 이수나 피연산자를 사용했을 경우 발생하는 오류 메시지

④ #NUM! – 수식이나 함수에 잘못된 숫자 값이 포함되어 있을 경우 발생하는 오류 메시지

> **ADVICE** ③ '#NULL!'은 교차하지 않은 두 영역의 교차점을 참조 영역으로 지정하였을 경우 발생하는 오류 메시지이며, 잘못된 인수나 피연산자를 사용했을 경우 발생하는 오류 메시지는 '#VAUE!'이다.

2 컴퓨터 사용 도중 발생하는 문제들을 해결하는 방법으로 옳지 않은 것은?

① 시스템 속도가 느린 경우 : [제어판] – [프로그램 추가/제거] – [Windows 구성요소 추가/제거] – [인덱스 서비스]를 선택하여 설치한다.

② 네트워크 통신이 되지 않을 경우 : 케이블 연결과 프로토콜 설정을 확인하여 수정한다.

③ 메모리가 부족한 경우 : 메모리를 추가하거나 불필요한 프로그램을 종료한다.

④ 제대로 동작하지 않는 하드웨어가 있을 경우 : 올바른 장치 드라이버를 재설치한다.

> **ADVICE** ① [인덱스 서비스]는 빠른 속도로 전체 텍스트를 검색할 수 있도록 문서를 찾고 색인화하는 서비스로, 시스템의 속도는 오히려 조금 느리게 되지만 검색 속도는 빨라진다는 장점이 있다. [인덱스 서비스]를 설치한다고 하여 시스템 속도가 빨라진다고 하기는 어렵다.

Answer. 1.③ 2.①

3 다음 중 데이터베이스에 대한 설명으로 옳지 않은 것은?

① 정보를 효과적으로 조작하고 효율적인 검색을 할 수 있도록 이용하기 위한 것이다.

② 여러 개의 서로 연관된 파일을 데이터베이스라고 한다.

③ 데이터베이스 관리시스템은 데이터와 파일, 그들의 관계 등을 생성하고 유지하고 검색할 수 있게 해주는 소프트웨어를 말한다.

④ 데이터베이스 파일시스템은 한 번에 한 개의 파일에 대하여 생성, 유지, 검색할 수 있는 소프트웨어이다.

> **ADVICE** ④ 파일관리시스템은 한 번에 한 개의 파일에 대해서 생성, 유지, 검색을 할 수 있는 소프트웨어이다.

4 다음 중 컴퓨터 보안 위협의 형태와 그 내용에 대한 설명이 올바르게 연결되지 않은 것은?

① 피싱(Phishing) – 유명 기업이나 금융기관을 사칭한 가짜 웹사이트나 이메일 등으로 개인의 금융정보와 비밀번호를 입력하도록 유도하여 예금 인출 및 다른 범죄에 이용하는 수법

② 스푸핑(Spoofing) – 악의적인 목적으로 임의로 웹사이트를 구축해 일반 사용자의 방문을 유도한 후 시스템 권한을 획득하여 정보를 빼가거나 암호와 기타 정보를 입력하도록 속이는 해킹 수법

③ 디도스(DDoS) – 시스템에 불법적인 행위를 수행하기 위하여 다른 프로그램으로 위장하여 특정 프로그램을 침투시키는 행위

④ 스니핑(Sniffing) – 네트워크 주변을 지나다니는 패킷을 엿보면서 아이디와 패스워드를 알아내는 행위

> **ADVICE** ③ '트로이 목마'를 설명하고 있다. 디도스는 분산서비스 거부 공격으로, 특성 사이트에 오버플로를 일으켜서 시스템이 서비스를 거부하도록 만드는 것이다.

5 다음 중 5W2H에 관한 설명으로 옳지 않은 것은?

① WHAT(무엇을) : 정보의 입수대상을 명확히 한다.

② WHERE(언제까지) : 정보의 요구(수집)시점을 고려한다.

③ WHY(왜) : 정보의 필요목적을 염두에 둔다.

④ WHO(누가) : 정보활동의 주체를 확정한다.

> **ADVICE** 5W2H : 정보 활용의 전략적 기획
> ㉠ WHAT(무엇을) : 정보의 입수대상을 명확히 한다.
> ㉡ WHERE(어디에서) : 정보의 소스(정보원)를 파악한다.
> ㉢ WHEN(언제까지) : 정보의 요구(수집)시점을 고려한다.
> ㉣ WHY(왜) : 정보의 필요목적을 염두에 둔다.
> ㉤ WHO(누가) : 정보활동의 주체를 확정한다.
> ㉥ HOW(어떻게) : 정보의 수집방법을 검토한다.
> ㉦ HOW MUCH(얼마나) : 정보수집의 비용성(효용성)을 중시한다.

6 다음 중 '클라우드 컴퓨팅'에 대한 적절한 설명이 아닌 것은?

① 사용자들이 복잡한 정보를 보관하기 위해 별도의 데이터 센터를 구축할 필요가 없다.

② 정보의 보관보다 정보의 처리 속도와 정확성이 관건인 네트워크 서비스이다.

③ 장소와 시간에 관계없이 다양한 단말기를 통해 정보에 접근할 수 있다.

④ 주소록, 동영상, 음원, 오피스 문서, 게임, 메일 등 다양한 콘텐츠를 대상으로 한다.

> **ADVICE** ② 클라우드 컴퓨팅이란 인터넷을 통해 제공되는 서버를 활용해 정보를 보관하고 있다가 필요할 때 꺼내 쓰는 기술을 말한다. 따라서 클라우드 컴퓨팅의 핵심은 데이터의 저장·처리·네트워킹 및 다양한 어플리케이션 사용 등 IT 관련 서비스를 인터넷과 같은 네트워크를 기반으로 제공하는데 있어, 정보의 보관 분야에 있어 획기적인 컴퓨팅 기술이라고 할 수 있다.

Answer. 3.④ 4.③ 5.② 6.②

7 다음 내용에 해당하는 인터넷 검색 방식을 일컫는 말은?

> 이 검색 방식은 검색엔진에서 문장 형태의 질의어를 형태소 분석을 거쳐 언제(when), 어디서(where), 누가 (who), 무엇을(what), 왜(why), 어떻게(how), 얼마나(how much)에 해당하는 5W 2H를 읽어내고 분석하 여 각 질문에 답이 들어있는 사이트를 연결해 주는 검색엔진이다.

① 자연어 검색 방식
② 주제별 검색 방식
③ 통합형 검색 방식
④ 키워드 검색 방식

ADVICE ① 자연어 검색 방식 : 컴퓨터를 전혀 모르는 사람이라도 대화하듯이, 일반적인 문장의 형태로 검색어를 입력 하는 방식을 말한다. 일반적인 키워드 검색과 달리 자연어 검색은 사용자가 질문하는 문장을 분석하여 질문의 의미 파악을 통해 정보를 찾기 때문에 훨씬 더 간편하고 정확도 높은 답을 찾을 수 있습니다. 말 하자면 단순한 키워드 검색의 경우 중복 검색이 되거나 필요없는 정보가 더 많아서 여러 차례 해당하는 정보를 찾기 위해 불편을 감수해야 하지만 자연어 검색은 질문의 의미에 적합한 답만을 찾아주기 때문에 더 효율적이다.
② 주제별 검색 방식 : 인터넷상에 존재하는 웹 문서들을 주제별, 계층별로 정리하여 데이터베이스를 구축한 후 이용하는 방식이다. 사용자는 단지 자신이 원하는 정보를 찾을 때까지 상위의 주제부터 하위의 주제까 지 분류되어 있는 내용을 선택하여 검색하면 원하는 정보를 발견하게 된다.
③ 통합형 검색 방식 : 통합형 검색 방식의 검색은 키워드 검색 방식과 매우 유사하다. 그러나 통합형 검색 방식은 키워드 검색 방식과 같이 검색 엔진 자신만의 데이터베이스를 구축하여 관리하는 방식이 아니라, 사용자가 입력하는 검색어들이 연계된 다른 검색 엔진에게 보내고, 이를 통하여 얻어진 검색 결과를 사용 자에게 보여주는 방식을 사용한다.
④ 키워드 검색 방식 : 키워드 검색 방식은 찾고자 하는 정보와 관련된 핵심적인 언어인 키워드를 직접 입력 하여 이를 검색 엔진에 보내어 검색 엔진이 키워드와 관련된 정보를 찾는 방식이다. 사용자 입장에서는 키워드만을 입력하여 정보 검색을 간단히 할 수 있는 장점이 있는 반면에, 키워드가 불명확하게 입력된 경우에는 검색 결과가 너무 많아 효율적인 검색이 어려울 수 있는 단점이 있다.

8 다음 중 컴퓨터에서 고급 언어로 프로그래밍하는 과정 순서로 옳은 것은?

> ㉠ 목적프로그램
> ㉡ 원시프로그램
> ㉢ 번역(Compile)
> ㉣ 링킹(Linking)
> ㉤ 로딩(Loading)
> ㉥ 프로그램 실행

① ㉠ → ㉡ → ㉣ → ㉤ → ㉢ → ㉥
② ㉠ → ㉥ → ㉣ → ㉡ → ㉢ → ㉤
③ ㉡ → ㉢ → ㉠ → ㉣ → ㉤ → ㉥
④ ㉥ → ㉢ → ㉠ → ㉤ → ㉣ → ㉡

> **ADVICE** ③ 고급 언어로 프로그래밍하는 과정은 '원시 프로그램 → 번역(Compile) → 목적프로그램 → 링킹(Linking) → 로드 모듈 → 로딩(Loading) → 프로그램 실행'이다.

9 다음 중 기억 용량 단위가 가장 큰 것은?

① GB → MB → TB → PB → EB → KB
② GB → TB → PB → EB → KB → MB
③ EB → KB → MB → GB → TB → PB
④ KB → MB → GB → TB → PB → EB

> **ADVICE** ④ 기억 용량 단위의 크기는 'KB → MB → GB → TB → PB → EB' 순이다.

10 다음 ㈎～㈐의 설명에 맞는 용어가 순서대로 올바르게 짝지어진 것은?

> ㈎ 유통분야에서 일반적으로 물품관리를 위해 사용된 바코드를 대체할 차세대 인식기술로 꼽히며, 판독 및 해독 기능을 하는 판독기(reader)와 정보를 제공하는 태그(tag)로 구성된다.
> ㈏ 컴퓨터 관련 기술이 생활 구석구석에 스며들어 있는 '퍼베이시브 컴퓨팅(pervasive computing)'과 같은 개념이다.
> ㈐ 메신저 애플리케이션의 통화 기능 또는 별도의 데이터 통화 애플리케이션을 설치하면 통신사의 이동통신망이 아니더라도 와이파이(Wi-Fi)를 통해 단말기로 데이터 음성통화를 할 수 있으며, 이동통신망의 음성을 쓰지 않기 때문에 국외 통화 시 비용을 절감할 수 있다는 장점이 있다.

① RFID, 유비쿼터스, VoIP　　　　② POS, 유비쿼터스, RFID

③ RFID, POS, 핫스팟　　　　④ POS, VoIP, 핫스팟

> **ADVICE** ㉠ RFID : IC칩과 무선을 통해 식품·동물·사물 등 다양한 개체의 정보를 관리할 수 있는 인식 기술을 지칭한다. '전자태그' 혹은 '스마트 태그', '전자 라벨', '무선식별' 등으로 불린다. 이를 기업의 제품에 활용할 경우 생산에서 판매에 이르는 전 과정의 정보를 초소형 칩(IC칩)에 내장시켜 이를 무선주파수로 추적할 수 있다.
> ㉡ 유비쿼터스 : 유비쿼터스는 '언제 어디에나 존재한다.'는 뜻의 라틴어로, 사용자가 컴퓨터나 네트워크를 의식하지 않고 장소에 상관없이 자유롭게 네트워크에 접속할 수 있는 환경을 말한다.
> ㉢ VoIP : VoIP(Voice over Internet Protocol)는 IP 주소를 사용하는 네트워크를 통해 음성을 디지털 패킷(데이터 전송의 최소 단위)으로 변환하고 전송하는 기술이다. 다른 말로 인터넷전화라고 부르며, 'IP 텔레포니' 혹은 '인터넷 텔레포니'라고도 한다.

11 국내에서 사용하는 인터넷 도메인(Domain)은 현재 2단계 도메인으로 구성되어 있다. 다음 중 도메인 종류와 해당 기관의 성격이 올바르게 연결되지 않은 것은?

① re.kr – 연구기관　　　　② pe.kr – 개인

③ kg.kr – 유치원　　　　④ ed.kr – 대학

> **ADVICE** ④ 대학은 Academy의 약어를 활용한 'ac.kr'을 도메인으로 사용한다. 주어진 도메인 외에도 다음과 같은 것들을 참고할 수 있다. co.kr - 기업/상업기관(Commercial), ne.kr - 네트워크(Network), or.kr - 비영리기관(Organization), go.kr - 정부기관(Government), hs.kr - 고등학교(High school), ms.kr - 중학교(Middle school), es.kr - 초등학교(Elementary school)

12 길동이는 이번 달 사용한 카드 사용금액을 시기별, 항목별로 다음과 같이 정리하였다. 항목별 단가를 확인한 후 D2 셀에 함수식을 넣어 D5까지 드래그를 하여 결괏값을 알아보고자 한다. 길동이가 D2 셀에 입력해야 할 함수식으로 적절한 것은?

	A	B	C	D
1	시기	항목	횟수	사용금액(원)
2	1주	식비	10	
3	2주	의류구입	3	
4	3주	교통비	12	
5	4주	식비	8	
6				
7	항목	단가		
8	식비	6500		
9	의류구입	43000		
10	교통비	3500		

① =C2*HLOOKUP(B2,$A$8:$B$10,2,0)

② =B2*HLOOKUP(C2,$A$8:$B$10,2,0)

③ =B2*VLOOKUP(B2,$A$8:$B$10,2,0)

④ =C2*VLOOKUP(B2,$A$8:$B$10,2,0)

ADVICE ④ VLOOKUP은 범위의 첫 열에서 찾을 값에 해당하는 데이터를 찾은 후 찾을 값이 있는 행에서 열 번호 위치에 해당하는 데이터를 구하는 함수이다. 단가를 찾아 연결하기 위해서는 열에 대하여 '항목'을 찾아 단가를 구하게 되므로 VLOOKUP 함수를 사용해야 한다. 찾을 방법은 TRUE(1) 또는 생략할 경우, 찾을 값의 아래로 근삿값, FALSE(0)이면 정확한 값을 표시한다. VLOOKUP(B2,$A$8:$B$10,2,0)은 'A8:B10' 영역의 첫 열에서 '식비'에 해당하는 데이터를 찾아 2열에 있는 단가 값인 6500을 선택하게 된다. 따라서 '=C2*VLOOKUP(B2,$A$8:$B$10,2,0)'은 10×6500이 되어 결괏값은 65,000이 되며, 이를 드래그하면, 각각 129,000, 42,000, 52,000의 사용금액을 결괏값으로 나타내게 된다.

13 다음 그림에서 A6 셀에 수식 '=$A$1+$A2'를 입력한 후 다시 A6 셀을 복사하여 C6와 C8에 각각 붙여넣기를 하였을 경우, ㈎와 ㈏에 나타나게 되는 숫자의 합은 얼마인가?

	A	B	C
1	7	2	8
2	3	3	8
3	1	5	7
4	2	5	2
5			
6			(A)
7			
8			(B)

① 10

② 12

③ 14

④ 19

> **ADVICE** ④ '$'는 다음에 오는 셀 기호를 고정값으로 묶어 두는 기능을 하게 된다. A6 셀을 복사하여 C6 셀에 붙이게 되면, 'A'셀이 고정값으로 묶여 있어 ㈎에는 A6 셀과 같은 '$A$1+$A2'의 값 10이 입력된다.
> 한편, ㈏에는 '$'로 묶여 있지 않은 2행의 값 대신에 4행의 값이 대응될 것이다. 따라서 '$A$1+$A4'의 값인 9가 입력된다. 따라서 ㈎와 ㈏의 합은 10+9=19가 된다.

14 다음과 같은 네 명의 카드 사용실적에 관한 자료를 토대로 한 함수식의 결괏값이 동일한 것을 〈보기〉에서 모두 고른 것은?

	A	B	C	D	E
1		갑	을	병	정
2	1일 카드사용 횟수	6	7	3	5
3	평균 사용금액	8,500	7,000	12,000	10,000

― 〈보기〉 ―

(가) =COUNTIF(B2:E2,"◇"&E2)

(나) =COUNTIF(B2:E2,">3")

(다) =INDEX(A1:E3,2,4)

(라) =TRUNC(SQRT(C2),2)

① (가), (나), (다)

② (가), (나), (라)

③ (가), (다), (라)

④ (나), (다), (라)

ADVICE (가) COUNTIF는 범위에서 해당 조건을 만족하는 셀의 개수를 구하는 함수이다. 따라서 'B2:E2' 영역에서 E2의 값인 5와 같지 않은 셀의 개수를 구하면 3이 된다.

(나) 'B2:E2' 영역에서 3을 초과하는 셀의 개수를 구하면 3이 된다.

(다) INDEX는 표나 범위에서 지정된 행 번호와 열 번호에 해당하는 데이터를 구하는 함수이다. 따라서 'A1:E3' 영역에서 2행 4열에 있는 데이터를 구하면 3이 된다.

(라) TRUNC는 지정한 자릿수 미만을 버리는 함수이며, SQRT(인수)는 인수의 양의 제곱근을 구하는 함수이다. 따라서 'C2' 셀의 값 7의 제곱근을 구하면 2.345751이 되고, 2.645751에서 소수점 2자리만 남기고 나머지는 버리게 되어 결괏값은 2.64가 된다.

따라서 (가), (나), (다)는 모두 3의 결괏값을 갖는 것을 알 수 있다.

15 A 쇼핑몰의 판매 분야별 일평균 매출이다. [B12] 셀에 수식 '=LARGE(B2:B11,2)'를 입력할 때 출력되는 값은?

	A	B
1	판매 분야	일평균 매출
2	직구	813,450
3	패션	2,465,960
4	미용	976,360
5	가전	2,506,970
6	가구	1,796,800
7	식품	1,348,000
8	문구	539,610
9	여행	3,965,400
10	스포츠	775,200
11	반려동물	643,250
12		

① 직구

② 패션

③ 813,450

④ 2,506,970

> **ADVICE** ④ LARGE 함수는 데이터 집합에서 k번째로 큰 값을 반환한다. 즉 LARGE(배열, 순위)로 [B2:B11] 범위에서 2번째로 큰 값을 구하면 2,506,970이 된다.

16 다음 중 Windows의 [명령 프롬프트]에서 네트워크의 현재 상태나 다른 컴퓨터의 네트워크 접속 여부를 확인하는 명령어로 옳은 것은?

① ping

② ipconfig

③ tracert

④ nbtstat

> **ADVICE** ② ipconfig : 사용자의 컴퓨터 IP 주소를 확인하는 명령이다.
> ③ nslookup : URL 주소로 IP 주소를 확인하거나 DNS 동작 여부를 확인하는 명령이다.
> ④ nbtstat : IP 주소가 중복되어 충돌하는 경우, 충돌 지점을 알아내는 명령이다.

17 다음 아래 시트에서 [A9] 셀에서 수식 OFFSET(B3,2,-1)를 입력한 경우 결괏값은?

	A	B	C	D	E
1	직급	학과	연차	성명	주소
2	사원	경제학과	1	최**	서울
3	대리	외교학과	5	허**	경기
4	과장	경영학과	8	윤**	인천
5	부장	경영학과	15	박**	고양
6	부사장	경제학과	17	김**	서울
7					
8					
9					

① 외교학과
② 5
③ 경기
④ 부장

OFFSET(기준위치, 행의 이동 값, 열의 이동 값)을 의미한다. 행의 이동 값이 양수이면 하단으로 이동하고, 열의 이동 값이 양수인 경우에는 오른쪽으로 이동한다. 행의 이동 값이 2이므로 하단으로 2칸 이동하고, 열의 이동 값이 1이므로 왼쪽으로 한 칸 이동하여 '부장'에 해당한다.

18 다음 [A1:D1] 영역을 선택하고 채우기 핸들을 이용하여 아래로 드래그를 할 때, 동일한 데이터로 채워지는 것은?

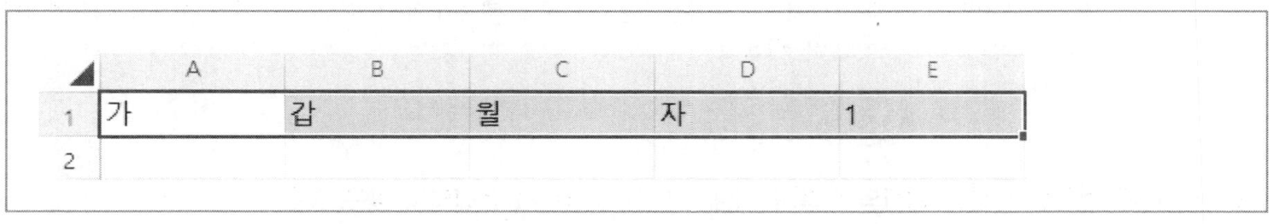

① 가
② 갑
③ 월
④ 자

② 갑, 을, 병, 정.. 등의 순서로 B1과 다른 데이터가 나온다.
③ 월, 화, 수, 목.. 등의 순서로 C1과 다른 데이터가 나온다.
④ 자, 축, 인, 묘.. 등의 순서로 D1과 다른 데이터가 나온다.

Answer. 15.④ 16.① 17.④

19 다음 중 '유틸리티 프로그램'으로 볼 수 없는 것은?

① 고객 관리 프로그램　　　　　　　② 화면 캡쳐 프로그램
③ 이미지 뷰어 프로그램　　　　　　④ 동영상 재생 프로그램

> **ADVICE** ① 사용자가 컴퓨터를 좀 더 쉽게 사용할 수 있도록 도와주는 소프트웨어(프로그램)를 '유틸리티 프로그램'이라고 하고 통상 줄여서 '유틸리티'라고 한다. 유틸리티 프로그램은 본격적인 응용 소프트웨어라고 하기에는 크기가 작고 기능이 단순하다는 특징을 가지고 있으며, 사용자가 컴퓨터를 사용하면서 처리하게 되는 여러 가지 작업을 의미한다. 고객 관리 프로그램, 자원관리 프로그램 등은 대표적인 응용 소프트웨어에 속한다.

20 다음 중 워크시트 셀에 데이터를 자동으로 입력하는 방법에 대한 설명으로 옳지 않은 것은?

① 셀에 입력하는 문자 중 처음 몇 자가 해당 열의 기존 내용과 일치하면 나머지 글자가 자동으로 입력된다.
② 실수인 경우 채우기 핸들을 이용한 [연속 데이터 채우기]의 결과는 소수점 이하 첫째 자리의 숫자가 1씩 증가한다.
③ 채우기 핸들을 이용하면 숫자, 숫자/텍스트 조합, 날짜 또는 시간 등 여러 형식의 데이터 계열을 빠르게 입력할 수 있다.
④ 사용자 지정 연속 데이터 채우기를 사용하면 이름이나 판매 지역 목록과 같은 특정 데이터의 연속 항목을 더 쉽게 입력할 수 있다.

> **ADVICE** ② 실수인 경우 채우기 핸들을 이용한 [연속 데이터 채우기]의 결과는 일의 자리 숫자가 1씩 증가한다(예: $15.1 \rightarrow 16.1 \rightarrow 17.1 \rightarrow 18.1$).

21 다음 중 네트워크 관련 장비의 이름과 해당 설명이 올바르게 연결되지 않은 것은?

① 게이트웨이(Gateway)란 주로 LAN에서 다른 네트워크에 데이터를 보내거나 다른 네트워크로부터 데이터를 받아들이는데 사용되는 장치를 말한다.
② 허브(Hub)는 네트워크를 구성할 때 각 회선을 통합적으로 관리하여 한꺼번에 여러 대의 컴퓨터를 연결하는 장치를 말한다.
③ 리피터(Repeater)는 네트워크 계층의 연동 장치로, 최적 경로 설정에 이용되는 장치이다.
④ 스위칭 허브(Switching Hub)는 근거리통신망 구축 시 단말기의 집선 장치로 이용하는 스위칭 기능을 가진 통신 장비로, 통신 효율을 향상시킨 허브로 볼 수 있다.

> **ADVICE** ③ 리피터(Repeater)는 장거리 전송을 위하여 전송 신호를 재생시키거나 출력 전압을 높여주는 장치를 말하며 디지털 데이터의 감쇠 현상을 방지하기 위해 사용된다. 한편, 네트워크 계층의 연동 장치로서 최적 경로 설정에 이용되는 장치는 라우터(Router)이다.

22 다음 시트의 주문 수량 중 문자를 제외한 숫자만 추출하려고 할 때 [C2] 셀에 입력할 수 있는 함수로 옳은 것은?

	A	B	C
1	no.	상품 코드	주문 수량
2	1	a216-1000	수량 : 300
3	2	a116-4000	수량 : 110
4	3	c003-1693	수량 : 98
5	4	a139-9700	수량 : 216
6	5	b210-0001	수량 : 376
7	6	b113-3102	수량 : 71
8			

① =SUMPRODUCT(B:2,C:2,B:7,C7)

② =SUM(INDIRECT(C2))

③ =RIGHT(C2,LEN(C2)−3)

④ =SUBSTITUTE(C2,"수량:")

> **ADVICE** ③ 숫자의 자릿수가 일정하지 않으므로 전체 문자에서 '수량:' 세 자리를 뺀 개수를 추출해야 한다. LEN(C2)은 [C2] 셀에 입력된 문자열이 몇 개의 문자로 구성되어 있는지 계산한다. 즉, =RIGHT(C2,LEN(6−3))를 의미한다. =RIGHT 함수는 텍스트 문자열의 마지막 문자부터 지정한 개수의 문자를 반환하는 함수로, [C2] 셀에서 문자열의 오른쪽 끝 글자 수 3(수량:)을 뺀 값을 반환한다. 그러므로 =RIGHT(C2,LEN(C2)−3)가 적절하다.

23 다음 중 컴퓨터에서 사용되는 자료의 물리적 단위가 큰 것부터 순서대로 올바르게 나열된 것은?

① Word – Byte – Nibble – Bit

② Byte – Word – Nibble – Bit

③ Word – Byte – Bit – Nibble

④ Word – Nibble – Byte – Bit

> **ADVICE** ① Database → File → Record → Field → Word → Byte(8Bit) → Nibble(4Bit) → Bit 순이다. Bit는 자료를 나타내는 최소의 단위이며, Byte는 문자 표현의 최소 단위로 1Byte=8Bit이다.

Answer. 19.① 20.② 21.③ 22.③ 23.①

 다음은 시스템 모니터링 코드 입력 방법을 설명하고 있다. 시스템을 보고 이어지는 〈보기〉에 알맞은 입력코드를 고르시오.

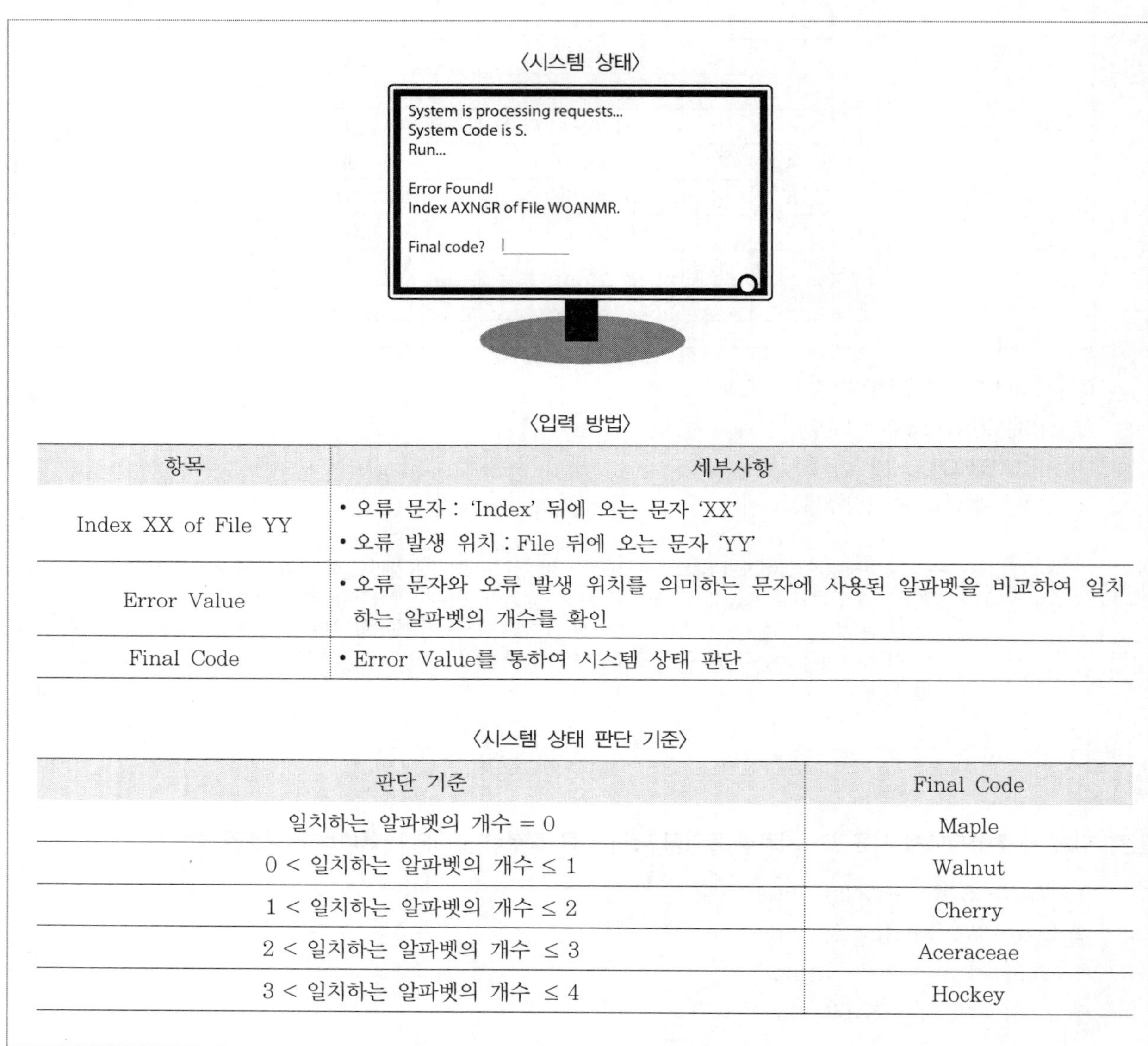

〈시스템 상태〉

〈입력 방법〉

항목	세부사항
Index XX of File YY	• 오류 문자 : 'Index' 뒤에 오는 문자 'XX' • 오류 발생 위치 : File 뒤에 오는 문자 'YY'
Error Value	• 오류 문자와 오류 발생 위치를 의미하는 문자에 사용된 알파벳을 비교하여 일치하는 알파벳의 개수를 확인
Final Code	• Error Value를 통하여 시스템 상태 판단

〈시스템 상태 판단 기준〉

판단 기준	Final Code
일치하는 알파벳의 개수 = 0	Maple
0 < 일치하는 알파벳의 개수 ≤ 1	Walnut
1 < 일치하는 알파벳의 개수 ≤ 2	Cherry
2 < 일치하는 알파벳의 개수 ≤ 3	Aceraceae
3 < 일치하는 알파벳의 개수 ≤ 4	Hockey

24

〈보기〉

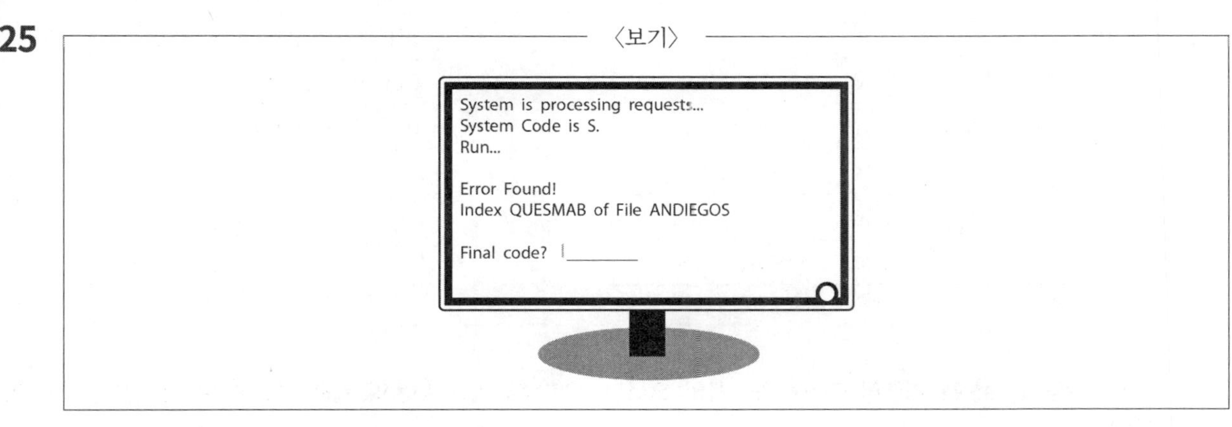

① Maple   ② Walnut

③ Cherry   ④ Hockey

> **ADVICE** ④ 오류 문자는 'AVENGORS'이며, 오류 발생 위치는 'JINIANWAVE'이다.
> 두 값의 일치하는 알파벳 개수는 A, V, E, N르 4개이다. 따라서 시스템 상태 판단 기준 '3 < 일치하는 알파벳의 개수 ≤ 4'에 의해 Final code는 'Hockey'가 된다.

25

〈보기〉

① Maple   ② Walnut

③ Cherry   ④ Aceraceae

> **ADVICE** ④ 오류 문자는 'QUESMAB'이며, 오류 발생 위치는 'ANDIEGOS'이다.
> 두 값의 일치하는 알파벳 개수는 E, S, A로 3개이다. 따라서 시스템 상태 판단 기준 '2 < 일치하는 알파벳의 개수 ≤ 3'에 의해 Final code는 'Aceraceae'가 된다.

Answer. 24.④ 25.④

• 예시

2025년 12월에 생산된 미국 Hickory 사의 킹 사이즈 침대 104번째 입고 제품

→ 2512 − 1C − 02003 − 00104

생산 연월	공급자				입고 분류				입고품 수량
	원산지 코드		생산자 코드		제품 코드		용도별 코드		
2024년 3월 − 2403 2025년 10월 − 2510	1	미국	A	LADD	01	의자	001	거실	00001부터 다섯 자리 시리얼 넘버가 부여됨
			B	Drexel			002	침실	
			C	Hickory			003	킹	
	2	독일	D	Heritage	02	침대	004	퀸	
			E	Easy wood			005	더블	
	3	영국	F	LA−Z−BOY			006	트윈	
			G	Joal			007	옷장	
	4	스웨덴	H	Larkswood	03	장	008	장식장	
			I	Pinetree			009	코너장	
			J	Road−7			010	조명	
	5	이태리	K	QinQin	04	소품	011	촛대	
			L	Furniland			012	서랍장	
			M	Omphatic					
	6	프랑스	N	Nine−bed					
			O	Furni Fran					

26 2025년 2월에 생산된 이태리 Omphatic 사의 코너장 223번째 입고 제품의 제품 코드로 알맞은 것은 어느 것인가?

① 02525M0300900223

② 02525L0300902230

③ 25025L0400900223

④ 25025M0300900223

🔵 **ADVICE** ④ 2025년 2월이므로 생산 코드는 2502, 이태리의 'Omphatic' 사는 5M, 코너장은 03009, 입고 순번은 223번째이므로 00223이 되어 전체 제품 코드는 17025M0300900223이 된다.

27 R사는 입고 제품 중 원산지 마크 표기상의 문제를 발견하여 스웨덴에서 수입한 제품과 침대류 제품을 모두 재처리하고자 한다. 다음 중 재처리 대상 제품의 제품 코드가 아닌 것은 어느 것인가?

① 15054J03008100010

② 16012D0200600029

③ 14116N0401100603

④ 16054H0100202037

> **ADVICE** ③ 스웨덴에서 수입한 제품은 제품 코드 다섯 번째 자리로 4를 갖게 되며, 침대류는 일곱 번째와 여덟 번째 자리로 02를 갖게 된다. 따라서 이 두 가지 코드에 모두 해당되지 않는 14116N0401100603은 재처리 대상 제품이 아니다.

28 제품 코드가 10103F0401200115인 제품에 대한 설명으로 올바르지 않은 것은 어느 것인가?

① 해당 제품보다 먼저 입고된 제품은 100개 이상이다.

② 유럽에서 생산된 제품이다.

③ 봄에 생산된 제품이다.

④ 소품 중 서랍장 제품이다.

> **ADVICE** ③ 생산 코드가 1010이므로 2010년 10월에 생산된 것이므로 봄에 생산된 것이 아니다.
> ① 115번째 입고 제품이므로 먼저 입고된 제품은 114개가 있다.
> ② 3F이므로 영국의 LA-Z-BOY사에서 생산된 제품이다.
> ④ 소품(04)의 서랍장(012) 제품에 해당한다.

Answer. 26.④ 27.③ 28.③

❙29~30❙ 다음은 시스템 모니터링 코드 입력 방법을 설명하고 있다. 시스템을 보고 이어지는 〈보기〉에 알맞은 입력코드를 고르시오.

〈시스템 상태〉

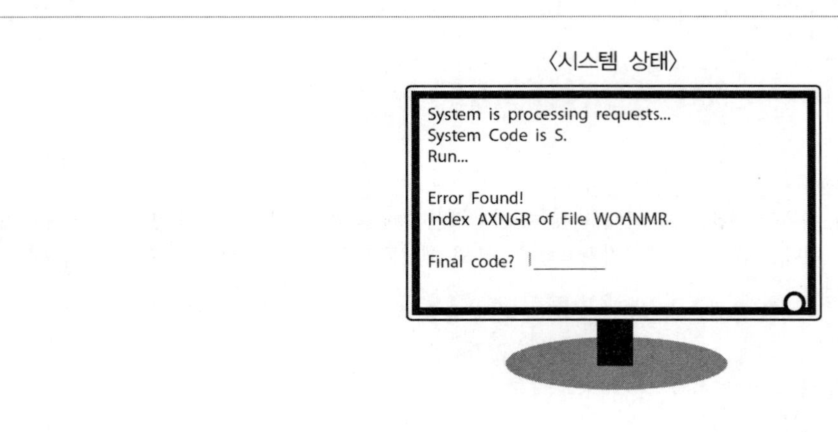

〈입력 방법〉

항목	세부사항
Index XX of File YY	• 오류 문자 : 'Index' 뒤에 오는 문자 'XX' • 오류 발생 위치 : File 뒤에 오는 문자 'YY'
Error Value	• 오류 문자와 오류 발생 위치를 의미하는 문자에 사용된 단어의 처음과 끝 알파벳을 아라비아 숫자(1, 2, 3~)에 대입한 합을 서로 비교하여 그 차이를 확인
Final Code	• Error Value를 통하여 시스템 상태 판단

* 'APPLE'의 Error Value 값은 1(A)+E(5)=6이다.

〈시스템 상태 판단 기준〉

판단 기준	Final Code
숫자에 대입한 두 합의 차이 = 0	raffle
0 < 숫자에 대입한 두 합의 차이 ≤ 5	acejin
5 < 숫자에 대입한 두 합의 차이 ≤ 10	macquin
10 < 숫자에 대입한 두 합의 차이 ≤ 15	phantus
15 < 숫자에 대입한 두 합의 차이	vuritam

29

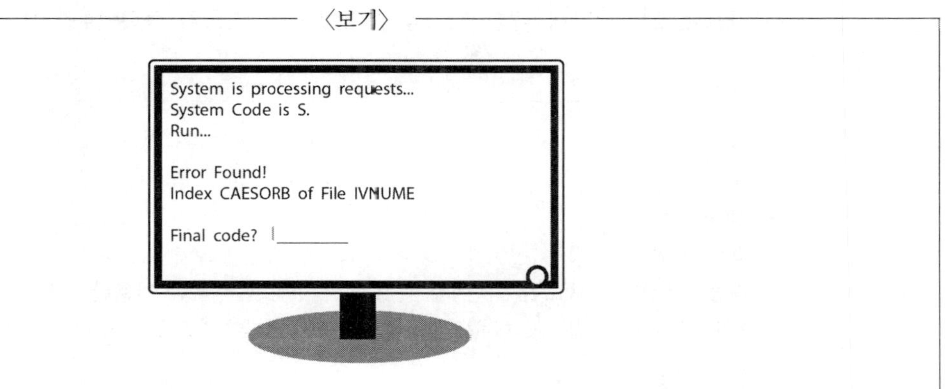

① raffle

② acejin

③ macquin

④ phantus

③ 오류 문자는 'CAESORB'이며, 오류 발생 위치는 'IVNUME'이다.
오류 문자의 처음과 끝 알파벳에 해당하는 아라비아 숫자의 합은 3(C)+2(B)=5가 되며, 오류 발생 위치의 처음과 끝 알파벳에 해당하는 아라비아 숫자의 합은 9(I)+5(E)=14가 된다. 따라서 5와 14의 차이인 9가 시스템 판단 기준이 되어 Final code는 'macquin'이 된다.

30

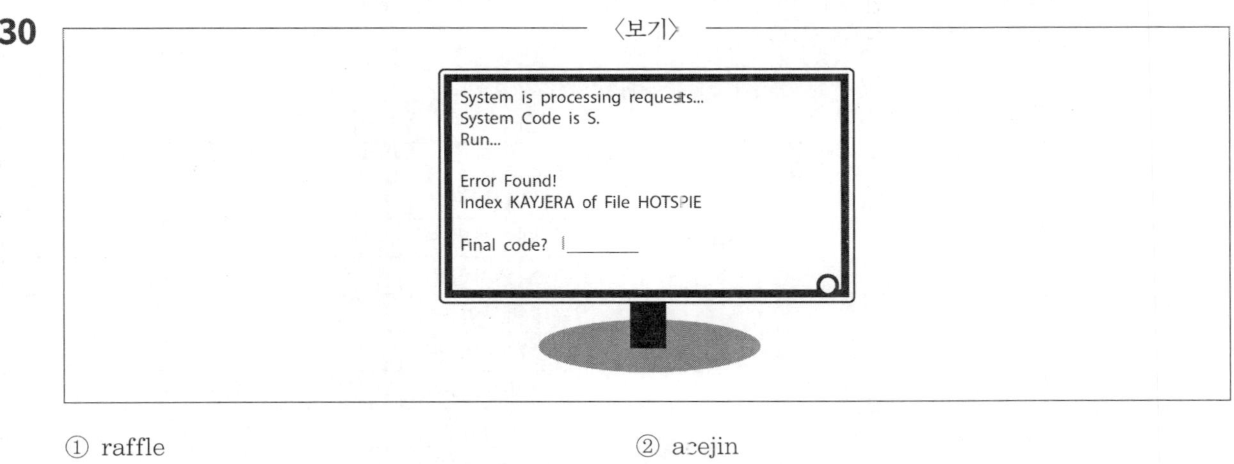

① raffle

② acejin

③ macquin

④ phantus

② 오류 문자는 'KAYJERA'이며, 오류 발생 위치는 'HOTSPIE'이다.
오류 문자의 처음과 끝 알파벳에 해당하는 아라비아 숫자의 합은 11(K)+1(A)=12가 되며, 오류 발생 위치의 처음과 끝 알파벳에 해당하는 아라비아 숫자의 합은 8(H)+5(E)=13이 된다. 따라서 12와 13의 차이인 1이 시스템 판단 기준이 되어 Final code는 'acejin'이 된다.

Answer. 29.③ 30.②

31 다음 자동차 등록번호판 기준에 관한 자료를 참고했을 때 자동차 등록번호판 '126가 7856'에 대한 설명으로 옳은 것은?

<자동차 등록번호판 기준>

■ 번호판 방식

1. 페인트방식 번호판 : 번호판 전면바탕을 페인트로 도색한 번호판
2. 필름부착방식 번호판 : 번호판 전면바탕에 채색된 필름을 부착한 번호판
※ 2019년 9월부터 승용(비사업용 및 대여사업용) 자동차 등록번호판이 기존의 7자리에서 8자리로 변경됨

■ 번호판 색상

1. 비사업용
   가. 일반용(SOFA자동차, 대여사업용 자동차 포함) : 페인트방식 번호판은 분홍빛 흰색바탕에 보라빛 검은색 문자, 필름부착방식 번호판은 흰색바탕에 검은색 문자
   나. 외교용(외교, 영사, 준외, 준영, 국기, 협정, 대표) : 감청색바탕에 흰색문자
   다. 법인업무용 자동차 : 연녹색바탕에 검은색 문자
2. 자동차운수사업용 : 황색 바탕에 검은색문자
3. 이륜자동차번호판 : 분홍빛 흰색 바탕에 보라빛 검은색 문자
4. 임시운행허가번호판 : 흰색바탕에 검은색문자로 하고 3mm 폭의 적색사선
5. 전기자동차 번호판 : 파란색 바탕에 검은색 문자

■ 차종 및 용도구분 등의 기호

구분	분류		기호
차종별	승용자동차	비사업용	100 ~ 699
		대여사업용	
		일반사업용	01 ~ 69
	승합자동차	비사업용	700 ~ 799
		대여사업용	
		일반사업용	70 ~ 79
	화물자동차	비사업용	800 ~ 979
		일반사업용	80 ~ 97
	특수자동차	비사업용	980 ~ 997
		대여사업용	
		일반사업용	98, 99
	긴급자동차	경찰차	998 ~ 999
		소방차	

용도별	비사업용(SOFA 자동차 포함)	자가용(관용 포함)	가, 나, 다, 라, 마, 거, 너, 더, 러, 머, 버, 서, 어, 저, 고, 노, 도, 로, 모, 보, 소, 오, 조, 구, 누, 두, 루, 무, 부, 수, 우, 주
	자동차운수 사업용	일반용	바, 사, 아, 자, 배
		대여사업용	허, 하, 호
	외교용	외교관용	외교
		영사용	영사
		준외교관용	준외
		준영사용	준영
		국제기구용	국기
		기타외교용	협정, 대표

■ 관할관청 기호표시

관할관청	기호	관할관청	기호
서울특별시	서울	부산광역시	부산
대구광역시	대구	인천광역시	인천
광주광역시	광주	대전광역시	대전
울산광역시	울산	세종특별자치시	세종
경기도	경기	강원특별자치도	강원
충청북도	충북	충청남도	충남
전북특별자치도	전북	전라남도	전남
경상북도	경북	경상남도	경남
제주특별자치도	제주	–	–

■ 일련번호

마지막 네 자리 숫자는 차량 등록 순서의 일련번호로 자동으로 부여된다.

① 페인트 방식일 경우 황색 바탕에 검은색 문자를 사용한다.

② '가'는 용도 구분 문자로, 비사업용임을 알 수 있다.

③ 2019년 9월 이후에 발급받은 자동차 등록번호판이다.

④ '126'은 차량의 지역을 나타내는 번호로 서울관할관청임을 할 수 있다.

ADVICE ① 페인트 방식일 경우 비사업용 자동차이므로 분홍빛 흰색 바탕에 보라색 검은색 문자를 사용한다.

③ 2019년 9월 이후엔 자동차 등록번호판이 8자리로 변경되었다.

④ '126'은 차종을 나타내는 번호이며 비사업용 및 대여사업용은 관할관청의 기호표시를 하지 않는다.

Answer. 31.②

32 다음은 지점별 한 달 판매실적 테이블이다. 서울 지역에 한해 판매액을 내림차순으로 정리하여 지점명과 판매액을 확인하고자 할 때 적절한 SQL은?

지역	지점명	판매액
서울	은평지점	13,300,000원
서울	강동지점	12,534,000원
대전	대덕지점	8,125,000원
부산	동래지점	10,421,000원
대전	유성지점	9,300,500원
서울	성북지점	14,627,000원
경기	파주지점	13,255,000원
서울	마포지점	18,000,500원
경기	구리지점	10,001,500원
경기	광명지점	15,300,000원
제주	서귀포지점	7,685,000원
서울	관악지점	13,225,000원

① SELECT 지점명, 판매액 FROM 판매실적 WHERE 지역 = '서울' ORDER BY 판매액 DESC;
② SELECT 지점명, 판매액 FROM 판매실적 ORDER BY 판매액 DESC WHERE 지역 = '서울';
③ SELECT 지점명, 판매액 FROM 판매실적 WHERE 지역 = '서울' ORDER BY 지점명 DESC;
④ SELECT 지역, 판매액 FROM 판매실적 WHERE 지역 = '서울' ORDER BY 판매액 DESC;

> **ADVICE** ① 서울 지역에 한하여 지점별 판매액을 내림차순으로 조회하기 위한 SQL문으로, 문제의 요구사항을 정확히 충족한다. SELECT 지점명, 판매액 → 조회 대상 컬럼으로 지점명과 판매액을 정확히 지정하였고, FROM 판매실적 → 조회할 테이블을 바르게 지정하였다. WHERE 지역 = '서울' → 지역이 '서울'인 데이터만 필터링하여 조건에 맞는 행만 추출한다. 문자열 비교이므로 값에 작은따옴표(' ')를 사용해야 한다. ORDER BY 판매액 DESC → 판매액을 기준으로 내림차순(DESC) 정렬하여 판매액이 큰 지점부터 확인할 수 있다.

33 입사일이 2021년 11월 2일인 직원의 오늘까지의 근속 일수를 구하려고 할 때 적절한 수식으로 옳은 것은?

① =TODAY()-DAY(2021,11,02)
② =TODAY()-DATE(2021,11,02)
③ =DAY(02,11,2021)-TODAY()
④ =DATE(02,11,2021)-TODAY()

> **ADVICE** ② TODAT()는 현재 시스템의 날짜를 반환하며 DATE(연,월,일)은 연, 월, 일에 해당하는 날짜 데이터는 반환한다. 따라서 오늘까지의 근속 일수를 구하려면 '=TODAY()-DATE(2021,11,02)' 수식이 적절하다.

34 A사는 자사에서 생산하는 전자 센서 모듈에 대해 다음과 같은 방식으로 모델번호를 부여하고 있다. 제시된 방식에 따라 터치 기능이 있는 적외선 거리센서의 모델번호로 옳은 것은?

<table>
<tr><td colspan="6" align="center">모델번호 부여 방식</td></tr>
<tr><td colspan="6" align="center">모델번호 순서

T   03   M   IR   F   0023
㉠   ㉡   ㉢   ㉣   ㉤   ㉥</td></tr>
<tr><td>㉠ 센서 종류</td><td>S : 거리 센서
T : 온도 센서
P : 압력 센서</td><td>㉡ 감지 범위</td><td>전면 두 자리
예 : 240cm → 24
90cm → 09</td></tr>
<tr><td>㉢ 기능 옵션</td><td>N : 기본 기능
T1 : 터치 기능
M : 멀티 기능</td><td>㉣ 감지 방식</td><td>IR : 적외선 방식
UV : 자외선 방식
RF : 무선방식</td></tr>
<tr><td>㉤ 외장사양</td><td>F : 플라스틱 프레임
M1 : 금속 프레임</td><td>㉥ 일련번호</td><td>생산 순으로 4자리 부여</td></tr>
</table>

① T30NIRM11123

② T30NUVF2012

③ S30T1IRM10532

④ S30MRFM12031

> **ADVICE** ㉠ S → 거리 센서
> ㉡ 30 → 임의 감지 범위
> ㉢ T1 → 터치 기능
> ㉣ IR → 적외선 감지
> ㉤ M1 → 임의 프레임
> ㉥ 0532 → 임의 일련번호
> 따라서 S30T1IRM10532가 적절하다.

Answer. 32.① 33.② 34.③

35 다음과 같은 도표의 'C6' 셀에 제시된 바와 같은 수식을 넣을 경우 나타나게 될 오류 메시지는 다음 중 어느 것인가?

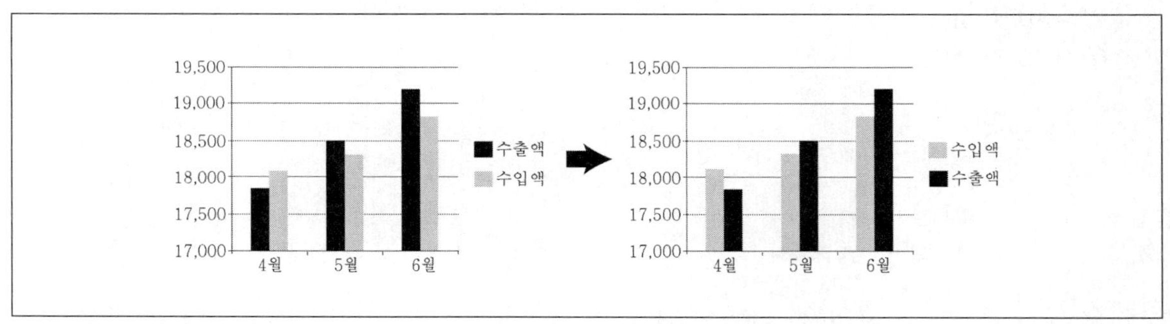

① #NUM!   ② #VALUE!

③ #DIV/0!   ④ 순환 참조 경고

> **ADVICE** ④ 수식에서 직접 또는 간접적으로 자체 셀을 참조하는 경우를 순환 참조라고 한다. 열려있는 통합 문서 중 하나에 순환 참조가 있으면 모든 통합 문서가 자동으로 계산되지 않는다. 이 경우 순환 참조를 제거하거나 이전의 반복 계산 (반복 계산: 특정 수치 조건에 맞을 때까지 워크시트에서 반복되는 계산) 결과를 사용하여 순환 참조와 관련된 각 셀이 계산되도록 할 수 있다.

36 다음과 같이 수출액과 수입액의 데이터 순서를 바꾸고자 할 때 사용하는 방법을 올바르게 설명한 것은 어느 것인가?

① 먼저 범례를 표시할 공간이 충분히 확보되도록 그림 영역을 조정해 둔다.

② 마우스로 범례를 이동하거나 크기를 변경하면 그림 영역의 크기 및 위치는 자동으로 조정된다.

③ '데이터 원본 선택' 대화 상자로 들어가 범례 항목(계열)에서 계열을 선택한 후 화살표를 이용하여 순서를 변경한다.

④ 변경할 요소를 선택한 후 '차트 도구' – '레이아웃' – '서식' 탭 – '현재 선택 영역' 그룹 – '선택 영역 서식'을 선택한다.

> **ADVICE** ③ 차트를 선택한 후 '차트 도구' – '디자인' 탭 – '데이터' 그룹 – '데이터 선택'으로 들어가면 '데이터 원본 선택' 대화 상자를 찾을 수 있다.

37 〈보기〉는 암호 구성의 기본적 작동원리이다. 이를 참고하여 'VERY'를 암호화하면?

─────────〈보기〉─────────

알파벳을 3 × 9표로 나누고, 행번호와 열 번호로 조합한다. 단, 대소문자의 구분은 없다. 예를 들면 a는 1행 1열로 11, s는 1행 7열로 17, w는 2행 8열로 28이 된다.

① 12831423
② 13142139
③ 14223133
④ 18223619

🔘 **ADVICE** ④ 3 × 9표로 나누었을 때 'V'는 1행 8열, 'E'는 2행 2열, 'R'는 3행 6열 'Y'는 1행 9열이다.

38 다음 (개)~(매) 중 '인쇄 미리 보기'와 출력에 대한 올바르지 않은 설명을 모두 고른 것은 어느 것인가?

(개) '인쇄 미리 보기'를 실행한 상태에서 '페이지 설정'을 클릭하여 '여백' 탭에서 여백을 조절할 수 있다.
(내) '인쇄 미리 보기' 창에서 셀 너비를 조절할 수 있으나 워크시트에는 변경된 너비가 적용되지 않는다.
(대) 엑셀에서 그림을 시트 배경으로 사용하면 화면에 표시된 형태로 시트 배경이 인쇄된다.
(래) 차트를 선택하고 '인쇄 미리 보기'를 하면 차트만 보여 준다.
(매) 차트를 클릭한 후 'Office 단추' – '인쇄'를 선택하면 '인쇄' 대화 상자의 인쇄 대상이 '선택한 차트'로 지정된다.

① (개), (내), (래)
② (내), (래), (매)
③ (내), (매)
④ (내), (대)

🔘 **ADVICE** (내) '인쇄 미리 보기' 창에서 열 너비를 조정한 경우 미리 보기를 해제하면 워크시트에 조정된 너비가 적용되어 나타난다. (X)
(대) 워크시트에서 그림을 인쇄 배경으로 사용하려면 '삽입' – '머리글/바닥글' – 디자인 탭이 생성되면 '머리글/바닥글 요소' 그룹의 '그림'아이콘 – 시트배경 대화 상자에서 그림을 선택하고 '삽입'의 과정을 거쳐야 한다. (X)

📄 **Answer.** 35.④　36.③　37.④　38.④

39 다음은 엑셀의 사용자 지정 표시 형식과 그 코드를 설명하는 표이다. ㉠~㉤중 올바른 설명이 아닌 것은 어느 것인가?

년	yy	연도를 뒤의 두 자리로 표시
	yyyy	연도를 네 자리로 표시
월	m	월을 1~12로 표시
	mm	월을 01~12로 표시
	mmm	월을 001~012로 표시 → ㉠
	mmmm	월을 January~December로 표시
일	d	일을 1~31로 표시
	dd	일을 01~31로 표시 → ㉡
요일	ddd	요일을 Sun~Sat로 표시
	dddd	요일을 Sunday~Saturday로 표시
	aaa	요일을 월~일로 표시
	aaaa	요일을 월요일~일요일로 표시 → ㉢
시	h	시간을 0~23으로 표시
	hh	시간을 00~23으로 표시 → ㉣
분	m	분을 0~59로 표시
	mm	분을 00~59로 표시
초	s	초를 0~59로 표시
	ss	초를 00~59로 표시

① ㉠   ② ㉡

③ ㉢   ④ ㉣

ADVICE ① '월'을 표시하는 'mmm'은 월을 'Jan~Dec'로 표시한다는 의미이다.

40 다음과 같이 매장별 판매금액을 정리하여 A매장의 판매 합계금액을 별도로 계산하고자 한다. 'B11' 셀에 들어가야 할 수식으로 알맞은 것은 어느 것인가?

	A	B
1	매장명	판매액(원)
2	A매장	180,000
3	B매장	190,000
4	B매장	200,000
5	C매장	150,000
6	A매장	100,000
7	A매장	220,000
8	C매장	140,000
9		
10	매장명	합계금액
11	A매장	

① =SUMIF(A2:A8,A11,B2:B8)

② =SUMIF(A2:B8,A11,B2:B8)

③ =SUMIF(A1:B8,A11,B1:B8)

④ =SUMIF(A2:A8,A11,B1:B8)

ADVICE ① SUMIF 함수는 주어진 조건에 의해 지정된 셀들의 합을 구할 때 사용하는 함수이다. '=SUMIF(범위,함수조건,합계범위)'로 표시하게 된다. 따라서 찾고자 하는 이름의 범위인 A2:A8, 찾고자 하는 이름(조건)인 A11, 합계를 구해야 할 범위인 B2:B8을 순서대로 기재한 '=SUMIF(A2:A8,A11,B2:B8)'가 올바른 수식이 된다.

41 다음 중 'D10'셀에 '셔츠' 판매금액의 평균을 계산하는 수식으로 적절한 것은 어느 것인가?

	A	B	C	D
1	제품명	단가	수량	판매금액
2	셔츠	26,000	10	260,000
3	바지	32,000	15	480,000
4	셔츠	28,000	12	336,000
5	신발	52,000	20	1,040,000
6	신발	58,000	18	1,044,000
7	바지	35,000	20	700,000
8	셔츠	33,000	24	792,000
9				
10	셔츠 판매금액의 평균			

① =DCOUNT(A1:D8,D1,A1:A2)　　　　② =DAVERAGE(A1:D8,D1,A1:A2)

③ =AVERAGE(A1:D8,D1,A1:A2)　　　　④ =DAVERAGE(A1:D8,A1:A2,D1)

ADVICE ② DAVERAGE 함수에 대한 설명이다. DAVERAGE 함수는 범위에서 조건에 맞는 레코드 필드 열에 있는 값의 평균을 계산할 때 사용한다. 사용되는 수식은 '=DAVERAGE(범위, 열 번호, 조건)'이다. 따라서 '=DAVERAGE(A1:D8,D1,A1:A2)'와 같은 수식을 입력해야 한다.

42 다음 중 아래와 같은 자료를 '기록(초)' 필드를 이용하여 최길동의 순위를 계산하고자 할 때 C3에 들어갈 함수식으로 옳은 것은?

	A	B	C
1	이름	기록(초)	순위
2	김길동	53	3
3	최길동	59	4
4	박길동	51	1
5	이길동	52	2
6			

① = RANK(B3,$B$2:$B$5,1)　　　　② = RANK(B3,$B$2:$B$5,0)

③ = RANK(B3,$B$2:B5,1)　　　　④ = RANK(B3,B2:$B$5,0)

ADVICE ① RANK 함수는 지정 범위에서 인수의 순위를 구할 때 사용하는 함수이다. 결정 방법은 수식의 맨 뒤에 0을 입력하거나 생략할 경우 내림차순, 0 이외의 값은 오름차순으로 표시하게 되며 결괏값에 해당하는 필드의 범위를 지정할 때에는 절대 주소로 지정한다.

43 K사 홍보팀에서는 다음과 같이 직원들의 수당을 지급하고자 한다. C12셀부터 D15셀까지 기재된 사항을 참고로 D열에 수식을 넣어 직책별 수당을 작성하였다. D2셀에 수식을 넣어 D10까지 드래그하여 다음과 같은 자료를 작성하였다면, D2셀에 들어가야 할 적절한 수식은 어느 것인가?

	A	B	C	D
1	사번	직책	기본급	수당
2	9610114	대리	1,720,000	450,000
3	9610070	대리	1,800,000	450,000
4	9410065	과장	2,300,000	550,000
5	9810112	사원	1,500,000	400,000
6	9410105	과장	2,450,000	550,000
7	9010043	부장	3,350,000	650,000
8	9510036	대리	1,750,000	450,000
9	9410068	과장	2,380,000	550,000
10	9810020	사원	1,500,000	400,000
11				
12			부장	650,000
13			과장	550,000
14			대리	450,000
15			사원	400,000

① = VLOOKUP(C12,$C$12:$D$15,2,1)

② = VLOOKUP(C12,$C$12:$D$15,2,0)

③ = VLOOKUP(B2,$C$12:$D$15,2,0)

④ = VLOOKUP(B2,$C$12:$D$15,2,1)

ADVICE ③ D2셀에 기재되어야 할 수식은 = VLOOKUP(B2,$C$12:$D$15,2,0)이다. B2는 직책이 대리이므로 대리가 있는 셀을 입력하여야 하며, 데이터 범위인 C12:D15가 변하지 않도록 절대 주소로 지정을 해 주게 된다. 또한 대리 직책에 대한 수당이 있는 열의 위치인 2를 입력하게 되며, 마지막에 직책이 정확히 일치하는 값을 찾아야 하므로 0을 기재하게 된다.

44 다음 데이터베이스의 구성요소에 대한 설명을 참고하여 〈표〉의 튜플 수를 구하시오.

〈표〉 헬스 등록 회원 정보

등록 번호	성명	성별	나이	기간
16796	김지영	여성	30세	3개월
17460	권혜현	여성	32세	6개월
20013	한영길	남성	32세	3개월
18234	김규호	남성	33세	12개월

● 튜플 : 릴레이션의 각 행
● 애트리뷰트(속성) : 릴레이션에서 이름을 가진 열
● 도메인 : 애트리뷰트가 가질 수 있는 값의 집합
● 차수 : 애트리뷰트의 수

① 4
② 3
③ 2
④ 1

ADVICE ①

등록 번호	성명	성별	나이	기간

→ 릴레이션 스키마 튜플은 릴레이션 스키마를 제외한다. 따라서 튜플의 수는 4이다.

45 워크시트에서 다음 〈보기〉의 표를 참고로 55,000원에 해당하는 할인율을 'C6'셀에 구하고자 할 때의 적절한 수식은?

	A	B	C	D	E	F
1		<보기>				
2		금액	30,000	50,000	80,000	150,000
3		할인율	3%	7%	10%	15%
4						
5		금액	55,000			
6		할인율	7%			
7						

① =VLOOKUP(C5,C2:F2,C3:F3)
② =LOOKUP(C5,C2:F2,C3:F3)
③ =HLOOKUP(C5,C2:F2,C3:F3)
④ =LOOKUP(C6,C2:F2,C3:F3)

ADVICE ② LOOKUP 함수에 대한 설명이다. LOOKUP 함수는 찾을 값을 범위의 첫 행 또는 첫 열에서 찾은 후 범위의 마지막 행 또는 열의 같은 위치에 있는 값을 구하는 것으로, 수식은 '=LOOKUP(찾을 값, 범위, 결과 범위)'가 된다.

46 처음으로 맡은 대형 프로젝트의 일정을 나타낸 표이다. 종료일을 나타내기 위해 셀 [C2]에 입력할 수 있는 수식은?

	A	B	C
1	프로젝트 시작일	예상 소요 개월	프로젝트 마감일
2	2024-11-04	5	
3			

① =DSUM(A2,B2)

② =YEAR(A2,B2)

③ =EDATE(A2,B2)

④ =EOMONTH(B2,A2)

> **ADVICE** ③ =EDATE 함수는 특정 날짜로부터 몇 개월이 경과하였을 때의 날짜 또는 몇 개월 전의 날짜를 도출한다. EDATE(start_date, months) 함수에서 start_date는 시작 일, months는 경과 개월을 입력하는데 =EOMONTH도 마찬가지다. =EOMONTH 함수를 적용 시 =EOMONTH(A2,B2)가 되어야 한다.

47 다음 매크로 실행 및 보안에 대한 설명 중 올바르지 않은 것은?

① Alt+F1 키를 누르면 Visual Basic Editor가 실행되며, 매크로를 수정할 수 있다.

② Alt+F8 키를 누르면 매크로 대화 상자가 표시되어 매크로 목록에서 매크로를 선택하여 실행할 수 있다.

③ 매크로 보안 설정 사항으로는 모든 매크로 제외(알림 표시 없음), 모든 매크로 제외(알림 표시), 디지털 서명된 매크로만 포함, 모든 매크로 포함(알림 표시) 등이 있다.

④ 개발 도구-코드 그룹의 매크로를 클릭하거나 매크로를 기록할 때 지정한 바로가기 키를 눌러 매크로를 실행할 수 있다.

> **ADVICE** ③ 매크로 보안 설정 사항으로는 모든 매크로 제외(알림 표시 없음), 모든 매크로 제외(알림 표시), 디지털 서명된 매크로만 포함 등이 있으며, '모든 매크로 포함'은 위험성 있는 코드가 실행될 수 있으므로 권장하지 않는다.

📝 Answer. **44.**① **45.**② **46.**③ **47.**③

48 다음 워크시트에서 A열에 숫자를 입력할 때 B열의 기호로 변경되도록 수식을 넣으려고 한다. [B2] 셀에 입력할 수 있는 수식으로 옳은 것은? (단, 숫자는 1~5까지임)

	A	B
1	숫자	기호
2	1	★
3	2	♡
4	3	♣
5	4	♪
6	5	☎
7		

① =AVERANGE($A2:$B2,A2="★")

② =CONCAT(1="★",2="♡",3="♣",4,="♪",5="☎")

③ =DCOUNT($A1=★,$A2=♡,$A3=♣,$A4=♪,$A5=☎)

④ =IF(A2=1,"★",IF(A2=2,"♡",IF(A2=3,"♣",IF(A2=4,"♪",IF(A2=5,"☎")))))

> **ADVICE** ④ IF 함수는 논리함수이다. IF 함수는 조건에 만족하는 값을 구할 때 사용된다.
> IF(logical_test,value_if_true,value_if_false) 식에서 logical_test는 TRUE나 FALSE로 평가될 수 있는 임의의 값 또는 식이다. value_if_true는 logical_test가 TRUE인 경우에 반환되는 값이다. value_if_false는 logical_test가 FALSE인 경우에 반환되는 값이다. 숫자가 1에서 5까지 이므로 여러 함수를 중첩하여 사용해야 하는데, 1일 때 "★", 2일 때 "♡", 3일 때 "♣", 4일 때 "♪", 5일 때 "☎"로 변환하기 위해서는 =IF(A2=1,"★",IF(A2=2,"♡",IF(A2=3,"♣",IF(A2=4,"♪",IF(A2=5,"☎"))))) 수식을 입력해야 한다.

49 다음과 같은 자료를 참고할 때, F3 셀에 들어갈 수식으로 옳은 것은?

① =COUNTIF(C2:C13,"〈"&AVERAGE(C2:C13))

② =COUNT(C2:C13,"〈"&AVERAGE(C2:C13))

③ =COUNTIF(C2:C13,"〈", "&" AVERAGE(C2:C13))

④ =COUNT(C2:C13,"〉"&AVERAGE(C2:C13))

> **ADVICE** COUNTIF 함수는 통계함수로서 범위에서 조건에 맞는 셀의 개수를 구할 때 사용된다.
> =COUNTIF(C2:C13,"〈"&AVERAGE(C2:C13))의 수식은 AVERAGE 함수로 평균 금액을 구한 후, 그 금액보다 적
> 은 개수를 세게 된다. COUNT 함수는 범위 내에서 숫자가 포함된 셀의 개수를 구하는 함수이다.

50 다음 자료를 참고할 때, B7 셀에 '=SUM(B2:CHOOSE(2,B3,B4,B5))'의 수식을 입력했을 때 표시되는 결괏값으로 옳은 것은?

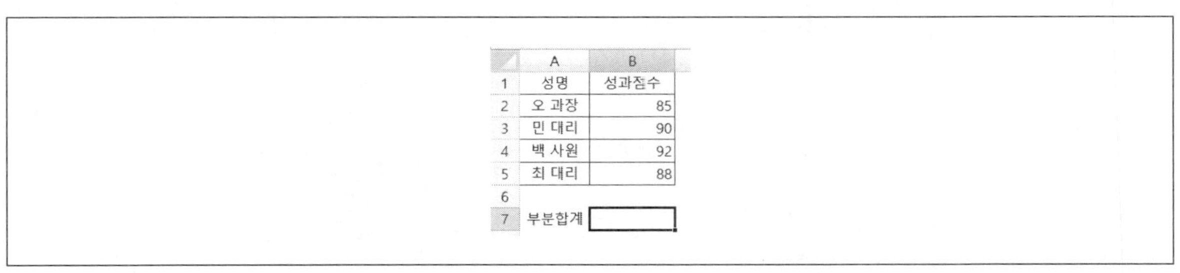

① 175　　　　　　　　　　　② 355

③ 267　　　　　　　　　　　④ 177

> **ADVICE** ③ CHOOSE 함수는 'CHOOSE(인수,값1,값2,…)'과 같이 표시하며, 인수의 번호에 해당하는 값을 구하게
> 된다. 다시 말해, 인수가 1이면 값1을, 인수가 2이면 값2를 선택하게 된다. 따라서 두 번째 인수인 B4
> 가 해당되어 B2:B4의 합계를 구하게 되므로 정답은 267이 된다.

Answer.　48.④　49.①　50.③

① 논리적 사고력

논술에서 가장 중요한 요소는 사고력의 증진이다. 사고력을 키우기 위해서는 다양한 체험과 폭 넓은 독서로 배경지식을 쌓아야 한다. 타인과의 의견 교환인 토론 역시 사고력 향상에 도움이 된다. 하지만 아무리 많은 체험을 하고 창의적인 생각을 지녔다 하더라도 적절히 활용하지 못한다면 소용이 없다. 따라서 학습이 필요하다.

사고의 유형

- 사실적 사고 : 독자를 설득하기 위해서는 사실에 근거해야 한다.
- 조직적 사고 : 자신의 주장과 주장을 뒷받침할 근거를 조직적으로 구조화해야 한다.
- 논리적 사고 : 이치를 따지고 앞뒤를 가려 모순 없이 타당하게 생각해야 한다.
- 입체적 사고 : 올바른 판단을 위해 다양한 시각에서 종합적으로 생각해야 한다.
- 창의적 사고 : 논제에 대한 독창적인 생각으로 뻔함이 아닌 새로움을 반영해야 한다.

---

② 일반시사 논술이란?

(1) 정의

사회 전반에서 발생하는 다양한 시사 이슈를 주제로 하여 해당 문제에 대한 이해를 바탕으로 자신의 의견을 논리적으로 전개하는 글쓰기 방식이다. 이는 단순한 지식 암기나 정보 나열이 아니라, 주어진 문제 상황을 분석하고 자신이 주장하는 의견에 뒷받침할 수 있는 근거로 합리적인 결론을 도출하고 사고 과정을 평가하는 데 목적이 있다.

(2) 특징

일반시사 논술은 정답이 정해져 있지 않다는 점에서 객관식 시험과 구별된다. 중요한 것은 특정한 결론이 아니라, 그 결론에 도달하는 과정의 논리성과 타당성이다. 또한 시사적 이슈를 다루기 때문에 다양한 관점이 존재하며, 이를 균형 있게 이해하고 자신의 입장을 설정하는 능력이 요구된다. 주장에 대한 근거 제시는 필수이며 근거는 객관적 사실, 사례, 논리적 추론 등을 통해 뒷받침되어야 한다. 단순한 개인 의견이나 감정에 의존한 글은 높은 평가를 받기 어렵다. 따라서 일반시사 논술은 지식의 양보다 사고의 구조, 즉 문제를 분석하고 정리하는 능력을 중심으로 평가한다고 할 수 있다.

일반시사 논술의 핵심 요소

- 자신이 주장하고자 하는 바를 명료하게 제시한다.
- 주장에 따른 타당한 근거를 제시하여 설득력을 높인다.

③ 일반시사 논술 접근 방법

일반시사 논술은 문제를 정확히 해석하는 것에서 시작한다. 먼저 논제에서 요구하는 핵심 쟁점과 조건을 파악해야 한다. 이때 '무엇을 쓰라고 하는지', '어떤 관점에서 접근해야 하는지'를 명확히 이해하는 것이 중요하다. 다음으로 해당 쟁점에 대해 다양한 관점을 고려하고, 그중에서 자신의 입장을 설정해야 한다. 이 과정에서 찬성과 반대의 논리를 모두 검토하면 보다 균형 잡힌 사고가 가능하다. 이후에는 자신의 입장을 뒷받침할 수 있는 근거를 정리해야 한다. 근거는 논리적으로 연결되어야 하며, 주장과 직접적인 관련이 있어야 한다. 마지막으로 전체 글의 흐름을 구성하는 개요를 작성함으로써, 글의 구조를 미리 설계하는 것이 바람직하다.

일반시사 논술 접근 방법

논제 파악 → 논지 설정 → 논거 생성 → 개요 짜기 → 답안 작성 → 고쳐 쓰기

④ 일반시사 논술 개요 작성 방법

개요 작성은 본격적으로 글을 쓰기 전 사고를 구조화하는 과정이다. 따라서 단순히 형식을 나누는 것이 아니라 논지를 명확하게 설계하는 것이 중요하다.

(1) 논제 핵심 파악

논제에서 요구하는 바를 정확히 이해하고 찬반형인지, 원인 분석형인지, 해결 방안 제시형인지를 구분하여 핵심 키워드를 중심으로 쟁점을 정리한다. 특히 '필요한가' '바람직한가' 등의 =표현이 있을 경우, 입장을 명확히 하도록 한다.

(2) 입장 정리

자신의 입장을 정리할 때 중요한 것은 옳고 그름이 아니라, 일관된 논리 전개가 가능한 입장을 선택하는 것이 유리하다. 입장은 서론에서 명확히 드러나야 하며 이후 본론의 기준이 된다.

(3) 근거 구성

본론에서 제시할 핵심 근거를 2 ~ 3개로 정리한다. 서로 다른 관점에서 제시하는 것이 좋은데, 예를 들어 '효율성' '공정성' '사회적 영향'과 같이 기준을 나누어 구성하면 설득력이 높아진다.

(4) 반대 입장 대비

자신의 주장과 반대되는 입장을 간단히 정리하고 이에 대한 반박 논리를 함께 준비한다. 이는 논의의 균형을 맞추고 글의 완성도를 높이는 역할을 한다. 반대 입장을 무시하기 보다는 인정한뒤 재반박하는 구조가 효과적이다.

(5) 구조 설계

서론에서는 문제 제기와 입장 제시, 본론에서는 근거 제시와 반박, 결론에서는 논지 정리와 시사점을 배치하는데 이 과정에서 불필요한 내용은 배제하고 핵심 논지만 남기는 것이 중요하다.

❺ 일반시사 논술 작성 방법

논술은 서론, 본론, 결론의 구조로 작성하는 것이 기본이다. 각 부분은 역할이 명확하게 구분되어야 하며, 전체적으로 일관된 흐름을 유지해야 한다. 서론에서는 논제의 핵심 내용을 간단히 정리하고, 글의 방향과 자신의 입장을 제시한다. 불필요한 배경 설명보다는 문제의 핵심을 정확히 짚는 것이 중요하다. 논제에는 정의가 필요한 이유는 이후 논리를 전개할 때 의미 혼동을 줄이고 내용을 쉽게 이해시키기 위함이다. 본론에서는 자신의 주장을 구체적으로 전개한다. 각 문단은 하나의 중심 내용을 갖도록 구성하며, 주장과 근거가 명확하게 드러나도록 작성해야 한다. 필요할 경우 사례나 비교를 활용하여 논리를 강화할 수 있다. 예를 들어, 사회·경제적인 현상을 설명할 때 자신의 생각보다는 이론이나 일반적으로 통용되는 현상을 소개하는 것이 바람직하다. 결론에서는 본론에서 제시한 내용을 정리하고, 전체 논지를 다시 한번 강조한다. 새로운 내용을 추가하기보다는 글의 핵심을 간결하게 정리하도록 한다. 이와 같이 구조를 갖춘 글쓰기를 통해 논리적 사고력과 문제 해결 능력을 효과적으로 드러낼 수 있다.

예시 논제 Ⅰ. AI 판사의 도입은 필요한가?

※ 접근 방법 : '공정성과 객관성 확보 여부' '판결의 효율성과 신속성' '윤리적 판단 및 책임 문제' 등을 바탕으로 하나의 입장을 논리적으로 일관되게 전개해야 한다.

1 **서론**

(1) 인공지능 기술의 발전과 사법 영역으로의 확장

(2) 인간 판결의 한계(편향, 감정 개입 등) 문제 제기

(3) AI 판사 도입 필요성에 대한 논의 및 입장 제시

※ 이해를 돕기 위한 입장입니다.

2 **본론**

(1) 판결의 객관성과 일관성 확보

• 인간 판사의 주관적 판단 및 감정 개입 가능성 존재

• AI는 동일 기준 적용 → 판결의 일관성 유지 가능

(2) 업무 효율성 및 처리 속도 향상

• 사건 적체 문제 해결 가능

• 단순 · 반복 사건에서 신속한 판결 가능

(3) 반대 입장 및 반박

• 반대 : 인간적 판단과 윤리적 고려 부족

• 반박 : AI는 보조적 활용 또는 기준 설정 도구로 활용 가능, 최종 판단에 인간 개입 가능 → 한계 보완 가능

3 **결론**

(1) AI 판사는 기존 사법 시스템의 한계를 보완하는 수단

(2) 전면 대체가 아닌 보조적 도입이 바람직

(3) 기술 발전과 함께 점진적 확대 필요

예시 논제 II. 비대면 교육은 대면 교육을 대체할 수 있는가?

※ 접근 방법 : '학습 효과 및 몰입도' '상호작용 및 사회성 형성' '접근성과 효율성' 이와 같은 장단점을 비교하되, 최종적으로 하나의 입장을 선택하여 논리를 전개해야 한다.

1 서론

(1) 디지털 기술 발전과 비대면 교육 확산

(2) 교육 방식 변화에 대한 논쟁 심화

(3) '비대면 교육은 대면 교육을 완전히 대체하기는 어렵다' 입장 제시

※ 이해를 돕기 위한 입장입니다.

2 본론

(1) **학습 효과 및 상호작용의 한계**

→ 실시간 피드백 부족, 참여도 저하

(2) **교육의 사회적 기능 약화**

→ 협력 · 소통 능력 형성 제한

(3) **반대 입장 및 반박**

• 반대 : 시간 · 공간 제약 없음, 효율성 증가
• 반박 : 보완 수단으로는 유효하나 전면 대체는 불가능

3 결론

(1) 비대면 교육은 보완적 수단으로 활용 필요

(2) 혼합형 교육 방식이 현실적 대안

예시 논제 Ⅲ. 공정과 효율 중 무엇이 더 중요한 가치인가?

※ 접근 방법 : '사회 안정성과 신뢰' '자원 활용의 효과성' '장기적 지속 가능성' 등을 고려하여 입장을 단순 선택하는 것이 아니라, 선택의 근거를 얼마나 논리적으로 제시하는지가 중요하다.

1 서론

(1) 사회 운영에서 공정과 효율의 중요성

(2) 두 가치 간 충돌 상황 발생

(3) 공정이 더 우선되어야 한다는 입장 제시 ※ 이해를 돕기 위한 입장입니다.

2 본론

(1) 사회 신뢰 형성의 기반

→ 공정성 확보 시 제도 수용성 증가

(2) 장기적 효율성 확보

→ 공정한 구조가 지속 가능한 발전 가능

(3) 반대 입장 및 반박

• 반대 : 효율은 자원 활용 극대화

• 반박 : 공정이 결여된 효율은 사회 갈등 초래

3 결론

(1) 공정은 사회 안정의 전제 조건

(2) 효율보다 우선적으로 고려되어야 함

예시 논제 Ⅳ. 개인의 자유와 사회적 책임 중 어느 것이 우선되는가?

※ 접근 방법 : '공동체 유지 가능성' '타인에 대한 영향' '권리와 의무의 균형'과 같이 판단 기준을 설정하고 극단적 주장보다는 제한 조건을 포함한 논리를 전개하도록 한다.

1 서론

(1) 개인 권리와 공동체 가치 간 갈등
(2) 균형 필요성 증가
(3) 사회적 책임이 우선되어야 한다는 입장 제시

2 본론

(1) 공동체 유지의 필수 조건

→ 개인 행동이 타인에게 영향

(2) 공공 안전과 질서 확보

→ 책임 없는 자유는 사회적 위험 초래

(3) 반대 입장 및 반박

• 반대 : 자유는 기본권
• 반박 : 타인의 권리를 침해하지 않는 범위 내 제한 필요

3 결론

(1) 자유는 책임을 전제로 보장
(2) 공동체 유지 측면에서 책임 우선

예시 논제 Ⅴ. 청년 주거 문제 해결을 위한 방안을 제시하시오.

※ 접근 방법 : '높은 주거 비용' '공급 부족' '수도권 집중' 등 청년 주거 문제 원인을 파악하고 '공급 확대' '비용 부담 완화' '구고적 문제 개선' 등
   현재 시행 중인 정책의 한계를 인식하고 보완 방향을 제시한다.

1 서론

(1) 청년층 주거 불안정 심화 및 사회적 문제로 부상

(2) 기존 정책 시행에도 불구하고 체감 효과 미흡

(3) 구조적 문제 해결을 위한 종합적 정책 접근 필요성 제시

2 본론

(1) 공공임대주택 공급 확대 및 질 개선

• 단기적 물량 확대뿐 아니라 입지 · 주거환경 개선 필요

• 역세권 · 직주근접 중심 공급 확대

• 청년 맞춤형 소형 주택 다양화

(2) 주거비 부담 완화 정책의 실효성 강화

• 기존 월세 지원, 전세자금 대출 정책의 지원 대상 확대 및 조건 완화

• 소득 기준 완화 및 지원 금액 현실화

• 단기 지원이 아닌 지속 가능한 지원 체계 구축

(3) 수도권 집중 완화를 통한 구조적 개선

• 지방 일자리 창출 및 산업 분산

• 청년층 지역 정착 유도 정책 강화

• 주거 문제를 일자리 문제와 연계하여 해결

3 결론

(1) 청년 주거 문제는 단순 주택 문제가 아닌 구조적 사회 문제

(2) 공급 · 비용 · 지역 구조를 함께 고려한 정책 필요

(3) 실효성 있는 정책 개선을 통해 주거 안정 기반 마련해야 함

일반시사 논술 기출논제

※ 논제를 복원하여 수록하였으며, 타 금융권 기출 논제도 포함되었습니다.

※ 논술 작성 전에는 논제와 관련된 참고 자료를 충분히 검토한 뒤, 이를 바탕으로 자신의 견해를 논리적으로
정리하여 작성해보세요.

휴리스틱의 유용성을 설명하고 발생가능한 문제점을 추론하여 보완할 방법을 제시하시오.

관계인구 활성화와 관광 이상의 정주 핵심 방안을 제시하시오.

첨단 전략 산업 발전을 위한 산업은행의 역할을 제시하시오.

DSR 제도에 대해 주체적으로 서술하고, 금융소비자 입장에서 찬·반을 서술하시오.

개인 의사결정을 선택하는 개인수준의 의사결정과는 달리 집단형태에 도달하여 결과를 도출하는 집단의
사결정에 대한 긍정적인 예와 부정적인 예를 논하시오.

면접의 이해

❶ 면접 목적

(1) 역량 검증

면접은 다양한 기법을 활용하여 지원자가 직무에 필요한 능력을 보유하고 있는지 확인하는 절차이다. 지원자는 직무 수행에 필요한 요건과 관련한 자신의 경험, 관심사, 성취 등을 기업에 직접 어필하고, 인사 담당자는 기업은 서류만으로는 알 수 없는 지원자의 정보를 직접적으로 판단하고 평가한다.

(2) 강점 어필

면접은 보통 대면으로 이루어지며, 즉흥적인 질문을 포함하기 때문에 지원자가 완벽하게 준비하기 어렵다. 그러나 지원자에게는 서류 전형에서 미처 보이지 못한 실제 외국어 능력이나 커뮤니케이션 능력, 비즈니스 매너 등을 인사 담당자에게 추가로 어필하는 기회가 될 수 있다.

(3) 가치관 및 태도 확인

지원자의 성실성, 책임감, 윤리 의식 등 기본적인 인성 요소를 종합적으로 판단한다. 위기 상황에서의 태도, 실패 경험에 대한 인식 등을 통해 가치관의 방향성을 확인한다. 이는 장기 근속 가능성과도 밀접하게 연결되는 평가 요소이다.

(4) 의사소통 능력 평가

면접은 질문을 이해하고 핵심을 구조화하여 전달하는 능력을 평가하는 과정이다. 논리 전개력, 표현의 명확성, 경청 태도 등을 종합적으로 본다. 특히 조직 내 보고 · 협업 환경에서 원활한 소통이 가능한지를 판단한다.

(5) 성장 가능성 탐색

현재 역량뿐 아니라 향후 발전 가능성을 함께 평가한다. 피드백 수용 태도, 자기 성찰 능력, 학습 의지를 통해 잠재력을 확인한다. 즉시 투입 가능한 인재와 동시에 장기적으로 성장할 수 있는 인재를 선별하고자 한다.

② 평가 요소

(1) 경험에 대한 이해와 성찰

면접 평가에서는 지원자가 제시한 경험 그 자체보다 해당 경험을 통해 무엇을 느꼈고 어떤 발전을 이루어냈는지가 더 중요하게 고려된다. 동일한 경험이라 하더라도 문제 인식의 깊이, 판단의 기준, 성찰 정도에 따라 평가가 달라질 수 있다.

(2) 태도와 잠재력

면접관은 지원자의 의사소통 방식, 질문에 대한 반응 등을 통해 협업 능력과 발전 의지를 파악한다. 완벽한 답변보다는 겸손하면서도 주도적인 자세, 피드백을 수용하는 열린 태도, 그리고 조직의 가치관과 부합하는 직업관을 가지고 있을 때 좋은 평가를 받을 수 있다.

(3) 직무 역량

지원 직무와 관련된 이해도, 문제 해결 능력, 실무 적용 가능성을 평가한다. 경험 기반 답변이 구체적일수록 높은 평가를 받을 가능성이 크다.

(4) 의사소통 능력

질문 의도를 정확히 이해하고 구조적으로 답변하는지를 본다. 논리 전개, 핵심 전달력, 태도의 안정성이 중요한 요소이다.

(5) 조직 적합성

기업 문화와의 조화 가능성을 평가한다. 협업 태도, 갈등 해결 방식, 규범 수용 태도 등이 관찰 대상이다.

(6) 태도 및 인성

자신감, 성실성, 책임감, 예의 등을 종합적으로 판단한다. 지나친 과장이나 방어적 태도는 감점 요인이 될 수 있다.

(7) 성장 가능성

현재 능력뿐 아니라 학습 의지와 발전 가능성을 함께 평가한다. 피드백 수용 태도와 자기 성찰 능력도 중요한 요소이다.

02 면접 준비

1 면접 전 준비 사항

(1) 복장 및 스타일

최근 면접 복장을 점차 자율화하는 추세지만, 인사 담당자와 처음으로 만나는 자리이므로 예의를 갖춰 단정하게 입는 것이 좋다.

- 깔끔한 셔츠나 블라우스에 슬랙스를 매치하는 것이 가장 무난하다. 여성의 경우 단정한 원피스도 좋은 선택지가 될 것이다.
- 너무 화려한 액세서리와 넥타이, 높은 구두는 피하는 것이 좋다.
- 헤어스타일 역시 복장의 일부이기에 단정하게 정돈한다. 앞머리가 있다면 눈을 가리지 않도록 정리한다. 여성의 경우 묶이지 않는 길이가 아니라면 깔끔하게 묶는 것을 권장한다.

(2) 조직 정보 확인

지원한 조직의 홈페이지에서 비전과 경영 목표 등을 미리 확인한다. 조직마다 지향점이 다르고, 그 지향점에 따라 지원자에게 바라는 인재상 또한 달라지기 때문이다. 조직에서 제시하는 핵심 가치나 인재상에 자신의 경험과 강점을 연결 지어 답변할 수 있도록 준비한다.

(3) 시간 준수

예절의 기본은 시간이다. 지각할 경우 면접에 응시할 수 없거나 불이익을 받을 가능성이 높다. 면접 시간과 장소가 결정되면 가장 먼저 교통편과 소요 시간을 미리 확인하도록 한다. 가능하면 사전에 방문해 본다. 면접 당일 여유를 가지고 20 ~ 30분 전에 도착하는 것이 좋다.

(4) 지원서와 자기소개서 숙지

인성 면접은 지원서와 자기소개서에 관한 내용을 바탕으로 진행하기 마련이다. 그러므로 작성했던 지원서와 자기소개서를 사전에 충분히 숙지하도록 한다. 특히 자신이 작성한 경험이나 성과에 대해 '왜 그렇게 했는지', '그 과정에서 무엇을 배웠는지' 등의 세부 내용을 명확히 알고 있어야 꼬리 질문에 대비할 수 있다.

(5) 최신 뉴스와 시사상식 파악

사회 이슈에 대한 견해나 시사상식에 관한 질문에 대비하기 위해, 지원한 분야와 관련된 최신 뉴스와 시사상식을 알아 두는 것이 좋다. 이런 부분에서 해당 조직에 대한 관심, 입사 의지, 직무 이해도 등을 보일 수 있다.

(6) 예상 질문 및 답변 준비

사전에 다빈도 기출 질문 리스트를 만들고 예상 답변을 정리해 본다. 다소 긴장한 상태에서도 자연스럽게 답할 수 있도록 반복해서 연습한다. 거울을 보며 말하거나 답변하는 자신의 모습을 동영상으로 촬영해 보는 것도 도움이 될 수 있다.

(7) 면접 점검표

점검사항	확인
① 면접 장소를 확인했다.	
② 면접 장소까지의 교통편과 소요 시간을 확인했다.	
③ 지원한 조직의 비전과 목표를 확인했다.	
④ 지원한 조직의 인재상을 확인했다.	
⑤ 면접 자리에 알맞은 복장을 준비했다.	
⑥ 헤어스타일을 단정하게 정돈했다.	
⑦ 지원서와 자기소개서를 숙지했다.	
⑧ 지원한 조직의 보도 자료를 확인했다.	
⑨ 지원 분야와 관련된 최신 뉴스를 확인했다.	
⑩ 지원 분야와 관련된 시사상식을 숙지했다.	
⑪ 다빈도 기출 질문 리스트를 만들고 예상 답변을 정리했다.	

❷ 면접 중 유념 사항

(1) 자세

① 인사를 할 때는 목만 숙인다거나 흐트러진 상태가 되지 않도록 주의한다.

② 걸을 때는 상체를 곧게 유지하고 발끝은 평행이 되게 하며 무릎은 스치듯 11자로 걷는다. 보폭은 어깨너비만큼이 적당하지만, 스커트를 입은 경우 보폭을 줄인다.

③ 서 있을 때는 팔을 자연스럽게 내리고 양손을 가볍게 쥐어 바지 옆선에 붙인다. 스커트를 입은 경우 공수 자세를 유지한다.

④ 앉아 있을 때 시선은 정면을 바라보며 턱은 가볍게 당기고 미소를 짓는다.

⑤ 앉고 일어날 때는 자세가 흐트러지지 않도록 의식해서 행동한다.

(2) 언어적 표현

① 인사말을 할 때는 밝고 친근감 있는 목소리로 또박또박 발성하며, 이름과 응시직렬, 수험번호 등을 간략하게 소개한다.

② 면접은 면접관과 지원자가 서로 이야기를 나누는 과정이므로 목소리가 미치는 영향력이 상당히 크다. 때문에 적절한 답변을 하더라도 자신감 없는 작은 목소리나 콧소리를 동반하면 신뢰감이 떨어질 수 있다. 부드러우면서 명확한 목소리를 유지하는 것이 바람직하다.

(3) 비언어적 표현

① 표정은 감정을 가장 잘 표현할 수 있는 의사소통 도구이며, 면접에서 지원자의 첫인상을 결정하는 중요한 요소 중 하나이다. 따라서 면접 중에는 밝은 표정으로 미소를 지어 호감을 형성할 수 있도록 한다.

② 시선은 면접관과 고르게 맞추고 생기 있는 눈빛을 띠도록 한다. 인사 시에는 상대방의 눈을 보며 하는 것이 가장 중요하지만, 너무 빤히 쳐다본다는 느낌이 들지 않도록 주의한다.

❸ 면접관의 감점 포인트

(1) 질문 의도 파악 실패

질문과 무관한 답변을 장황하게 이어가는 경우 감점 요인이 된다. 면접은 말하기 시험이 아니라 질문에 정확히 답하는 능력을 평가하는 과정이다. 질문의 핵심을 파악하지 못하면 직무 이해도와 사고력에 대한 신뢰가 낮아질 수 있다.

(2) 경험의 구체성 부족

추상적인 표현이나 일반론적 답변은 실제 역량 검증이 어렵다. 열심히 했다, 최선을 다했다와 같은 표현은 설득력이 낮다. 구체적인 상황·행동·결과가 제시되지 않으면 직무 수행 가능성에 의문이 생길 수 있다.

(3) 책임 회피형 태도

실패 경험을 설명하면서 타인이나 환경 탓으로 돌리는 태도는 부정적으로 평가된다. 조직은 완벽한 인재보다, 문제를 인식하고 개선하는 인재를 선호한다. 책임을 인정하고 학습한 점을 제시하지 못하면 성장 가능성 점수가 낮아질 수 있다.

(4) 과도한 자기 연출

지나치게 이상적이거나 완벽한 모습만을 강조하면 진정성이 의심될 수 있다. 실제 경험과 동떨어진 과장된 답변은 추가 질문에서 쉽게 드러난다. 완벽한 사람보다 예측 가능한 사람을 선호한다는 점을 이해해야 한다.

(5) 비언어적 태도의 불안정성

시선 처리, 표정, 자세, 말의 속도는 신뢰감 형성에 영향을 미친다. 과도한 긴장으로 인한 급한 말투나 불안정한 태도는 준비 부족으로 해석될 수 있다. 안정된 자세와 일정한 말하기 속도는 내용 이상의 평가 요소가 된다.

면접 답변 구조

 **1** STAR

(1) 정의 및 특징

상황과 경험 면접에서 주로 사용한다. 어려운 상황을 극복했던 경험, 갈등을 중재했던 경험 등을 묻는 질문에 답하기 좋다.

상황(situation)		업무(task)		실행(action)		결과(result)
계기나 상황	→	맡은 업무	→	실행한 사례	→	실행의 결과

(2) 질문 답변 예시

> Q. 가장 힘들었던 때와 그때를 극복해 낸 경험을 말해 보십시오.

① S : 고등학교 이 학년 때 동아리 회장직을 맡게 되었습니다. 그런데 내부 갈등으로 인원과 예산이 줄어 동아리를 폐쇄해야 할 위기에 직면했습니다.

TIP 당시 상황과 맥락을 들어 사건의 시발점을 간결하게 제시한다.

② T : 저는 동아리 재건에 도전하기로 결심했습니다. 동아리 활성화를 위해 가장 중요한 것은 사람이라고 생각했고, 새로운 동아리 회원을 모집하고자 했습니다.

TIP 주어진 책임이나 목표를 언급하며, 해결해야 했던 핵심 과제 또는 맡은 업무를 중심으로 답변한다.

③ A : 그래서 동아리 홍보 포스터를 만들어 일 학년 게시판이나 복도에 중심적으로 게시하고, 점심시간과 쉬는 시간에 선생님들께 양해를 얻어 일 학년 교실에서 동아리 홍보를 하기도 했습니다.

TIP 중심이 되는 부분이므로 명확하게 전달한다. 문제 해결을 위해 취한 행동을 구체적으로 설명하며, 능동 표현을 사용하는 것이 좋다.

④ R : 그 결과 폐쇄 위기였던 저희 동아리는 일 년 만에 학교에서 신입생이 가장 많은 동아리가 되었고, 이후 다양한 활동을 하며 동아리를 활성화했습니다. 이 경험으로 문제 해결을 위해 주도적으로 행동하는 자세의 중요성을 배울 수 있었습니다.

TIP 구체적인 성과를 언급하며 마무리한다. 가능하다면 수치나 객관적 지표를 제시하는 것이 효과적이다. 배운 점 또는 느낀 점을 덧붙이면 더 좋은 인상을 남길 수 있다.

2 SCAR

(1) 정의 및 특징

압박이나 개별 면접에서 주로 사용한다. 갈등이나 위기, 도전 경험을 설명하는 데 유용하게 사용할 수 있다.

상황(situation)		위기(crisis)		행동(action)		결과(result)
상황 설명	→	위기 상황	→	위기 해결 행동	→	행동의 결과

(2) 질문 답변 예시

> Q. 갈등 상황을 중재한 적이 있습니까? 있다면 경험을 말해 보십시오.

① S : 팀 프로젝트에서 자료 분석 방향을 두고 두 명이 서로 다른 해석을 주장하며 큰 의견 차이를 보인 적이 있었습니다.

TIP 지원 분야와 관련한 전문적인 과제 및 업무 상황의 내용을 제시하면 우리하다.

② C : 가벼운 토의에서 시작했지만 분석 기준과 책임 범위를 두고 감정적인 논쟁으로까지 번졌고, 이에 따라 프로젝트가 무산될 위험까지 생겼습니다.

TIP 위기 또는 갈등 상황을 구체적으로 설명한다. 예상되었던 부정적인 결과를 덧붙이면 상황의 심각성을 더욱 설득력 있게 전달할 수 있다.

③ A : 저는 우선 갈등 악화를 막기 위해 회의를 중단하고, 이후 중립적인 기준을 바탕으로 두 주장을 정리한 뒤, 타협안을 도출해서 다음 회의 때 제시했습니다.

TIP 자신의 역할과 행동을 중심으로 답변한다. 가능한 경우 문제의 접근 방법과 합리적인 판단의 근거 등을 함께 설명하면 좋다.

④ R : 그 결과, 의견이 원만하게 통일되어 프로젝트에서 만족스러운 결과를 얻을 수 있었습니다. 저는 이를 통해 양측의 입장을 헤아려 합리적인 해결책을 제시하는 중재자의 역할을 경험했습니다.

TIP 앞서 언급한 행동의 긍정적인 결과를 제시하고, 그로 인해 얻은 교훈이나 역량으로 마무리한다.

③ PREP

(1) 정의 및 특징

토론이나 발표 면접에서 주로 사용한다. 논리적인 이유와 실제 사례 및 데이터에 기반하므로 설득력 있는 주장을 펼칠 수 있다.

주장(point)		이유(reason)		사례(example)		주장(point)
주장 제시	→	논리적 이유	→	근거 보충	→	주장 강조

(2) 질문 답변 예시

> Q. 재택근무 제도에 대해 어떻게 생각하십니까?

① P : 저는 재택근무 제도에 찬성합니다. 그리고 재택근무의 확대가 조직의 발전에 도움이 된다고 생각합니다.

TIP 주장과 주장의 핵심이 되는 내용을 시작으로 답변을 전개한다. 짧고 간결한 표현을 사용하면 좋다.

② R : 업무 특성에 따라 유연한 근무 환경을 제공하면 직원들의 업무 집중도와 조직 전체의 효율성이 높아질 수 있기 때문입니다.

TIP 주관적인 판단보다는 주제를 객관적으로 파악하는 관점을 가지는 것이 좋다.

③ E : 실제로 근래에 많은 기업이 재택근무를 도입하기 시작했는데, 출퇴근 시간 단축과 자율적인 근무 환경으로 만족도와 생산성이 동시에 향상되었다는 조사 결과가 있었습니다.

TIP 근거와 직접적으로 연결되는 부연 설명을 덧붙인다. 연구 결과, 기사, 통계 등을 활용하면 신뢰성과 설득력을 높일 수 있다.

④ P : 그러므로 재택근무 제도를 적극 도입해 근무자의 업무 수행력을 높일 수 있도록 도와야 한다고 생각합니다.

TIP 마무리 단계에서 처음 주장을 반복함으로써 자신의 의견을 강조할 수 있다. 제안이나 기대 효과 등을 함께 언급하면 논리의 전문성을 높이는 데 도움이 된다.

(1) 정의 및 특징

토론이나 발표 면접에서 주로 사용한다. 설득보다는 설명과 이해를 좀 더 중시한다는 특징이 있다.

주장(opinion)	→	이유(reason)	→	예시(example)	→	주장(opinion)
주장 명시		논리적 이유		구체적 예시		주장 강조

(2) 질문 답변 예시

> Q. 현재 동물 학대 처벌 수준에 대해 어떻게 생각하십니까?

① O : 저는 동물 학대에 대한 처벌을 크게 강화해야 한다고 생각합니다.

TIP 도입부에서 자신의 주장을 명확하게 제시한다. 추상적이거나 애매한 입장은 피하고 확실한 태도를 갖는 편이 더욱 신뢰감을 줄 수 있다.

② R : 동물 또한 감정과 고통을 가진 존재이기 때문에 윤리적으로 충분히 보호받아야 할 필요가 있습니다. 그러나 현행 처벌 수준으로는 동물 학대의 실질적인 억제 효과가 부족합니다.

TIP 의견을 뒷받침하는 논리적 근거를 중심으로 답변한다. 이때 주장과 이유의 인과관계를 분명히 하여, 타당하고 듣는 이가 납득하기 쉽게 구성하는 것이 좋다.

③ E : 일부 국가에서는 동물 학대에 대한 처벌을 강화한 후, 관련 범죄가 감소하고 동물 복지 의식이 높아졌다는 보고가 있습니다. 예를 들어, 독일은 헌법에 동물 보호를 명시하고 학대자에 대해 최대 3년의 징역형을 집행하면서, 동물 학대가 매우 드문 국가가 된 사례가 있습니다.

TIP 구체적인 사례나 통계를 제시하여 주장과 이유를 보다 자세히 설명한다. 이때 검증할 수 있고 신뢰가 가는 자료를 채택하는 것이 좋다.

④ O : 따라서 동물 학대에 대한 처벌을 대폭 강화해 실질적인 동물 복지를 개선하고 사회 전반의 윤리적 수준을 높여야 한다고 생각합니다.

TIP 핵심 의견을 다시 강조하며 마무리한다. 가능하다면 예상되는 결과나 미래 전망 등을 함께 언급해서 결론을 더 강조할 수 있다.

면접 질문 및 답변 포인트

1 면접 질문 및 답변 포인트

(1) 성격 및 가치관에 관한 질문

Q 당신의 PR포인트를 말해 주십시오.

TIP PR포인트를 말할 때에는 지나치게 겸손한 태도는 좋지 않으며 적극적으로 자기를 주장하는 것이 좋다. 앞으로 입사 후 하게 될 업무와 관련된 자기의 특성을 구체적인 일화를 더하여 이야기하도록 한다.

MEMO

Q 당신의 장·단점을 말해 보십시오.

TIP 지원자의 구체적인 장·단점을 알고자 하기 보다는 지원자가 자기 자신에 대해 얼마나 알고 있으며 어느 정도의 객관적인 분석을 하고 있나, 그리고 개선의 노력 등을 시도하는지를 파악하고자 하는 것이다. 따라서 장점을 말할 때는 업무와 관련된 장점을 뒷받침할 수 있는 근거와 함께 제시하며, 단점을 이야기할 때에는 극복을 위한 노력을 반드시 포함해야 한다.

MEMO

Q 가장 존경하는 사람은 누구입니까?

TIP 존경하는 사람을 말하기 위해서는 우선 그 인물에 대해 알아야 한다. 잘 모르는 인물에 대해 존경한다고 말하는 것은 면접관에게 바로 지적당할 수 있으므로, 추상적이라도 좋으니 평소에 존경스럽다고 생각했던 사람에 대해 그 사람의 어떤 점이 좋고 존경스러운지 대답하도록 한다. 또한 자신에게 어떤 영향을 미쳤는지도 언급하면 좋다.

MEMO

Q 왜 우리 회사를 지원했습니까?

> TIP 이 질문은 어느 회사나 가장 먼저 물어보고 싶은 것으로 지원자들은 기업의 이념, 대표의 경영능력, 재무구조, 복리후생 등 외적인 부분을 설명하는 경우가 많다. 이러한 답변도 적절하지만 지원 회사의 주력 상품에 관한 소비자의 인지도, 경쟁사 제품과의 시장점유율을 비교하면서 입사동기를 설명한다면 상당히 주목 받을 수 있을 것이다.

MEMO

Q 만약 이번 채용에 불합격하면 어떻게 하겠습니까?

> TIP 불합격할 것을 가정하고 회사에 응시하는 지원자는 거의 없을 것이다. 이는 지원자를 궁지로 몰아넣고 어떻게 대응하는지를 살펴보며 입사 의지를 알아보려고 하는 것이다. 이 질문은 너무 깊이 들어가지 말고 침착하게 답변하는 것이 좋다.

MEMO

Q 당신이 생각하는 바람직한 사원상은 무엇입니까?

> TIP 직장인으로서 또는 조직의 일원으로서의 자세를 묻는 질문으로 지원하는 회사에서 어떤 인재상을 요구하는가를 알아두는 것이 좋으며, 평소에 자신의 생각을 미리 정리해 두어 당황하지 않도록 한다.

MEMO

Q 직무상의 적성과 보수의 많음 중 어느 것을 택하겠습니까?

> TIP 이런 질문에서 회사 측에서 원하는 답변은 당연히 직무상의 적성에 비중을 둔다는 것이다. 그러나 적성만을 너무 강조하다 보면 오히려 솔직하지 못하다는 인상을 줄 수 있으므로 어느 한 쪽을 너무 강조하거나 경시하는 태도는 바람직하지 못하다.

MEMO

Q 상사와 의견이 다를 때 어떻게 하겠습니까?

> TIP 과거와 다르게 최근에는 상사의 명령에 무조건 따르겠다는 수동적인 자세는 바람직하지 않다. 회사에서는 때에 따라 자신이 판단하고 행동할 수 있는 직원을 원하기 때문이다. 그러나 지나치게 자신의 의견만을 고집한다면 이는 팀원 간의 불화를 야기할 수 있으며 팀 체제에 악영향을 미칠 수 있으므로 선호하지 않는다는 것에 유념하여 답해야 한다.

MEMO

③ 여가 활용에 관한 질문

Q 취미가 무엇입니까?

> TIP 기초적인 질문이지만 특별한 취미가 없는 지원자의 경우 대답이 애매할 수밖에 없다. 그래서 가장 많이 대답하게 되는 것이 독서, 영화감상, 혹은 음악감상 등과 같은 흔한 취미를 말하게 되는데 이런 취미는 면접관의 주의를 끌기 어려우며 설사 정말 위와 같은 취미를 가지고 있다하더라도 제대로 답변하기는 힘든 것이 사실이다. 가능하면 독특한 취미를 말하는 것이 좋으며 이제 막 시작한 것이라도 열의를 가지고 있음을 설명할 수 있으면 그것을 취미로 답변하는 것도 좋다.

MEMO

Q 술자리를 좋아합니까?

> TIP 이 질문은 정말로 술자리를 좋아하는 정도를 묻는 것이 아니다. 우리나라에서는 대부분 술자리가 친교의 자리로 인식되기 때문에 그것에 얼마나 적극적으로 참여할 수 있는 가를 우회적으로 묻는 것이다. 술자리를 싫어한다고 대답하게 되면 원만한 대인관계에 문제가 있을 수 있다고 평가될 수 있으므로 술을 잘 마시지 못하더라도 술자리의 분위기는 즐긴다고 답변하는 것이 좋으며 주량에 대해서는 정확하게 말하는 것이 좋다.

MEMO

4 **지원자를 당황하게 하는 질문**

Q 성적이 좋지 않은데 이 정도의 성적으로 우리 회사에 입사할 수 있다고 생각합니까?

> TIP 비록 자신의 성적이 좋지 않더라도 이미 서류심사에 통과하여 면접에 참여하였다면 기업에서는 지원자의 성적보다 성적 이외의 요소, 즉 성격·열정 등을 높이 평가했다는 것이라고 할 수 있다. 그러나 이런 질문을 받게 되면 지원자는 당황할 수 있으나 주눅 들지 말고 침착하게 대처하는 면모를 보인다면 더 좋은 인상을 남길 수 있다.

MEMO

Q 우리 회사 회장님 함자를 알고 있습니까?

> TIP 회장이나 사장의 이름을 조사하는 것은 면접일을 통고받았을 때 이미 사전 조사되었어야 하는 사항이다. 단답형으로 이름만 말하기보다는 그 기업에 입사를 희망하는 지원자의 입장에서 답변하는 것이 좋다.

MEMO

Q 당신은 이 회사에 적합하지 않은 것 같군요.

> TIP 이 질문은 지원자의 입장에서 상당히 곤혹스러울 수밖에 없다. 질문을 듣는 순간 그렇다면 면접은 왜 참가시킨 것인가 하는 생각이 들 수도 있다. 하지만 당황하거나 흥분하지 말고 침착하게 자신의 어떤 면이 회사에 적당하지 않는지 겸손하게 물어보고 지적당한 부분에 대해서 고치겠다는 의지를 보인다면 오히려 자신의 능력을 어필할 수 있는 기회로 사용할 수도 있다.

MEMO

Q 다시 공부할 계획이 있습니까?

> TIP 이 질문은 지원자가 합격하여 직장을 다니다가 공부를 더 하기 위해 회사를 그만 두거나 학습에 더 관심을 두어 일에 대한 능률이 저하될 것을 우려하여 묻는 것이다. 이때에는 당연히 학습보다는 일을 강조해야 하며, 업무 수행에 필요한 학습이라면 업무에 지장이 없는 범위에서 야간학교를 다니거나 회사에서 제공하는 연수 프로그램 등을 활용하겠다고 답변하는 것이 적당하다.

MEMO

Q 지원한 분야가 전공한 분야와 다른데 여기 일을 할 수 있겠습니까?

> TIP 수험생의 입장에서 본다면 지원한 분야와 전공이 다르지만 서류전형과 필기전형에 합격하여 면접을 보게 된 경우라고 할 수 있다. 이는 결국 해당 회사의 채용 방침상 전공에 크게 영향을 받지 않는다는 것이므로 무엇보다 자신이 전공하지는 않았지만 어떤 업무도 적극적으로 임할 수 있다는 자신감과 능동적인 자세를 보여주도록 노력하는 것이 좋다.

MEMO

면접 기출질문

1 KDB산업은행 면접 기출질문

(1) 인성/회사 질문

1. 당사에 대해 아는 대로 말해 보시오.

2. 왜 KDB산업은행에 입행을 하고 싶은가?

3. KDB산업은행의 5대 가치에 대해서 설명해보시오.

4. 경쟁사와 당사를 비교하여 설명해 보시오.

5. 당사 영업점에 가본 적이 있는지, 가본 소감은 어떤지 말해 보시오.

6. 당사 외에 지원한 곳이 있는지, 결과는 어떻게 되었는지 말해 보시오.

7. 지원서에 공백 기간이 있는데, 그 기간 동안 무엇을 하였는가?

8. 당사의 애플리케이션을 사용해 본 적이 있는가, 좋았던 부분과 개선되었으면 하는 부분이 있다면?

9. 당사와 타사의 모바일 뱅킹 애플리케이션의 차이점은 무엇이라고 생각하는가?

10. 살면서 가장 열정적으로 임했던 일이 있는가?

11. 학과활동 이외에 열정적이었던 경험이 있다면 말해보시오.

12. 살면서 가장 힘들었던 경험이 있다면?

13. 가장 좋아하는 과목을 이유와 함께 말해 보시오.

14. 대학 전공이 직무와 맞지 않는데, 지원한 이유는 무엇인가?

15. ○○과를 졸업하였는데 은행업무와 연관이 있다고 생각하는가?

16. 자신의 취미/특기/장점/단점을 말해 보시오.

17. 그동안 취업을 위해 무엇을 준비했는지 말해보시오.

18. 입사 후 포부를 말해 보시오.

19. 입사 후에 하고 싶은 일은 어떤 것인가?

20. 지방 근무/비연고지 근무가 가능한가?

21. 상사가 중요 프로젝트에는 참여시키지 않고 기타 부수적인 일만 지시한다면?

22. 자기소개를 30초간 해보시오.

23. 타 공공기관 인턴을 통해 진행한 프로젝트 및 경험에 대해 말해보시오.

24. 신문을 읽는가? 읽는다면 처음부터 끝까지 정독을 하는지, 일부만 읽는지. 최근에 가장 인상 깊게 본 시사 뉴스에 대해서 말해보시오.

25. 경제토론 동아리 활동을 하였는데 가장 최근에 토론한 내용은 무엇인가?

26. 국책은행이 시중은행보다 좋은 이유는 무엇인가?

27. 고객과 갈등이 발생한다면 어떻게 해결할 것인가?

28. 기업의 존재 이유는 무엇이라고 생각하는가?

29. 기업금융 업무를 잘 할 수 있는 역량으로 무엇이 있습니까?

30. 지점에 발령받게 된다면 어떤 업무를 하고 싶은가?

31. 10년 후 KDB산업은행에서 본인의 모습을 그려보시오.

32. 지방인재 우대채용에 대해서 어떻게 생각하는가?

33. 어디 부서에서 근무하고 싶은가?

34. 본인 기수의 1년 후 퇴사율은 어느 정도라고 예상하고 있는가?

35. KDB산업은행이 시중은행과 차별화되는 점에 대해 예상해보시오.

36. KDB산업은행 어떤 성향의 사람을 선호하는 것 같은가? (내향적, 외향적 성격 등)

37. 연고지가 없는 지방에 발령을 받게 된다면 어떻게 할 것인가?

38. 정년을 보장해주는 것이 아닌데도 지원한 이유가 무엇인가?

39. 입행을 하고난 이후 하고 싶은 공부가 있는가? 있다면 무엇인가?

40. 갈등을 해결해 본 경험이 있는가? 있다면 어떻게 해결했는지 말해보시오.

(2) 직무능력 질문

1. 지원한 직무에서 어떤 일을 수행하는지 알고 있는가?

2. 당사의 업무를 잘 수행할 수 있는 역량이 무엇이라고 생각하는지, 본인에게 그 역량이 있는지 말해 보시오.

3. KDB산업은행의 기업금융과 개인금융의 비중을 알고 있는가?

4. 자기자본비율/신용위험에 관해 설명하시오.

5. ELS에 대해서 설명해보시오.

6. 학교동아리를 통해 배운 점을 조직에서 엮을 수 있다면 어떤 장점을 가져올 수 있는가?

7. 핀테크가 어느 단계에 있다고 생각하는지 말해보시오.

8. 내일 주가가 폭락한다는 사실을 미리 접했다면 어떻게 하겠는가?

9. 중소기업을 살려야하는 이유에 대해 말해보시오.

10. APT, 기업가치, 지분법, 파산비용에 대해 설명하시오.

11. 국내 금융과 미국의 금융의 차이점에 대해 설명하시오.

12. 다이렉트 상품에 대해 설명하시오.

13. CIB를 설명하시오.

14. KDB미래전략연구서에서 나온 보고서에 대해서 읽어본 적이 있는가? 최근에 읽어본 것은?

15. 현재 환율이 얼마인가? 환율이 상승하면 국내에 미치는 영향이 무엇인가?

(3) PT/심층과제 면접

1. 4차 산업과 코로나로 비대면화가 활성화되고 있는 만큼 어떤 산업이 가장 변화가 있을 것이며 그에 대한 대응방안에 대해 말해보시오.

2. 한정된 보증재원으로 기업을 지원하는 만큼 고려할 평가요소가 많습니다. 어떠한 평가요소가 있는지 말해보시오.

3. 한전의 전기요금 인상에 대해서 정부가 재원을 지원하는 것에 대해서 설명해보시오.

4. 소액주주를 보호하기 위한 방안에 대해서 설명해보시오.

5. 가계자산의 현황과 장기적으로 바람직한 변동방향에 대해서 설명하시오

6. 자동차산업의 SWOT를 분석하고 전략적 제휴와 M&A 중 장단점을 설명해보시오

7. 흉악범을 지원하는 것에 대해서 찬성하는가, 반대하는가?

8. 글로벌 진출을 희망하는 PRE-IPO 단계에 있는 기업을 지원하기 위한 방법에 대해서 설명하시오.

9. 공매도에 대해서 찬성하는가, 반대하는가?

10. 벌금 비례제도에 대해서 찬성하는가, 반대하는가?

2 **금융권 면접 기출질문**

(1) 인성 질문

1. 입사 후 일하기를 원하는 부서와 왜 그 부서에서 일하고 싶은지 말해보시오.

2. 학력과 학벌주의에 대해서 어떻게 생각하는가?

3. 직장 생활 중 적성에 맞지 않는다고 느낀다면 다른 일을 찾을 것인가? 아니면 참고 견뎌내겠는가?

4. 팔로우와 팔로워 중 본인은 어디에 해당하는가?

5. 중요한 집안 행사와 회사일이 겹치면 어떻게 할 것인가?

6. 상사가 부정한 일로 자신의 이득을 취하고 있다. 이를 인지하게 되었을 때 자신이라면 어떻게 행동할 것 인가? 상부에 보고할 것인가?

7. 자신이 상사라면 어떤 성향의 후배 직원이 있었으면 좋겠는가?

8. 자신만의 특별한 취미가 있는가? 그것을 은행 업무에서 활용할 수 있다고 생각하는가?

9. 조직생활에서 중요하다고 생각하는 것 세 가지를 나열해보시오.

10. 오디션 프로그램의 범람 현상에 대해 어떻게 생각하는가?

11. 자신의 가치를 돈으로 평가한다면?

12. 면접을 보러 가는 길인데 신호등이 빨간불이다. 시간이 매우 촉박한 상황인데, 무단횡단을 할 것인가?

13. 자신이 대인관계에서 가장 중요하게 여기는 것은 므엇인가?

14. 신문을 읽을 때 가장 먼저 읽는 면이 무엇인가?

15. 행원으로서 본인에게 가장 부족한 역량은 무엇인가? 그 역량을 높이기 위해 어떠한 노력을 해왔으며 어떻게 노력할 것인가?

16. 원하는 직무에 배치 받지 못할 경우 어떻게 행동할 것인가?

17. 자기 자신을 PR해보시오.

18. (옆 사람의 자기소개가 끝난 후)자기 옆에 앉아있는 지원자의 특징에 대해서 말해보고 장점에 대해 칭 찬해보시오.

19. 만약 나 자신을 제외하고 다른 사람이 최종 합격을 해야 한다면 이 중 가장 적임자는 누구인지 고르고 그 이유를 말하시오.

20. 건강한 신체와 적극적인 마인드를 유지하기 위해 본인은 어떠한 노력을 하고 있는가?

(2) 직무능력 관련 질문

1. 경제신문에 나오는 '금리, 환율, 종합주가지수'의 용어에 대해 설명해보시오.

2. 은행의 주 수입원은 무엇이라 생각하는가?

3. 레버리지 효과란 무엇인가?

4. 신파일러에게 금융상품을 판매해야하는 경우 어떻게 할 것인가?

5. 10억이 주어진다면 어떻게 포트폴리오를 구성할 것인가?

6. 공제상품을 어떻게 소비자들에게 팔 수 있는가?

7. 부동산 담부대출에 대해서 설명해보시오.

8. 고객이 영업점에 방문해야 다양한 금융상품의 판매에 용이한데, 비대면 상품구매가 활성화된 요즘에 고객이 영업점에 방문하게 하기 위해 어떻게 할 것인가?

9. MZ세대를 타깃으로 하여 상품을 판매하기 위해서 어떠한 방식으로 해야 하는가?

10. 예대율과 예대마진에 대해 설명하시오.

11. 출구전략에 대해 설명하시오.

12. 통화스왑이 무엇인가?

13. 10만원 계좌를 가진 손님과 100억 계좌를 가진 손님이 동시에 왔다고 다툰다면 어느 손님부터 업무를 처리하겠는가?

14. 매우 바쁜 점심시간에 할머니께서 동전을 두 자루 교환하러 오셨다. 어떻게 할 것인가?

15. 환율이 하락할 경우 기업에 미치는 영향에 3대해 설명해 보시오.

16. 관료제의 맹점이 무엇이라고 생각하는가?

17. 대기고객이 많고 바쁜 상황에서 투자유치하기에 가치가 있다고 생각되는 고객이 있다면 어떠한 방법으로 이 고객을 유치할 수 있는가?

18. 수표와 어음의 의미를 각각 설명해보시오.

19. 한국은행의 역할에 대해서 설명해보시오.

20. 유동성함정에 대해서 설명해보시오.

가볍게! 빠르게! 확인하는 용어사전 시리즈

가볍게! 빠르게! 한눈에 보는
부동산용어
사전
◆ 공기업 / 언론사 / 기업체 / 공무원 채용대비에 필요한 용어 수록
◆ 분야별 구성으로 최신·중요 시사용어 총 1262개 수록
◆ 자가진단 TEST 및 십자말 풀이, 파트별 실력 점검 퀴즈로 이해도와 응용력 강화
◆ 한눈에 확인할 수 있는 시리즈 상식을 통해 폭넓은 지식 확장
SEOWINGAK (주)서원각

가볍게! 빠르게! 한눈에 보는
시사용어
사전 1262
◆ 공기업 / 언론사 / 기업체 / 공무원 채용대비에 필요한 시사용어 수록
◆ 분야별 구성으로 최신·중요 시사용어 총 1262개 수록
◆ 자가진단 TEST 및 십자말 풀이, 파트별 실력 점검 퀴즈로 이해도와 응용력 강화
◆ 한눈에 확인할 수 있는 시리즈 상식을 통해 폭넓은 지식 확장
SEOWINGAK (주)서원각

가볍게! 빠르게! 한눈에 보는
경제용어
사전
◆ 공기업 / 언론사 / 기업체 / 공무원 채용대비에 필요한 용어 수록
◆ 분야별 구성으로 최신·중요 시사용어 총 1262개 수록
◆ 자가진단 TEST 및 십자말 풀이, 파트별 실력 점검 퀴즈로 이해도와 응용력 강화
◆ 한눈에 확인할 수 있는 시리즈 상식을 통해 폭넓은 지식 확장
SEOWINGAK (주)서원각

시사용어사전 | 경제용어사전 | 부동산용어사전

시사용어사전
매일 접하는 각종 기사와 정보! 공기업/언론사/기업체/공무원 채용을 준비하는 수험생과
현대인이 꼭 알아야 할 최신 시사상식을 쏙쏙 뽑아 이해하기 쉽도록 영역별로 정리

경제용어사전
주요 경제용어는 거의 다 실었다! 금융권/공기업/언론사/기업체/공무원 채용을 준비하기 전에,
경제 공부를 시작하기 전에 읽어보면 경제가 쉬워지도록 사전식으로 구성

부동산용어사전
부동산에 대한 이해를 높이고 부동산의 개발과 활용, 투자 및 부동산 용어 학습에도
적극적으로 이용할 수 있는 교재, 공인중개사 출제용어도 수록

자격증

한번에 따기 위한 서원각 교재

한 권에 준비하기 시리즈 / 기출문제 정복하기 시리즈를 통해 자격증 준비하자!